财政部"十三五"规划教材
"十三五"应用型会计精品系列教材

管理会计学

GUANLI KUAIJIXUE

张炳发 刘西国 孙忠强 主 编
姜月运 冯华 许华丽 张廷新 副主编

中国财经出版传媒集团
经济科学出版社
Economic Science Press

图书在版编目（CIP）数据

管理会计学/张炳发，刘西国，孙忠强主编． —北京：经济科学出版社，2017.7

"十三五"应用型会计精品系列教材

ISBN 978-7-5141-8266-8

Ⅰ.①管… Ⅱ.①张…②刘…③孙… Ⅲ.①管理会计-教材 Ⅳ.①F234.3

中国版本图书馆 CIP 数据核字（2017）第 168189 号

责任编辑：于海汛　段小青
责任校对：杨晓莹
责任印制：潘泽新

管理会计学

张炳发　刘西国　孙忠强　主　编
姜月运　冯　华　许华丽　张廷新　副主编

经济科学出版社出版、发行　新华书店经销
社址：北京市海淀区阜成路甲 28 号　邮编：100142
总编部电话：010-88191217　发行部电话：010-88191522
网址：www.esp.com.cn
电子邮件：esp@esp.com.cn
天猫网店：经济科学出版社旗舰店
网址：http://jjkxcbs.tmall.com
北京汉德鼎印刷有限公司印刷
三河市华玉装订厂装订
787×1092　16 开　15 印张　270000 字
2017 年 7 月第 1 版　2017 年 7 月第 1 次印刷
印数：0001—3000 册
ISBN 978-7-5141-8266-8　定价：38.00 元
（图书出现印装问题，本社负责调换。电话：010-88191510）
（版权所有　侵权必究　举报电话：010-88191586
电子邮箱：dbts@esp.com.cn）

总 序

会计是一个信息系统，是一项重要的管理活动。随着经济社会尤其是"两权分离"和资本市场的发展而发展，随着全球经济一体化进程的深入而成为一种世界通用的商业语言。改革开放以来，中国会计改革经历了"接轨、协调、趋同、等效和调整"等不断学习、借鉴和完善的过程，财政部也于2006年发布了包括39项企业会计准则和48项注册会计师审计准则在内的中国会计准则体系，并根据市场经济发展过程中出现的新情况、新问题从2014年开始就部分准则进行了逐步修订。

教材建设是会计教育教学的基础，建立一套体系科学、内容新颖、结构合理的会计学系列教材，既是会计改革与发展的要求，也是应用型会计人才培养的需要。济南大学在20世纪80年代就设立了会计学专业，目前已经发展成为"山东省应用型名校工程"重点建设专业、"山东省普通本科高校应用型人才培养专业发展计划重点建设专业"和山东省唯一的"高水平应用型立项建设专业"，具有雄厚的师资队伍和丰富的办学经验，为山东省乃至全国培养了一大批高素质的复合型会计应用人才。

山东省是经济文化大省，国有经济成分比重较大，会计教育点多面广，特色比较突出。为了展示山东省各兄弟院校的先进会计教育教学经验，形成符合山东会计教育实际的应用型教材体系，我们组织山东省内大部分院校会计系的一线教师，根据最新会计准则及其研究成果，编撰包括基础会计、中级财务会计（Ⅰ）、中级财务会计（Ⅱ）、高级财务会计、成本会计学、管理会计学、财务管理学、高级财务管理、会计信息系统与财务分析等在内的应用型会计精品系列教材。

　　本着理论与实务并重、教学与科研结合、国内与国际相通的原则，本套教材力求突出以下特点：

　　第一，通俗易懂，深入浅出。既注重会计理论的介绍，又注重会计实务的操作，做到用简洁的语言，深入浅出地叙述、说明和解释会计和财务问题。

　　第二，结构新颖，内容丰富。针对国内外会计准则的新情况、新问题、新成果，着重准则解释，加强案例教学，既保持知识的连续性，又兼顾知识的发展性。

　　第三，紧扣准则，兼顾惯例。会计是技术性的，也是国家性的，学习会计的目的在于应用，所以必须讲原则和准则；会计是社会性的，也是国际性的，人类社会共性的会计规律应当把握，所以必须讲国际惯例。

　　第四，强化案例，突出应用。会计人才能否符合经济社会发展的需要，是否适应国家倡导创新创业的要求，培养应用型会计人才是关键。本系列教材在讲清楚会计准则和财务理论的基础上，增加教学案例，加强学生分析、解决会计和财务问题的能力。

"十三五"应用型会计精品系列教材编委会
2017年1月

前 言

管理会计是服务于企业和行政事业等单位的内部管理需求，在单位规划、决策、控制和评价等方面发挥重要作用的重要会计分支。近几年来，为了更好地推进各单位做好管理会计体系建设工作，财政部于2014年10月制定发布了《关于全面推进管理会计体系建设的指导意见》提出了"争取3~5年内，在全国培养出一批管理会计人才，力争通过5~10年的努力，基本建成中国特色的管理会计体系"的总目标。2016年6月财政部又印发了《管理会计基本指引》构建了我国管理会计概念框架和标准。本教材是在我国全面推进管理会计体系建设、增强企业核心竞争力和价值创造力、推动我国会计工作转型升级的背景下编写的。本教材力争体现管理会计理论和实务的最新发展，力图简洁清晰、深入浅出地讲解管理会计的基本理论与方法。

本教材由济南大学张炳发教授、刘西国副教授和孙忠强副教授任主编，由山东交通学院姜月运教授、山东女子学院冯华教授、济南大学许华丽讲师和聊城大学张廷新副教授任副主编。本教材的第一、二、三章由张炳发教授编写，第四、五、六章由刘西国副教授编写，第七、八、九章由孙忠强副教授编写，第十章刘西国副教授和许华丽讲师编写。本教材中的知识点和微课由姜月运教授、冯华教授、张廷新副教授和张炳发教授等编写。

本教材可以作为高等院校会计学专业、财务管理专业、审计学专业、经济管理类专业开设管理会计学的教材，也可供财务人员和经济管理人员自学管理会计学时使用。

本教材出版过程中，得到了经济科学出版社的大力支持，在此深表谢意。本教材参考借鉴了国内外同行们的论著，在此深表谢意。

由于编者的学识和经验所限，本教材难免存在不足之处，敬请广大读者朋友不吝赐教。

编 者

2017 年 6 月

目 录

第一章　管理会计概论 …………………………………………… 1

- 第一节　管理会计的定义与基本内容 …………………………… 1
- 第二节　管理会计的形成与发展 ………………………………… 4
- 第三节　管理会计的基本理论 …………………………………… 10
- 第四节　管理会计师 ……………………………………………… 13
- 本章小结 …………………………………………………………… 15

第二章　成本性态分析 …………………………………………… 18

- 第一节　成本分类 ………………………………………………… 19
- 第二节　成本性态 ………………………………………………… 21
- 本章小结 …………………………………………………………… 35

第三章　变动成本法 ……………………………………………… 39

- 第一节　变动成本法的概念 ……………………………………… 40
- 第二节　变动成本法与完全成本法的区别 ……………………… 42
- 第三节　两种成本计算方法下的逐期税前利润对比 …………… 45
- 第四节　变动成本法的优缺点与应用 …………………………… 48
- 本章小结 …………………………………………………………… 51

第四章　本量利分析 ……………………………………………… 56

- 第一节　本量利分析概述 ………………………………………… 56
- 第二节　盈亏临界点分析 ………………………………………… 58
- 第三节　本量利关系中的敏感性分析 …………………………… 65
- 第四节　本量利分析 ……………………………………………… 70
- 第五节　本量利分析扩展 ………………………………………… 74
- 本章小结 …………………………………………………………… 76

第五章　经营预测 ·········· 79

第一节　预测分析概述 ·········· 80
第二节　销售预测 ·········· 83
第三节　成本预测 ·········· 89
第四节　利润预测 ·········· 94
第五节　资金需要量预测 ·········· 98
本章小结 ·········· 100

第六章　短期经营决策分析 ·········· 103

第一节　短期经营决策概述 ·········· 103
第二节　生产经营决策分析 ·········· 105
第三节　定价决策 ·········· 123
第四节　存货决策 ·········· 127
本章小结 ·········· 129

第七章　标准成本法 ·········· 132

第一节　标准成本法概述 ·········· 133
第二节　标准成本的制定 ·········· 136
第三节　成本差异的计算与分析 ·········· 140
第四节　标准成本法的账务处理 ·········· 146
本章小结 ·········· 149

第八章　作业成本法 ·········· 153

第一节　作业成本法概述 ·········· 154
第二节　作业成本法与传统成本法的比较 ·········· 161
第三节　作业成本的计算（举例） ·········· 166
本章小结 ·········· 171

第九章　全面预算 ·········· 174

第一节　全面预算概述 ·········· 175
第二节　全面预算的构成及编制程序 ·········· 177
第三节　全面预算的编制方法 ·········· 183
本章小结 ·········· 192

第十章　业绩考核与评价 ·········· 196

第一节　业绩评价概述 ·········· 197
第二节　基于利润指标的业绩评价 ·········· 199

第三节　责任中心的业绩考核 …………………………………… 203
第四节　基于EVA的业绩评价 …………………………………… 211
第五节　基于平衡计分卡的业绩评价 …………………………… 220
本章小结 …………………………………………………………… 227

参考文献 …………………………………………………………… 230

第一章
管理会计概论

【学习目标】
1. 掌握管理会计的定义
2. 了解管理会计的基本内容
3. 了解管理会计的形成与发展
4. 掌握管理会计的假设和质量特征
5. 掌握管理会计与财务会计的区别与联系
6. 了解管理会计师的知识体系和职业道德

【重点与难点】
1. 管理会计的假设和质量特征
2. 管理会计与财务会计的区别与联系
3. 管理会计师的职业道德

【引导案例】公司是否将部门卖掉？

管理会计信息显示一家大型制造商的一个部门正在亏损。公司决定将该部门出售。

部门内的一群员工合力筹集资金买下了这个部门。在新的所有权下，该部门开始盈利。主要原因是，当这个部门是大型制造商的一部分时，它分担了制造商其他部门发生的成本。当其成为一家独立公司时，便不再分担这些成本。

管理会计系统的差错导致制造商管理层认为这个部门无利可图，而实际上它是有盈利的。结果便是一项糟糕的商业决策。

第一节 管理会计的定义与基本内容

现代会计有两个重要领域：一是财务会计（Financial Accounting）；二是管理会计（Management Accounting）。管理会计师致力于

> 成本（cost）是为达到一定目的而付出或应付出资源的价值牺牲，它可用货币单位加以计量。
>
> 决策（decision making）是为达到一定目的从几种备选的行动方案中作出最终抉择。
>
> 广义的组织是指由诸多要素按照一定方式相互联系起来的系统。狭义的组织就是指人们为实现一定的目标，互相协作结合而成的集体。

改善组织决策质量，提高组织绩效。管理会计学是会计学与管理学有机结合的一门综合性学科。

一、管理会计的定义

（一）我国学者李天民教授（1984）的定义

管理会计是指通过一系列的专门方法，利用财务会计、统计及其他相关资料与信息进行归纳、整理、计算、对比和分析，使企业内部各级管理人员能据以对各责任单位和整个企业的日常和未来的经济活动进行规划、控制、评价和考核，并帮助企业管理部门做出最优决策的一整套信息系统。

（二）英国皇家特许管理会计师公会（CIMA，2005）的定义

管理会计是运用会计和财务管理的相关原则，用以创造、保护、增加公共部门和私营部门中营利及非营利企业利益相关者的价值。管理会计是管理的重要组成部分。管理会计需要识别、生成、展示、解释和使用相关信息有：

（1）提供战略决策信息以及制定商业战略；
（2）计划长期、中期、短期的运营；
（3）制定资本结构决策并有效融资；
（4）决定股东和管理层的激励策略；
（5）为经营决策提供信息；
（6）控制运营并确保资源的有效利用；
（7）计量财务和非财务绩效并报告给管理层和其他利益相关者；
（8）保全有形和无形资产；
（9）实施公司治理、风险管理和内部控制程序。

（三）我国财政部文件（2014）的定义

管理会计是会计的重要分支，主要服务于单位（包括企业和行政事业单位）内部管理需求，是通过利用相关信息，有机融合财务与业务活动，在单位规划、决策、控制和评价等方面发挥重要作用的管理活动。

综合上述定义，管理会计的内涵是：

（1）管理会计的服务主体：企业和行政事业单位。
（2）管理会计的服务对象：企业内部各级管理人员和其他利益相关者。

管理学意义上的利益相关者（stakeholder）是指组织外部环境中受组织决策和行动影响的任何相关者，包括所有者和股东，银行和其他债权人供应商，购买者和顾客，广告商，管理人员，雇员，工会竞争对手，地方及国家政府，管制者，媒体公众利益群体，政党和宗教群体以及军队等。

公司治理（Corporate Governance），从广义角度理解，是研究企业权力安排的一门科学。从狭义角度上理解，是居于企业所有权层次，研究如何授权给职业经理人并针对职业经理人履行职务行为行使监管职能的科学。

内部控制（Internal Control），是指由企业董事会、管理层和全体员工共同实施的、旨在合理保证实现企业基本目标的一系列控制活动。

(3) 管理会计的目的：帮助企业进行决策、规划、控制和评价等管理活动。

(4) 管理会计的内容：采用一系列专门方法，采取"归纳、整理、计算、对比和分析"提供一整套管理会计信息。

二、管理会计的基本内容

随着社会经济发展和管理理论发展，管理会计的内容也在不断发展和充实。一般来说，管理会计的基本内容包括：决策与规划会计、业绩评价与控制会计。

（一）决策与规划会计

决策与规划会计是为企业管理中的预测前景和规划未来服务的，其主要内容包括预测分析、短期经营决策分析、长期投资决策和全面预算，其目的是保证企业各项资源等到有效的配置和使用，以便获取最佳的经济效益和社会效益。

决策与规划会计，首先采用各种预测方法，对企业计划期内的销售、成本、利润和资金等各项重要经济指标进行"预测分析"；然后，采用各种决策方法，对企业短期经营和长期投资等方面的重要经济选择问题进行"短期经营决策分析"和"长期投资决策分析"；最后，把通过预测和决策所确定的目标和任务，用数量和表格形式加以协调和汇总，编制形成企业计划期的"全面预算"，再将全面预算的指标层层分解，形成各个责任中心的责任预算。

（二）业绩评价与控制会计

业绩评价与控制会计是为企业管理中的评价过去和控制现在及未来服务的，其主要内容包括业绩评价、薪酬激励、成本控制和内部控制，其目的是了解和掌握计划和预算的执行情况，充分调动全体职工的积极性和创造性，保证企业计划和预算目标的实现。

业绩评价与控制会计，首先通过全面预算与实际执行情况比较，分析差异，找出原因，落实责任，编制整个企业和各责任中心的业绩评价报告进行"业绩评价"；然后，采用各种激励方法，对责任人员进行"薪酬激励"。与此同时，通过成本预算与实际执行情况对比，分析差异，找出原因，落实责任，采取措施进行"成本控制"；通过内部控制目标与实际执行情况对比，分析差异，找出原因，落实责任，采取措施进行"内部控制"。

预测（Forecasting）是指在掌握现有信息的基础上，依照一定的方法和规律对未来的事情进行测算，以预先了解事情发展的过程与结果。

预算是用数字编制未来某一个时期的计划，是通过对企业内外部环境的分析，在科学的生产经营预测与决策基础上，用价值和实物等多种形态反映企业未来一定时期的投资、生产经营及财务成果等一系列的计划和规划。

业绩评价（Performance Evaluation）是指运用数理统计和运筹学的方法，通过建立综合评价指标体系，对照相应的评价标准，定量分析与定性分析相结合，对企业一定经营期间的盈利能力、资产质量、债务风险以及经营增长等企业及其部门的经营业绩和经理的努力程度等各方面进行的综合评判。

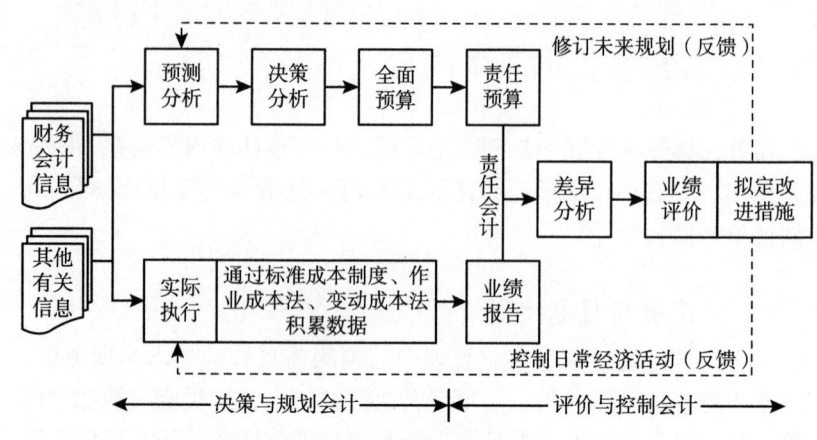

三、管理会计工作系统

管理会计工作系统如图 1-1 所示。

图 1-1 管理会计工作系统

第二节 管理会计的形成与发展

管理会计是随着社会经济发展、科学技术进步和企业经营管理需求逐渐发展起来的。管理会计是管理理论与会计理论的有机结合，是社会经济发展到一定阶段的产物。管理会计 19 世纪开始萌芽，到目前为止，经历了三个阶段：以成本控制为基本特征的管理会计阶段、以预测和决策为基本特征的管理会计阶段、以重视环境适应性为基本特征的战略管理会计阶段。

一、以成本控制为基本特征的管理会计阶段

（一）社会经济发展的基本特征

从 19 世纪的英国工业革命到第二次世界大战前，这一阶段的社会经济发展的基本特征如下：

1. 生产技术方面

机器的发明和运用大量出现，机器代替手工生产，劳动分工更加细致，生产批量增大，生产规模迅速扩大。

2. 市场竞争方面

市场竞争日趋激烈。

3. 经营管理方面

企业的所有权与经营权分离，出现了合伙经营、股份公司等企业组织形式。企业所有者和经营者都意识到，企业生存和发展并不仅仅取决于产量的增长，更重要的是取决于成本的高低。提高生产效率和工作效率、降低产品成本，成为该阶段企业经营管理的重要需求。

（二）管理理论的发展

该阶段中古典管理理论有很大发展，主要包括科学管理理论、官僚制理论和行政管理理论。

1. 科学管理理论

美国管理学家泰罗创立了科学管理理论，认为提高生产效率和工作效率的管理措施有：（1）工作定额；（2）标准化；（3）能力与工作相适应；（4）差别计件工资；（5）计划职能与执行职能分开。

2. 官僚制理论

德国社会学家韦伯创立了官僚制（科层制）理论，认为理想的官僚制的主要特征有：（1）明确的分工；（2）层级节制的权力体系；（3）依照规程办事的运作机制；（4）形成正式的决策文书；（5）组织管理的非人格化；（6）适应工作需要的专业培训机制；（7）合理合法的人事行政制度。

3. 行政管理理论

法国管理学家法约尔提出了管理职能和管理原则，认为管理原则一般包括：（1）分工；（2）权力与责任；（3）纪律；（4）统一指挥；（5）统一领导；（6）个人利益服从集体利益；（7）报酬合理；（8）集权与分权；（9）等级链与跳板；（10）秩序；（11）公平；（12）人员稳定；（13）首创精神；（14）集体精神。

（三）管理会计的形成

古典管理理论特别是科学管理理论的出现，对管理会计的形成具有重要影响。该阶段，管理会计以成本控制为基本特征，以提高企业的生产效率和工作效率为目的，其主要内容包括以下几个方面：

（1）标准成本。标准成本是通过精确的调查、分析和技术测定而制定的，用来评价实际成本、衡量工作效率的一种预计成本。标准产品成本中包括标准人工成本、标准材料成本、标准制造费用等标准。标准成本的制定使成本计算由事后的计算和利用转变为事前的计算和利用，是现代管理会计职能的体现。

（2）预算控制。预算控制是根据预算规定的收入和支出标准，来检查和监督各部门的活动，以保证企业经营目标的顺利实现。预算控制包括业务预算控制、资本预算控制和财务预算控制。

所有权与经营权分离是指企业资本所有权（表现为投资者拥有的投入资产权）和企业资本运作权（表现为企业管理者经营、运作投资者投入资产权）的分离。也就是说，企业所有者拥有的资产不是自己管理运作，而是委托他人完成管理运作任务。

官僚制（bureaucracy），亦称科层制，是组织权力依职能和职位分工和分层、以规则为管理主体的管理方式和组织体系。

> 霍桑效应（Hawthorne Effect）是指那些意识到自己正在被别人观察的个人具有改变自己行为的倾向。社会心理学家所说的"霍桑效应"也就是所谓的"宣泄效应"。1924年11月，以哈佛大学心理专家梅奥为首的研究小组进驻西屋（威斯汀豪斯）电气公司的霍桑工厂。他们的初衷是试图通过改善工作条件与环境等外在因素，找到提高劳动生产率的途径。他们选定了继电器车间的6名女工作为观察对象。在七个阶段的试验中，支持人不断改变照明、工资、休息时间、午餐、环境等因素，希望能发现这些因素和生产率的关系——这是传统管理理论所坚持的观点。但是很遗憾，不管外在因素怎么变，试验组的生产效率一直未上升。为了提高工作效率，这个厂请来包括心理学家在内的各种专家，在约两年的时间内找工人谈话两万余人次，耐心听取工人对管理的意见和抱怨，让他们尽情地宣泄出来。结果，霍桑工厂的工作效率大大提高。这种奇妙的现象就被称作"霍桑效应"。历时9年的实验和研究，学者们终于意识到了人不仅仅受到外在因素的刺激，更有自身主观上的激励，从而诞生了管理行为理论。就霍桑试验本身来看，当这6个女工被抽出来成为一组的时候，她们就意识到了自己是特殊的群体，是试验的对象，是这些专家一直关心的对象，这种受注意的感觉使得她们加倍努力工作，以证明自己是优秀的，是值得关注的。

（3）差异分析。预算差异分析就是通过比较实际执行结果与预算目标，确定其差异额及其差异原因，采取必要措施消除不利差异。差异分析有利于及时发现预算管理中存在的问题，是其控制和评价职能发挥作用的基本手段。

二、以预测、决策为基本特征的管理会计阶段

（一）社会经济发展的基本特征

从第二次世界大战后到20世纪70年代，这一阶段的社会经济发展的基本特征如下：

1. 生产技术方面

科学技术日新月异，生产技术迅猛发展，企业规模不断扩大，跨国公司大量涌现。

2. 市场竞争方面

顾客需求多样化，市场竞争愈演愈烈，资本利润率下降。

3. 经营管理方面

企业经营管理更加重视调动员工的积极性，重视市场调查预测，重视顾客需求多样化，重视系统管理。满足市场需求、发挥人的能动性、提高预测和决策能力，成为该阶段企业经营管理的重要需求。

（二）管理理论的发展

该阶段中管理理论迅速发展，主要包括行为管理理论、系统管理理论和决策理论。

1. 行为管理理论

行为管理理论是关于人性假设和激励的理论。美国管理学家梅奥通过"霍桑实验"所得的"霍桑效应"就提出了人际关系学说，该学说认为：（1）工人是"社会人"，而不是"经济人"；（2）企业中存在非正式组织；（3）劳动生产率主要取决于工人的工作态度和周围人际关系。马斯洛的需求层次理论认为人的需求有5个层次：生理需求、安全需求、社交需求、尊重需求和自我实现需求。麦格雷戈的XY理论认为管理对人性的假设有两种，一种是消极的X理论，另一种是积极的Y理论。赫兹伯格的双因素理论认为保健因素对人们只起保健作用，而激励因素才能对人们产生激励作用。佛鲁姆的期望理论认为对人们激励力的大小取决于效价和期望值。

2. 系统管理理论

系统管理理论是运用系统论的观点和方法来分析组织问题和管理行为，该理论认为：（1）企业是由人、物资、机器和其他资源在一

定的目标下组成的一体化系统，它的成长和发展同时受到这些组成要素的影响，在这些要素的相互关系中，人是主体，其他要素则是被动的；（2）企业是一个由许多子系统组成的、开放的社会技术系统。企业是社会这个大系统中的一个子系统，它受到周围环境的影响，也同时影响环境；（3）运用系统观点来考察管理的基本职能，可以提高组织的整体效率，使管理人员不至于只重视某些与自己有关的特殊职能而忽视了大目标，也不至于忽视自己在组织中的地位与作用。

3. 决策理论

以赫伯特·西蒙为代表人物的决策理论认为：（1）决策贯穿管理的全过程，管理就是决策；（2）人是有限理性的，在寻求最优解决方式时，应该"以满意代替最优"；（3）企业是决策者个人所组成的系统，而且会面临多重决策目标，因此，决策中既要应用科学的决策方法，又要重视心理因素、人际关系和社会因素等对决策的作用。

（三）管理会计的发展

该阶段中社会经济的发展和管理理论的丰富，使得管理会计的理论体系逐渐完善，内容更加丰富，逐步形成了预测、决策、预算、控制、考核和评价的管理会计体系。

1. 预测

预测是指运用科学方法，根据历史资料和现实情况，预计和推测企业经济活动未来趋势和变化程度的过程，包括销售预测、成本预测、利润预测、资金需求量预测等内容。

2. 决策

决策是指为了实现既定的目标，通过预测、分析、比较和判断，从两个或两个以上的备选方案中选择最优方案的过程，包括经营决策和投资决策等内容。

3. 预算

预算是指用数字来表达企业未来一定时期收入、成本、利润、资产和资金需求的一种经营计划，包括业务预算和财务预算。

4. 控制

控制是指按照预算要求，控制企业经济活动使之符合预算目标的过程，包括标准成本法和责任会计等内容。

5. 考核和评价

考核和评价首先是考核实际完成情况，然后与预算目标对比，确定差异，分析差异产生的原因，据此评价责任者和责任部门的业绩，并采取措施纠正差异的过程。考核和评价是标准成本法和责任会计的重要内容。

赫伯特·西蒙（Herbert Alexander Simon），美国心理学家，卡内基梅隆大学知名教授，研究领域涉及认知心理学、计算机科学、公共行政、经济学、管理学和科学哲学等多个方向。西蒙学识广博，是现今很多重要学术领域的创始人之一，如人工智能、信息处理、决策制定、问题解决、注意力经济、组织行为学、复杂系统等。他创造了术语"有限理性"（bounded rationality）和"满意度"（satisficing），也是第一个分析复杂性架构（architecture of complexity）的人。西蒙因其贡献和影响在他晚年获得了很多顶级荣誉，如1975年的图灵奖、1978年的诺贝尔经济奖、1986年的美国国家科学奖章和1993年美国心理协会的终身成就奖。

三、以重视环境适应性为基本特征的战略管理会计阶段

(一) 社会经济发展的基本特征

进入20世纪70年代以来,社会经济发展的基本特征表现如下:

1. 生产技术方面

计算机技术和网络技术发展迅速,机械化、自动化生产技术水平大大提高,企业信息化水平日益提高,企业产品设计、制造、销售功能的专业化程度更高,顾客化生产技术更加成熟,服务业大力发展。

2. 市场竞争方面

顾客需求多样化,市场竞争全球化,销售渠道网络化,市场环境瞬息万变,经营风险日益加大,资本市场发展和完善。

3. 经营管理方面

企业经营管理更加重视战略管理,重视价值管理,重视网络销售,重视资本运营,重视风险管理。提高环境适应性、提升企业价值、建立竞争优势,成为该阶段企业经营管理的重要需求。

(二) 管理理论的发展

该阶段中有关战略管理理论有了长足的发展,包括利益相关者管理理论、企业资源基础理论等。

1. 战略管理理论

企业战略是指企业面临激烈变化、严峻挑战的经营环境,为求得生存和不断发展而进行的总体谋划,包括战略分析、战略选择和战略实施等内容。安索夫提出了资源配置战略理论,认为企业生存是由环境、战略和组织三者构成,只有当这三者协调一致、相互适应时,才能有效地提高企业的效益,并设计了"安索夫矩阵"来帮助企业进行战略选择。迈克尔·波特提出了竞争战略理论,发明了"五力模型"来分析行业竞争程度、企业竞争能力及其获利能力。

2. 利益相关者管理理论

弗里曼在《战略管理:利益相关者管理的分析方法》明确地提出了利益相关者管理理论。利益相关者管理理论是指企业的经营管理者为综合平衡各个利益相关者的利益要求而进行的管理活动。与传统的股东至上主义相比较,该理论认为任何一个公司的发展都离不开各利益相关者的投入或参与,企业追求的是利益相关者的整体利益,而

不仅仅是某些主体的利益。

3. 企业资源基础理论

自从沃纳菲尔特明确提出了"企业资源基础论"之后，企业资源基础理论日益受到重视，巴尼和克拉克出版了《资源基础理论：创建并保持竞争优势》。企业资源基础理论认为：（1）企业竞争优势的源泉来自企业特殊资源，包括人力资本、技术资本和社会资本等；（2）保持竞争优势持续性的原因是特殊资源具有难以模仿性，阻碍模仿的主要因素有因果关系模糊、路径依赖和模仿成本高等；（3）企业特殊资源获取与管理的方法主要有组织学习、知识管理和战略联盟等。

（三）战略管理会计的发展

随着战略管理理论的发展和完善，西蒙于1981年首次提出"战略管理会计"一词，之后战略管理会计的研究成果一直不断地丰富和完善。

（1）战略成本会计是在企业经营环境复杂多变、全球性市场竞争广泛激烈的情况下，为取得持续竞争优势，给企业管理者提供战略管理决策信息的管理会计分支。

（2）战略管理会计的内容。战略管理会计的内容主要包括价值链分析、作业管理、寿命周期成本管理、目标成本法、质量成本管理、环境成本管理、业绩金字塔、平衡计分卡和标杆管理等。

四、国际管理会计师联合会的四个阶段观点

国际管理会计师联合会在1999年发布的《管理会计概念》公告中，将管理会计的历史划分为四个阶段。

第一阶段：1950年以前，管理会计的重点是通过预算和成本会计来确定成本并实施财务控制。

第二阶段：20世纪60年代中期，受管理科学发展的影响，管理会计的主要内容是决策分析和责任会计，其重点则由原来的成本控制转向为计划、控制等管理活动提供有用信息。

第三阶段：20世纪80年代至90年代中期，管理会计注重流程分析和成本管理技术，以此来降低业务流程中的资源浪费。

第四阶段：20世纪90年代中期开始，管理会计的重点转向通过有效地利用资源，通过追溯、探寻、关注客户价值、股东价值以及组织创新的驱动因素来为组织创造价值。

路径依赖（Path Dependence），也称路径依赖性，一旦人们做了某种选择，就好比走上了一条不归之路，惯性的力量会使这一选择不断自我强化，并让你不能轻易走出去。例如，QWERTY型键盘在技术上并不是最好的，但是，它却牢牢占据了市场。又如，美国经济学家道格拉斯·诺思由于用"路径依赖"理论成功地阐释了经济制度的演进规律，从而获得了1993年的诺贝尔经济学奖。

第三节 管理会计的基本理论

一、管理会计的假设

管理会计假设是企业管理会计通过"归纳、整理、计算、对比和分析"生成管理会计信息工作的前提，是对管理会计信息生成的时间、空间、产出等所作的合理设定。管理会计基本假设包括会计主体假设、持续经营假设、会计分期假设和多种计量假设。

> 会计假设（Accounting assumption）是企业会计确认、计量、记录和报告的前提，是对会计核算所处时间、空间环境等所作的合理设定。会计基本假设包括会计主体假设、持续经营假设、会计分期假设和货币计量假设等。

（一）会计主体假设

会计主体是会计系统建立所依循的空间范围。明确会计主体是会计工作的首要前提。由于管理会计主要面向企业内部管理，而企业组织结构由多层次和多个部门构成，因此，管理会计的会计主体不仅包括企业整体，而且还包括企业内部各个层次的所有责任单位。管理会计具有多层次、多个会计主体，而且这些会计主体之间还存在多种多样的联系。

（二）持续经营假设

持续经营是会计系统建立所依循的时间范围。持续经营假设认为一个会计主体将持续它的经营活动直到实现了它的计划和受托责任为止。在持续经营假设下，管理会计的"归纳、整理、计算、对比和分析"生成管理会计信息工作，应当以正常的生产经营活动为前提。企业整体和各责任单位的这种正常的生产经营活动在可以预见的未来不期望被终止，否则，管理会计信息生成工作将无从进行。

（三）会计分期假设

会计分期是会计系统产出所依循的时间约定。由于持续经营假设已把会计主体当作一个长期存在的经营单位看待，而信息使用者为了长期或短期决策，需要这个会计主体的管理会计信息，因此，必须提出会计期间即会计分期的假设。管理会计的会计分期比财务会计具有更大的灵活性，长则数年，短则论天，可以跨越过去和现在，延伸到未来。

(四) 多种计量假设

计量假设是会计系统产出所依循的尺度约定。管理会计的计量尺度约束要比财务会计宽松得多，可以采取货币计量，也可以采取非货币计量。

二、管理会计信息的质量特征

管理会计信息质量特征是管理会计信息所应当达到的质量要求，是会计系统为达到会计目标而对管理会计信息的约束。管理会计目标是向企业管理人员提供经营决策所需要的会计信息。管理会计信息的质量特征包括相关性、准确性、及时性、简明性、成本—效益平衡性。

(一) 相关性

相关性是指管理会计所提供的信息必须与企业管理人员的决策相关，有助于提高管理人员的决策能力。

(二) 准确性

准确性是指管理会计所提供的信息在有效范围内必须是正确的。不正确的信息会导致企业管理人员的决策失误。管理会计信息强调的是正确性，而不是精确性，并不是越精确越好。

(三) 及时性

及时性是指管理会计必须为管理人员决策需要提供最及时的、迅速的信息。及时的信息才有助于管理人员做出正确决策，而过时的信息则会导致决策的失误。

(四) 简明性

简明性是指管理会计提供的信息，不论在内容上还是形式上，都应当简单明确、易于理解、便于使用。对管理人员决策有重要影响的信息要详细提供，不重要的信息可以合并、简化提供。

(五) 成本—效益平衡性

成本—效益平衡性是指取得管理会计信息的成本必须小于使用管

会计信息质量特征，也称为会计信息质量要求，是指企业财务报告中所提供的会计信息质量应达到的满足用户决策有用性会计目标的基本要求，根据我国会计基本准则规定，它包括可靠性、相关性、可理解性、实质重于形式、重要性、谨慎性和及时性等质量特征。美国财务会计准则委员会 1980 年在《论财务会计概念》第二辑，即《会计信息的质量特征》中提出了相关性和可靠性是会计信息质量应当具备的首要质量特征，并在此基础上将各种质量特征划分为不同层次。

11

理会计信息所带来的效益。不论信息有多重要，只要其取得成本超过其使用所得，就不应该取得、使用这一信息。

三、管理会计与财务会计的区别与联系

（一）管理会计与财务会计的区别

管理会计与财务会计的主要区别见表1-1。

表1-1　　　　　　管理会计与财务会计的区别

项目	财务会计	管理会计
服务对象不同	企业外部的利益相关者，对外报告会计	企业内部的经营管理者，对内报告会计
工作重点不同	面向过去，反映过去，报账型会计	解析过去，规划未来，控制现在，经营管理型会计
会计主体不同	一种主体：整个企业或独立核算部门	多种主体：整个企业、各责任中心
约束条件不同	受会计准则和会计制度约束	不受会计准则和会计制度约束
报告要求不同	报告形式统一，报告时间按照会计期间	报告形式多样，报告时间按照管理需要
计量尺度不同	货币计量，力求精确	货币计量，非货币计量，不要求绝对精确
核算要求不同	核算程序统一，使用会计方法	核算程序多样，使用会计、统计、数学等方法

（二）管理会计与财务会计的联系

1. 财务会计信息是管理会计工作中的重要基础

管理会计在帮助企业进行预测、决策、规划、评价和控制等管理活动时，需要对财务会计信息进行必要的加工、调整、改制和延伸，再结合其他有关信息进行计算、对比和分析，编制管理会计报表，为改进企业内部经营管理、提高经济效益服务。

2. 管理会计信息是财务会计报告中的重要补充

管理会计形成的各种内部信息资料，可以作为财务会计报告的重要补充。例如现金流量表，最初只是管理会计长期投资决策使用的一种内部报表，后来陆续被一些国家列为财务会计对外报告的内容。在上市公司公布的年度财务报告中，往往会涉及企业的业绩评价、薪酬激励、财务预算和盈利预测等管理会计信息数据。

第四节 管理会计师

一、管理会计师的知识体系

1986年，美国会计师联合会所属的管理会计实务委员会颁布了《管理会计师共同知识体系》公告。该公告将管理会计师应具备的知识体系分为三类：信息和决策过程知识、会计原则和职能知识、企业经营活动知识。

（一）信息和决策过程知识

（1）管理决策过程，包括重复性决策程序、非规划性决策程序、战略决策程序。

（2）内部报告，包括信息的收集、组织、表达和传递。

（3）财务计划的编制和业绩评价，包括预测和预算的编制、分析和评价。

（二）会计原则和职能知识

（1）组织的结构和管理，包括会计职能的结构和管理、内部控制、内部审计。

（2）会计概念和原则，包括会计的本质和目标、会计实务。

（三）企业经营活动知识

（1）企业的主要经营活动，包括财务和投资、项目研究及开发、生产与经营、销售和人力资源。

（2）经营环境，包括法律环境、经济环境、道德和社会环境。

（3）税务，包括税收政策、税收的结构和种类及税收计划。

（4）外部报告，包括报告准则，满足信息使用者需要。

（5）信息系统，包括系统分析与设计、数据库管理、软件使用、技术基础知识和系统分析等。

二、管理会计师的职业道德

1982年，美国会计师协会颁布了《管理会计师道德行为准则》。该准则认为除管理会计师自身不得有违背这些准则的行为外，还应该追究企业内部其他人员违背这些准则的责任。管理会计师道德行为准则包括五项：能力、保密、正直、客观和道德行为冲突的解决。

（一）能力（Competence）

（1）不断提高自身的知识和技能，以保持职业能力应有的专业技术水平。

（2）依据有关的法律、规章制度和技术标准完成自己的职责。

（3）在利用相关和可靠的信息进行恰当的分析基础上，编制完整和清晰的报告和建议书。

（二）保密（Confidentiality）

（1）除法律规定外，非经授权，不得泄露工作过程中获得的机密信息。

（2）告诫下属对工作中获得的信息应注意其保密性，并监督其行为，以确保信息的保密性。

（3）不得将工作中所获得的机密信息，经由本人或第三者用于不道德或非法的利益。

（三）正直（Integrity）

（1）避免出现利益冲突，并就任何潜在的冲突向有关方面提出建议。

（2）不得从事道德上有害于其职责履行的活动。

（3）拒绝接受影响其行为的任何馈赠、赠品、宴请或说情等。

（4）严禁主动或被动地破坏实现企业即合法又合乎道德行为规范的目标。

（5）了解并沟通不利于其做出认真负责的判断或顺利完成工作的某些专业性限制或其他约束性条件。

（6）沟通有利或不利信息，发表赞成或不赞成的职业判断或意见。

（7）不得从事或支持任何有损于职业信誉的活动。

（四）客观（Credibility）

（1）公正和客观地交流信息。

（2）充分披露所有相关的信息，帮助信息使用者对各项报告、说明书和建议书获得正确的理解。

（五）道德行为冲突的解决

在应用各项道德行为准则时，管理会计师可能会遇到怎样确认不道德行为，或怎样解决不道德行为的问题。对于重大的道德行为问题，管理会计师应遵循企业已经制定的方针政策中的有关条款来解决这些矛盾。如果这些政策仍不能解决道德行为冲突问题，管理会计师应该考虑采取如下行动：

（1）和直接主管人员商讨解决有关冲突，如果直接主管人员牵涉到该种道德冲突，则应将问题交到上一级主管人员；如果问题还得不到满意的解决，再呈交给更高一级的主管人员，直到问题解决为止。如果直接上级主管是总经理或具有相当于总经理的职务，则解决道德行为冲突的权威机构一般是审计委员会、董事会等。

（2）和一位客观公正的顾问进行缜密的讨论，以澄清有关问题，并确定可被接受的解决方案。

（3）如果道德行为冲突在经过企业内部所有管理层努力解决后仍然存在，管理会计师必须向企业组织中的一个合理的管理部门或代理人提交有关资料的备忘录，以待日后处理。如果企业中的某些道德行为冲突涉及法律法规，企业应将这些问题通知给恰当的官方权力机构或个人。

案例：假如你是一名会计人员，需要向银行提供对公司未来利润的预测报告。一项急需的银行贷款就取决于此项预测。公司董事长坚信利润至少有500万元。如果少于此数，则贷款就有可能不予批准。据你分析，如果新产品的推销工作做得非常好，利润能超过500万元。但最有可能的结果是：一个成功推销带来100万元的利润。若新产品失败，公司损失600万元。没有贷款，新产品不可能问世，公司不可避免地亏损，甚至可能倒闭。那你应做怎样的预期呢？预测少于500万元，还是多于500万元？

本 章 小 结

1. 管理会计的内涵：4点内涵

（1）管理会计的服务主体：企业和行政事业单位。

（2）管理会计的服务对象：企业内部各级管理人员和其他利益相关者。

（3）管理会计的目的：帮助企业进行决策、规划、控制和评价等管理活动。

（4）管理会计的内容：采用一系列专门方法，采取"归纳、整理、计算、对比和分析"提供一整套管理会计信息。

2. 管理会计的基本内容：2大方面

（1）决策与规划会计：预测分析、短期经营决策、长期投资决策、全面预算。

（2）业绩评价与控制会计：业绩评价、薪酬激励、成本控制、内部控制。

3. 管理会计的形成与发展：3个阶段

（1）以成本控制为基本特征的管理会计阶段：标准成本、差异分析、成本控制。

（2）以预测、决策为基本特征的管理会计阶段：预测、决策、预算、考核与评价。

（3）以重视环境适应性为基本特征的战略管理会计阶段：战略管理会计。

4. 管理会计假设：4个假设

会计主体假设、持续经营假设、会计分期假设、多种计量假设。

5. 管理会计信息质量特征：6个特征

相关性、准确性、及时性、简明性、激励性、成本—效益平衡性。

6. 管理会计与财务会计的区别：7点不同

(1) 服务对象不同：外部利益相关者，内部利益相关者。

(2) 工作重点不同：报账型会计，经营管理型会计。

(3) 会计主体不同：一种主体，多种主体。

(4) 约束条件不同：受会计准则和会计制度约束，不受会计准则和会计制度约束。

(5) 报告要求不同：报告形式和时间统一，报告形式和时间多样。

(6) 计量尺度不同：货币计量，多种计量。

(7) 核算要求不同：核算程序与方法统一，核算程序与方法不统一。

7. 管理会计师道德行为准则：5项准则

能力、保密、正直、客观、道德行为冲突的解决。

【本章重要术语】

管理会计　决策与规划会计　业绩评价与控制会计　管理会计假设　会计信息质量特征

【复习与思考】

1. 单选题

(1) 管理会计提供信息质量特征中，(　　) 是指管理会计所提供的信息应该具有对决策有影响或对于预期产生结果有用的特征。

　　A. 灵活性　　B. 客观性　　C. 及时性　　D. 相关性

　　E. 一贯性

(2) 下列说法正确的是 (　　)。

A. 管理会计为对外报告会计，财务会计为对内报告会计

B. 管理会计受会计准则和会计制度约束

C. 财务会计主体是企业各责任单位

D. 管理会计是经营管理型会计，财务会计是报账型会计

2. 多选题

(1) 在以成本控制为基本特征的管理会计阶段，对管理会计形成较大影响的理论学派有 (　　)。

　　A. 官僚学派　　　　　　　B. 科学管理学派

　　C. 凯恩斯学派　　　　　　D. 行政管理学派

(2) 在以预测、决策为基本特征的管理会计阶段，管理会计的主要内容包括 (　　)。

　　A. 预算　　B. 控制　　C. 预测　　D. 决策

　　E. 考核与评价

（3）下列说法正确的是（　　）。

A. 相关性是就特定目标而言的
B. 相关性强调个别信息用户的目标与整个组织的最高管理当局的目标之间的一致性与和谐性
C. 与某一决策目的相关的信息，与另一决策目的则不一定相关
D. 相关性与可靠性没有必然的联系
E. 相关性与可靠性有十分密切的联系

（4）简明性要求（　　）。

A. 凡是对管理者作出某种判断或评价有重要影响的信息，必须详细提供
B. 凡是对管理者作出某种判断或评价没有重要影响的信息，可以合并提供
C. 凡是对管理者作出某种判断或评价没有重要影响的信息，可以简化提供
D. 无论对管理者作出某种判断或评价有无重要影响的信息，可以简化提供
E. 所有信息，均可以简化提供

3. 问答题

（1）简述管理会计的概念与内容。
（2）简述管理会计的形成与发展。
（3）简述管理会计信息的质量特征。
（4）简述管理会计与财务会计的区别和联系。
（5）简述管理会计师的职业道德。

第二章
成本性态分析

【学习目标】
1. 了解成本的概念
2. 掌握成本的各种分类
3. 掌握成本形态的概念
4. 掌握固定成本的特性和分类
5. 掌握变动成本的特性和分类
6. 掌握混合成本的分解方法

【重点与难点】
1. 固定成本的特性和分类
2. 变动成本的特性和分类
3. 混合成本的分解方法

【引导案例】 马瑞特公司的成本削减

因销售产品不景气,马瑞特公司正在经历财务困境。管理当局正在考虑暂时削减成本。马瑞特公司的固定成本项目及其原计划金额如表 2-1 所示。

表 2-1　　马瑞特公司的固定成本项目及其原计划金额

固定成本项目	计划金额（元）
广告与促销	300 000
折旧	400 000
员工培训	100 000
管理者薪金	800 000
租赁费	250 000
财产税	600 000
研究与开发	1 500 000
总计	3 950 000

分析要求：
（1）马瑞特的管理者会决定削减哪些固定成本项目？
（2）最多能削减多少固定成本？
（3）削减固定成本对公司未来竞争力有何影响？
（4）马瑞特公司会每年都这样削减固定成本吗？

第一节 成本分类

成本（Cost）是指为达到特定目的所失去或放弃的资源，它可用货币单位加以衡量。这里的"资源"，不仅包括自然资源，还包括经过人类加工的物质资源及人力资源等。"特定目的"是指成本对象（Cost Object），例如，一件产品、一项服务、一项设计、一项活动、一项作业、一个部门、一个客户或一项工作计划等。"失去"是指资源被消耗；"放弃"是指资源交给其他企业、部门或个人。为了不同的用途，成本可以按不同的分类准则进行分类，"目的不同，成本不同"。

资源是指一国或一定地区内拥有的物力、财力、人力等各种物质要素的总称。分为自然资源和社会资源两大类。前者如阳光、空气、水、土地、森林、草原、动物、矿藏等；后者包括人力资源、信息资源、技术资源及经过劳动创造的各种物质财富等。

一、制造成本和非制造成本

为了确定产品成本、存货成本、期间损益，满足对外财务报告的需求，按照某项成本是否与产品成本直接关系，把成本划分为：制造成本、非制造成本。

（一）制造成本（Manufacturing Costs）

制造成本，也称为生产成本或产品成本，是指企业内部发生的所有与产品生产相关的成本。制造成本包括：直接材料、直接人工和制造费用。

（二）非制造成本（Non‑Manufacturing Costs）

非制造成本，也称为期间成本或期间费用，是指成本的发生与产品制造没有直接关系的费用支出。非制造成本包括：销售费用、管理费用等。

二、直接成本和间接成本

为了归集核算成本对象上的成本，按照成本的可追溯性，也就是按照成本项目是否能够直接归集到成本对象，把成本划分为：直接成本、间接成本。

（一）直接成本（Direct Cost）

直接成本，也称为可追溯成本，是指能够直接归集到某个成本对象上的成本。例如，直接材料和直接人工就可以直接归集到某个产品上。

（二）间接成本（Indirect Cost）

间接成本，也称为不可追溯成本，是指不能够直接归集到某个成本对象上的成本，需要按照一定方法分配计入多个产品成本中。例如，制造费用就不能够直接归集到某个产品上，需要分配计入多个产品成本中，因为制造费用是一种使多个产品受益的费用。

三、历史成本和未来成本

为了全面预算和成本控制，按照成本发生的时态，把成本划分为：历史成本、未来成本。

（一）历史成本

历史成本，也称为沉没成本，是指以前时期已经发生或本期刚刚发生的成本，也就是财务会计中的实际成本。

（二）未来成本

未来成本，也称为预计成本，是指预先测算的成本。未来成本实际上是一种成本目标，如估算成本、计划成本、预算成本、标准成本等。

四、相关成本和无关成本

为了成本决策，按照成本与决策是否相关，把成本划分为：相关成本、无关成本。

（一）相关成本

相关成本是指成本的发生与某一特定决策方案有关的成本。

（二）无关成本

无关成本是指成本的发生与某一特定决策方案无关的成本。

五、可控成本和不可控成本

为了确定责任中心的责任成本，考核其工作业绩，按照成本的发生是否责任中心（责任单位）可以控制，把成本划分为：可控成本、不可控成本。

（一）可控成本

可控成本是指责任中心可以预计、计量、施加影响和落实责任的那部分成本，也就是责任单位的责任成本。

（二）不可控成本

不可控成本是指责任中心不可以预计、计量、施加影响和落实责任的另一部分成本。

六、固定成本、变动成本和混合成本

为了管理会计使用变动成本法、标准成本法、作业成本法和本量利分析等方法，按照成本性态，也就是按照成本与业务量（产量或销量等）之间的依存关系，把成本划分为：固定成本、变动成本和混合成本。

（一）固定成本（Fixed Cost）

固定成本是指成本与业务量变动无关的成本项目。

（二）变动成本（Variable Cost）

变动成本是指成本与业务量成正比例关系变动的成本项目。

（三）混合成本（Mixed Cost）

变动成本是指成本随着业务量变动而变动，但不保持正比例关系的成本项目。混合成本可以采取一定方法进一步分解为固定成本和变动成本两大类，这样管理会计后续方法才能使用。

第二节 成本性态

一、成本性态的概念

成本性态（Cost Behavior），也称为成本习性，是指成本与业务量之间的依存关系。这里的"业务量"是指企业活动的作业数量，例如，

> 责任中心，或称责任单位，是指承担一定经济责任，并享有一定权利的企业内部（责任）单位。责任中心可以划分为成本中心、利润中心的投资中心。

生产量、销售量、机器工时、人工工时、作业次数、销售收入等。按照成本性态，成本可以划分为：固定成本、变动成本和混合成本。

二、固定成本

（一）固定成本的特征

固定成本是指其总额在一定期间和一定业务量范围内，不受业务量影响而保持固定不变的那部分成本。例如，企业按直线法计提的固定资产折旧费、房屋设备租赁费、财产保险费、不动产税、广告费、职工培训费、研发费用、管理人员固定工资等都属于固定成本。

固定成本具有两个特征：（1）固定成本总额不随业务量变化；（2）单位业务量固定成本（单位固定成本）随业务量增加而减少。

【例2-1】某企业生产甲产品，所需的一台专用设备是从某租赁公司租用的，每年定租约一次，每月需支付租金48 000元。该专用设备每月最大生产量为生产甲产品400件，当甲产品月产量在400件以内时，只租用一台该专用设备就够了，该专用设备的月租金不会随产量变动。因此，该专用设备的月租金是该企业的一项固定成本。在甲产品月产量400件以内时，该项固定成本、单位固定成本与业务量的关系见表2-2，用图形和公式来表达的关系见图2-1和图2-2。

表2-2　　　　固定成本、单位固定成本与业务量的关系

甲产品月产量（件） （业务量 x）	月租金总成本（元） （固定成本 a）	单位甲产品的租金成本（元） （单位固定成本 a/x）
100	48 000	480
200	48 000	240
300	48 000	160
400	48 000	120

图2-1　固定成本与业务量的关系

工时是指一个劳动者工作一小时即为一个工时。标准工时，是指在一定标准条件下，以一定的作业方法，由合格且受有良好训练的作业员以正常的速度，完成某项作业所需的时间。

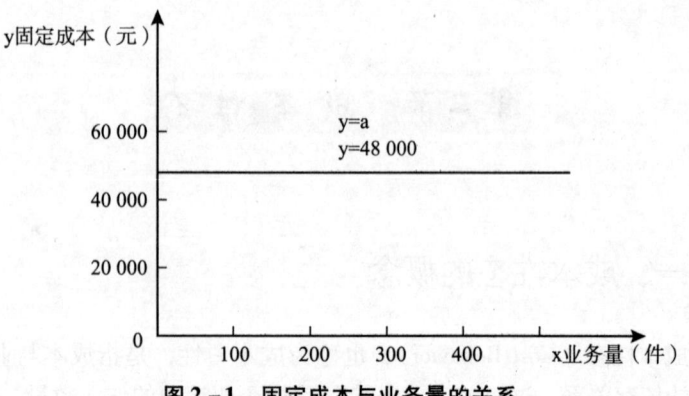

图 2-2　单位固定成本与业务量的关系

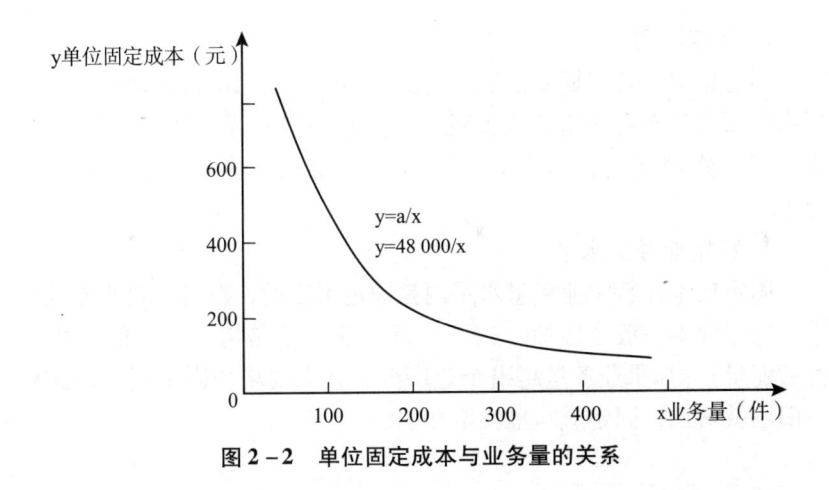

（二）固定成本的分类

为了寻求降低固定成本的正确途径，按照固定成本在一定期间内是否可以改变，将其划分为：约束性固定成本（Committed Fixed Cost）、酌量性固定成本（Discretionary Fixed Cost）。

1. 约束性固定成本

约束性固定成本，也称为技术性固定成本、经营能力成本，是指通过管理当局的决策行为不能改变其支出数额的那部分固定成本。例如，固定资产折旧费、房屋设备租金、财产保险费、不动产税、管理人员工资等都属于这一类成本。这类成本是维持生产经营能力的成本，其支出额的大小取决于生产经营的规模和质量，规模大质量要求高则约束性固定成本就高。在一定时期内生产经营规模一旦形成，管理当局的短期决策是无法改变约束性固定成本的，如果硬性地削减约束性固定成本，就意味着削减企业生产经营能力。

2. 酌量性固定成本

酌量性固定成本，也称为选择性固定成本，是指通过管理当局的决策行为能改变其支出数额的那部分固定成本。例如，广告费、研究与开发费、职工培训费等都属于这一类成本。这类固定成本是增强企业竞争能力的成本，其支出额的大小取决于企业经营方针、市场竞争状况和管理者的决策偏好。在一定时期内，管理当局可以通过企业年度预算来计划和控制酌量性固定成本。酌量性固定成本可以削减，但是，削减会降低企业持续竞争力。

（三）固定成本的相关范围

固定成本的相关范围是指固定成本呈现出"固定性"特征的限制条件，限制条件包括：特定期间、特定业务量水平。

1. 特定期间

固定成本在特定期间范围内是固定不变的，超出特定期间，企业厂房机器设备有可能增加或者减少，企业生产经营规模会发生变化，折旧费、修理费、管理人员工资等就会变化，固定成本也就不固定了。

2. 特定业务量水平

固定成本在特定业务量水平内是固定不变的，超出特定业务量水平，固定成本一般会增加。这里的特定业务量是指企业产能（生产经营能量）。如果业务量超出企业产能，就需要增加固定资产，这样折旧也就增加，固定成本也就增加了。

三、变动成本

（一）变动成本的特征

变动成本是指其总额在一定期间和一定业务量范围内，随着业务量变动而成正比例变动的那部分成本。例如，企业产品生产的直接材料，计件工资下的直接人工，制造费用中随产量成正比例变动的机物料费、燃料费、动力费，按工作量法提的固定资产折旧费，按销售量支付的销售佣金，还有产品包装费、装运费等都属于变动成本。

变动成本具有两个的特征：（1）变动成本总额随着业务量的变动成正比例变动；（2）单位业务量变动成本（单位变动成本）不随业务量变动，保持固定不变。

【例 2-2】某汽车制造公司生产一种轿车，每辆轿车需要配一组电瓶，每组电瓶的外购价格是 300 元。当轿车产量增加时，耗用电瓶的总成本随产量正比例增加，但是每辆轿车的电瓶成本保持 300 元不变，因此，电瓶成本就是公司生产轿车的一项变动成本。在一定的轿车产量范围内，该项变动成本、单位变动成本与业务量的关系见表 2-3，用图形和公式来表达的关系见图 2-3 和图 2-4。

表 2-3　　　变动成本、单位固定成本与业务量的关系

轿车产量（辆） （业务量 x）	电瓶总成本（元） （变动成本 bx）	单位轿车的电瓶成本（元） （单位变动成本 b）
10 000	3 000 000	300
20 000	6 000 000	300
30 000	9 000 000	300
40 000	12 000 000	300

图 2-3　变动成本与业务量的关系

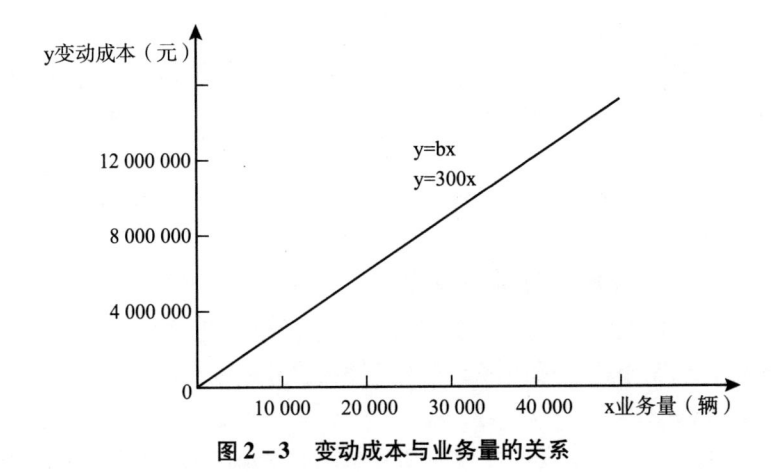

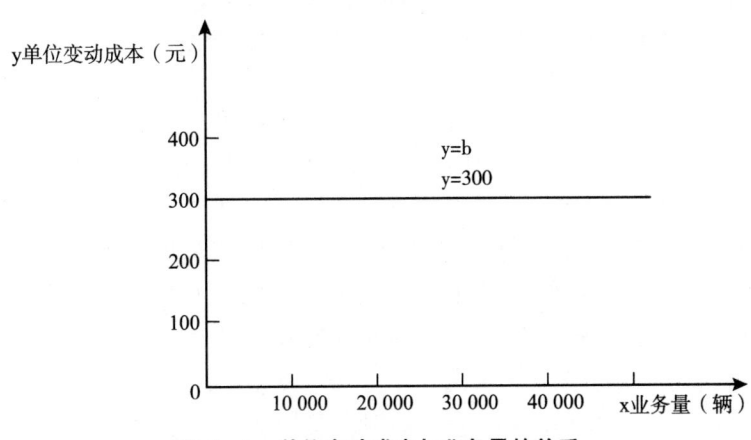

图 2-4　单位变动成本与业务量的关系

（二）变动成本的分类

为了寻求降低变动成本的正确途径，按照变动成本在一定期间内是否可以改变，将其划分为：约束性变动成本、酌量性变动成本。

1. 约束性变动成本

约束性变动成本，也称为技术性变动成本，是指通过管理当局的决策行为不能改变其支出数额的那部分变动成本。例如，企业所生产产品的直接材料费是最为典型的约束性变动成本。这类成本是维持产品性能和质量所必需的成本，例如，一台笔记本电脑需要有相应的外壳、液晶屏、处理器、主板、显卡、内存、硬盘、光驱、电源和电池等零部件组成，这些零部件的成本就是这台笔记本电脑的约束性变动成本，如果硬性地削减这些约束性变动成本，就意味着改变了这台笔记本电脑原有的性能和质量甚至型号。要想降低约束性变动成本，应当通过改进产品设计、改革工艺技术、降低材料消耗、提高劳动生产率来实现。

2. 酌量性变动成本

酌量性变动成本是指通过管理当局的决策行为能改变其支出数额的那部分变动成本。例如，按产量计酬的工人薪金、按销售收入提成的销售佣金等都属于这一类成本。酌量性变动成本可以削减，但是，要根据劳动法、合同法、劳动力市场状况和销售市场状况等来决定。

> 销售佣金是指企业在销售业务发生时支付给中间人的报酬，中间人必须是有权从事中介服务的单位或个人，但不包括本企业的职工。

（三）变动成本的相关范围

变动成本的相关范围是指变动成本呈现出"正比例"特征的限制条件，限制条件包括：特定期间、特定业务量范围。

1. 特定期间

变动成本在特定期间范围内是与业务量成正比例变动的，超出特定期间，由于企业生产经营的内部条件和外部环境会发生变化，变动成本与业务量成正比例的"比例"可能会发生变化。

2. 特定业务量范围

变动成本在特定业务量范围内是与业务量成正比例变动的，当超出特定业务量范围，会呈现出非线性关系特征，变动成本的相关范围如图2-5所示。在相关范围内业务量与变动成本总额呈线性关系，单位变动成本不变；当业务量过低时，劳动生产率低，材料消耗高，废品率高，无规模效应，单位变动成本会增大；当业务量过高时，加班加点，废品率高，单位变动成本也会增大。

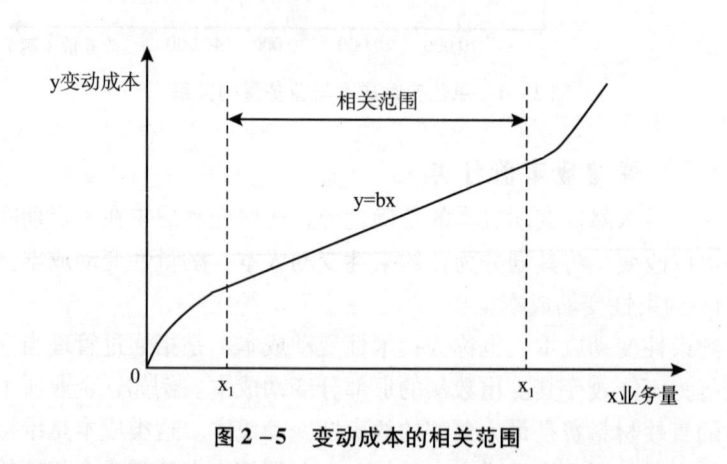

图2-5 变动成本的相关范围

四、混合成本分解

（一）混合成本的特征与成本性态模型

混合成本是指其发生额虽然受业务量影响变动，但其变动的幅度并不与业务量的变化保持严格的正比例关系的一类成本项目。这类成本项目同时具有固定成本与变动成本两种特性,所以叫做混合成本。

混合成本,可以采取某种方法,分解为固定成本和变动成本两部分。某项混合成本分解后,就可得到该项混合成本的成本性态模型(成本函数模型),用公式表示为:$y_1 = a_1 + b_1 x$,式中:y_1 表示某项混合成本、x 表示业务量、a_1 表示分解出来的固定成本、b_1 表示分解出来的单位变动成本、$a_1 x_1$ 是分解出来的变动成本。

从广义上来看,固定成本和变动成本也是两种不需要分解的特殊的混合成本项目,固定成本是变动成本为零的混合成本项目,变动成本是固定成本为零的混合成本项目。

把所有的混合成本项目都分解后,再算上不需要分解的固定成本项目和变动成本项目,这样,所有的成本项目都将分解为固定成本和变动成本两大类,将同类的成本项目进行合并,$a = a_1 + a_2 + a_3 + \cdots + a_n$,$b = b_1 + b_2 + b_3 + \cdots + b_m$,则成本对象上的总成本性态模型为:$y = a + bx$,式中:a 是固定成本、b 是单位变动成本、bx 是变动成本,总成本性态模型如图 2-6 所示。

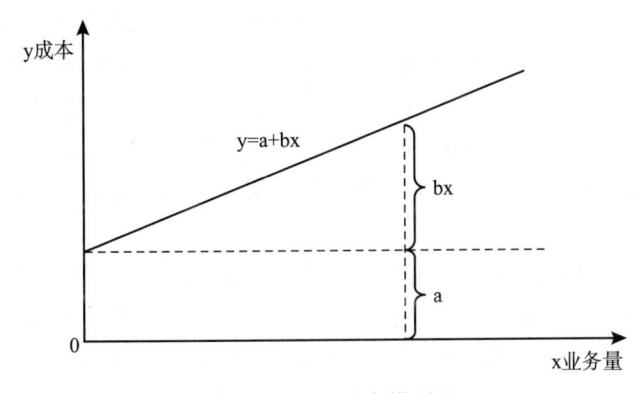

图 2-6 成本性态模型图

(二) 混合成本的种类

1. 半变动成本(Semi-variable Cost)

半变动成本是指在一定初始成本基础上随着业务量的变化而成正比例变动的一种成本。这类成本的特点是:通常有一个不变的基数,类似固定成本;在此基数上,随着业务量增加,成本再呈正比例增长。例如,电费、水费、电话费、租金、设备维修费等属于半变动成本。

【例 2-3】某企业每月的生产设备维修费属于半变动成本。在该企业的生产设备维修费中,有一个初始成本,就是维护费 20 000 元,包括物料费和工时费等,不随产量变动,属于固定成本。在该企业的生产设备维修费中,还包括修理费;修理费是随着产量增加而成正比例变动的，产量越高该费用就越高，属于变动成本。假设该企业单位产量分摊到的维修费为 5 元。则该企业的生产设备维修费的成本性态模型为：y = 20 000 + 5x，见图 2 - 7。

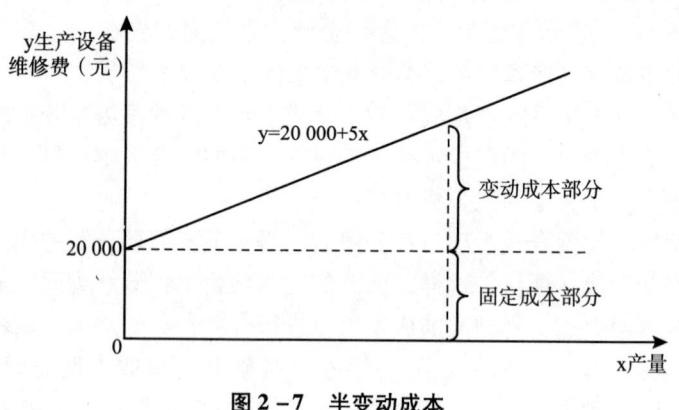

图 2 - 7 半变动成本

2. 半固定成本

半固定成本，也称为阶梯式变动成本（Step-variable Cost），是指在一定的业务量范围内其发生额是固定的，但业务量增长到一定程度，其发生额就突然跳跃到一个新的水平，在新的业务量范围内，发生额又保持不变，直到另一个跳跃为止。例如，企业的管理员、检验员、化验员和货运员的工资，动力费、租金、整车运输费等都属于半固定成本。

【例 2 - 4】 假设某企业生产中需要质量检验员，根据实践经验，一个质检员每月最多只能检验 1 500 件产品。这样产量每增加 1 000 件，就需要增加一名质检员。假设每名质检员每月的工资为 3 000 元，则企业质检员的工资支出就是半固定成本，可用图 2 - 8 表示半变动成本的性态模型。

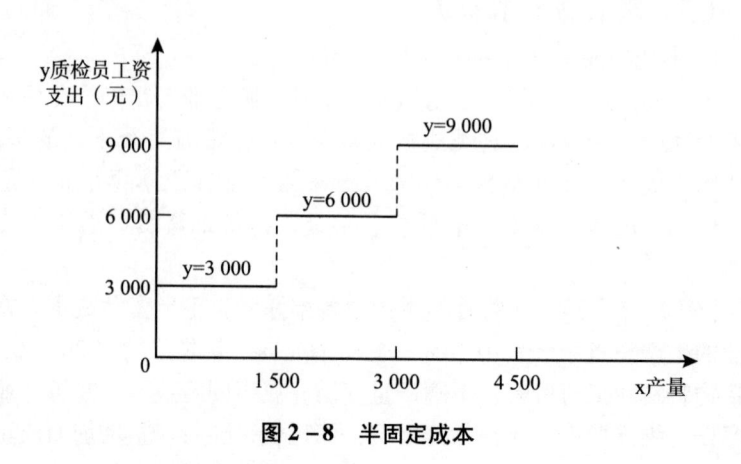

图 2 - 8 半固定成本

3. 曲线变动成本（Curve-variable Cost）

曲线变动成本是指成本总额与业务量之间呈现出非线性关系的一种成本项目。这种成本项目通常有一个初始量，一般不变，相当于固定成本；但在这个初始量的基础上，随着业务量的增加，成本也逐步增加，不过两者之间不是成正比例的直线关系，而是呈曲线关系。这种成本项目又可进一步分为两类：递减曲线成本、递增曲线成本。

（1）递减曲线成本（Decrease Progressively Curve Cost）。递减曲线成本特点是：随着业务量的增加成本也增加，但是，成本增加的幅度是随业务量增加而递减的，即成本曲线的斜率是递减的。例如，企业用于热处理的电炉设备，每班需要预热，其预热耗电成本（初始量）属于固定成本性质，预热后加热零件的耗电成本是随着被加热的零件数量（业务量）逐步上升的，但是，上升的幅度是递减的，成本曲线的斜率是递减的，其成本性态模型如图2-9所示。

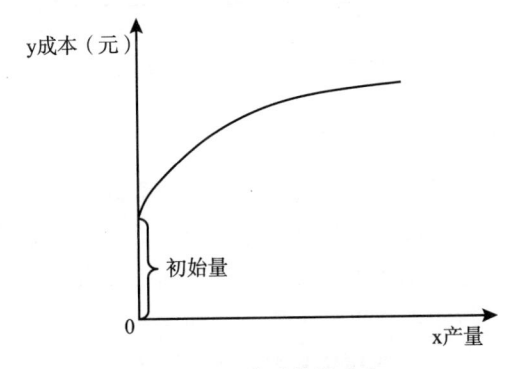

图2-9　递减曲线成本

（2）递增曲线成本（Increase Progressively Curve Cost）。递增曲线成本特点是：随着业务量的增加成本也增加，但是，成本增加的幅度是随业务量增加而递增的，即成本曲线的斜率是递增的。例如，累进计件工资、各种违约金、罚金等，其成本性态模型如图2-10所示。

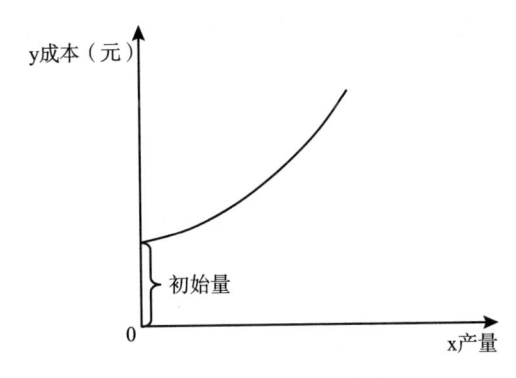

图2-10　递增曲线成本

4. 递延变动成本（Delayed-variable Cost）

递延变动成本是指在一定业务量范围内保持稳定不变，但超过该一定业务量后，则随业务量成正比例增加的一种成本项目。例如，企业在正常工作时间（或产量）情况下，对职工支付的薪金是固定不变的；但当工作时间（或产量）超过规定水准，则需要按照加班时间长短（或超产数量多少）成比例地支付加班薪金（或超产津贴），其成本性态模型如图 2-11 所示。

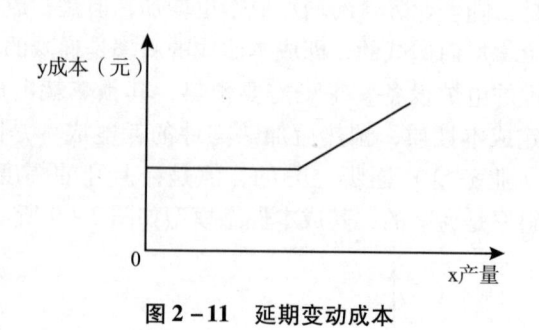

图 2-11 延期变动成本

（三）混合成本的分解

混合成本的分解是将混合成本项目分解为固定成本和变动成本两大类，进而把所有的成本项目都划分为两大类，以建立总成本性态模型，这是管理会计规划与控制工作的基本前提。常用的混合成本分解方法有：账户分析法、历史成本法、合同确认法和技术测定法。

1. 账户分析法（Accounting Analysis Approach）

账户分析法是根据各个成本项目及其明细项目的账户性质，通过经验判断，把那些与变动成本特性较为接近的成本项目划为变动成本，把那些与固定成本特性较为接近的成本项目划为固定成本。

【例 2-5】假设以某企业的某一生产车间作为分析对象，某月的成本数据和成本分解过程如表 2-4 所示。假设该车间只生产一种产品，当月产量为 1 000 件。根据表 2-4，该车间的总成本被分解为固定成本和变动成本两部分，其中，固定成本为：a = 55 000 元，单位变动成本为：b = 413 000/1 000 = 413 元，该车间的总成本性态模型为：y = 55 000 + 413x。

表 2-4 成本数据和成本分解 单位：元

账户	总成本	固定成本	变动成本	分解理由
生产成本——材料	350 000		350 000	直接材料通常属于变动成本
——工资	40 000		40 000	计件工资随产量变动，属于变动成本

续表

账户	总成本	固定成本	变动成本	分解理由
制造费用——燃料动力	16 000		16 000	燃料动力费随产量变动，属于变动成本
——修理费	7 000		7 000	修理费通常随产量变动，属于变动成本
——工资	15 000	15 000		间接人工不随产量变动，属于固定成本
——折旧费	30 000	30 000		按直线法计提的折旧费，属于固定成本
——办公费	10 000	10 000		办公费不随产量变动，属于固定成本
合计	468 000	55 000	413 000	

2. 历史成本法

历史成本法是指根据混合成本在过去各期的实际成本与业务量的历史数据，采用适当的数学方法加以分解，从而分解出固定成本总额和单位变动成本的一种分解方法。常用的历史成本法有：高低点法、散布图法、回归直线法。

（1）高低点法（high-low points method）。高低点法是指以过去各期中的最高业务量（高点）的混合成本与最低业务量（低点）的混合成本之差，除以最高业务量与最低业务量之差，先计算出单位变动成本的值，然后再据以把混合成本中的变动成本和固定成本分解出来的一种方法。

高低点法的基本分解步骤为：

首先，根据过去各期的成本和业务量的数据，确定最高点和最低点业务量及相对应的混合成本，即高点坐标（$x_{高}$，$y_{高}$）和低点坐标（$x_{低}$，$y_{低}$）。

然后，计算固定成本 a 和单位变动成本 b。

根据混合成本方程式 $y = a + bx$ 和已知的高点坐标（$x_{高}$，$y_{高}$）、低点坐标（$x_{低}$，$y_{低}$）资料，可以列出一组以 a 和 b 为未知量的二元一次方程：

$$\begin{cases} y_{高} = a + bx_{高} \\ y_{低} = a + bx_{低} \end{cases}$$

解方程组求得 a 和 b 如下：

$$b = \frac{\Delta y}{\Delta x} = \frac{y_{高} - y_{低}}{x_{高} - x_{低}}$$

$$a = y_{高} - bx_{高} \text{ 或 } a = y_{低} - bx_{低}$$

最后，将 a 和 b 值代入方程，建立混合成本性态模型为：$y = a + bx$。

【例 2 – 6】 某企业去年 7 ~ 12 月份的生产设备维修费的历史数据如表 2 – 5 所示。

表 2 – 5　　　　　　　　生产设备维修费用历史数据

月份	7 月	8 月	9 月	10 月	11 月	12 月
业务量 x（千机器小时）	6	8	4	7	9	5
维修成本 y（元）	1 000	1 150	850	1 050	1 200	950

设备维修费是一项混合成本，现用高低点法对其进行分解。

首先，按照业务量确定的高点为：11 月的 9 千机器小时，对应的维修成本为：1 200 元；确定的低点为：9 月的 4 千机器小时，对应的维修成本为：850 元。

然后，将高点（9，1 200）和低点（4，850）的数据代入公式中，得：

$$b = \frac{\Delta y}{\Delta x} = \frac{y_{高} - y_{低}}{x_{高} - x_{低}} = \frac{1\,200 - 850}{9 - 4} = 70（元/千机器小时）$$

$$a = y_{高} - bx_{高} = 1\,200 - 70 \times 9 = 570（元）$$

或 $a = y_{低} - bx_{低} = 850 - 70 \times 4 = 570（元）$

最后，该企业的设备维修费的成本性态模型写为：$y = 570 + 70x$。

高低点法的优点在于简单易行、便于理解。其缺点是由于它只选了两组数据作为计算依据，而忽略了其他历史数据的作用，并且最高点和最低点很可能带有一定的偶然性或是异常值，使得建立起来的成本性态模型很可能不具有代表性。这种方法只适合于成本变化趋势比较稳定的企业。

在选取确定高点或地点时，当高点或低点业务量不止一个而成本又不同时，高点应取成本最大者，低点应取成本最小者。

（2）散布图法（scatter diagram method）。散布图法是指将若干期的业务量和成本的历史数据标注在坐标纸上，形成散布图，通过目测，在这些成本点之间画一条反映成本变动趋势的直线，其与纵轴的交点即为固定成本 a，其斜率即为单位变动成本 b。

单位变动成本 b 的求法是：在该直线上任取一点 p，假设 p 点的坐标值为（x_p，y_p），则 $b = \frac{y_p - a}{x_p}$。

【例 2 – 7】 根据〖例 2 – 6〗所给出的数据（见表 2 – 5），绘出散布图如图 2 – 12 所示。通过目测，在 6 个成本点之间画出一条成本趋势直线，该直线与纵轴的截距就是固定成本总额 a = 580 元。在该直线上任取一点，如令 x = 9 千机器小时，此时 y = 1 200 元，则：b =（1 200 – 580）/9 = 68.9 机器小时。所以，用散布图法得出的设备维修费的成本性态模型为：y = 580 + 68.9x。

与高低点法相比，散布图法的优点是全面考虑了所有的历史成本数据，排除了只由高低两点确定成本直线带来的偶然性，因而计算结果比高低点法要精确一些。其缺点是人工目测画出成本趋势直线有一定的主观随意性。

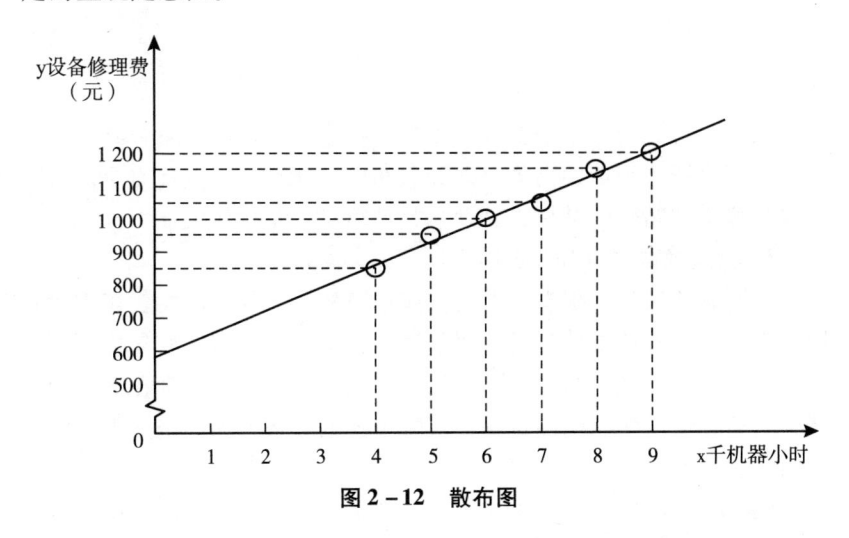

图 2 - 12　散布图

（3）回归直线法（regression line method）。回归直线法是指根据业务量与混合成本的历史数据，应用最小二乘法原理，确定一条与全部观测值误差的平方和最小的直线，进而将混合成本分解为固定成本和变动成本的一种方法。假设混合成本的回归直线方程为 y = a + bx，采用一组 n 个观测值来建立回归直线的联立方程式，求解联立方程后，得到回归系数 b 和 a 的计算公式如下：

$$b = \frac{n\sum_{i=1}^{n}x_iy_i - \sum_{i=1}^{n}x_i\sum_{i=1}^{n}y_i}{n\sum_{i=1}^{n}x_i^2 - (\sum_{i=1}^{n}x_i)^2}$$

$$a = \frac{\sum_{i=1}^{n}y_i - b\sum_{i=1}^{n}x_i}{n}$$

最后，得到混合成本的成本性态模型为：y = a + bx。

【例 2 - 8】根据〖例 2 - 6〗所给出的数据（见表 2 - 5），采用回归直线法分解的设备维修费用如下：

首先，先计算出求 a 和 b 的值所需要的有关数据：n = 6，$\sum_{i=1}^{6}x_i$ = 39，$\sum_{i=1}^{6}y_i$ = 6 200，$\sum_{i=1}^{6}x_iy_i$ = 41 500，$\sum_{i=1}^{6}x_i^2$ = 271。

然后，计算出单位变动成本 b 和固定成本 a 的值。

$$b = \frac{n\sum_{i=1}^{n}x_iy_i - \sum_{i=1}^{n}x_i\sum_{i=1}^{n}y_i}{n\sum_{i=1}^{n}x_i^2 - (\sum_{i=1}^{n}x_i)^2} = \frac{6\times41\,500 - 39\times6\,200}{6\times271 - 39^2}$$

$$= 68.6(元/千机器小时)$$

$$a = \frac{\sum_{i=1}^{n}y_i - b\sum_{i=1}^{n}x_i}{n} = \frac{6\,200 - 68.6\times39}{6} = 587.4(元)$$

最后，得到设备维修费的成本性态模型为：$y = 587.4 + 68.6x$。

回归直线法与前面高低点法和散布图法相对比，其优点是能够得到更加科学和精确的结果，其缺点是计算工作量比较大。

3. 合同确认法（contract confirm approach）

合同确认法是指根据企业与供应单位所订立的合同中关于支付费用的规定，来确认并估算哪些属于固定成本，哪些属于变动成本的一种方法。这种方法特别适用于有明确计算方法的半变动成本，如电费、水费、煤气费、电话费等，其账单上的基数即为固定成本，而按耗用量多少的计价部分则属于变动成本。

【例2-9】某公司与供电公司在订立合同中规定，该公司每月需支付电力公司的变压器维护费2 000元，每月用电额度70 000度。在额度内每度电费为0.8元，如超额用电，则按正常电价的2倍计算。若该公司每月照明用电平均为2 000度，另生产甲产品时，平均每件耗电10度。根据上述资料，采用合同确认法对电费进行成本分解如下：

首先，确定以产量为业务量，计算在用电额度内生产甲产品的最高产量：

$$用电额度内甲产品的最高产量 = \frac{用电额度 - 照明用电量}{甲产品每件耗电量}$$

$$= \frac{70\,000 - 2\,000}{10} = 6\,800 件$$

其次，建立在用电额度内，即产量在6 800件内，电费的成本性态模型：

$$y = a + bx$$
$$= (2\,000 + 0.8\times2\,000) + (0.8\times10)x$$
$$= 3\,600 + 8x$$

最后，建立在用电额度外，即产量超过6 800件，电费的成本性态模型：

$$y = 产量6\,800件时的电费成本 + 产量超过6\,800件的电费成本$$
$$= (3\,600 + 8\times6\,800) + [0.8\times2\times10\times(x - 6\,800)]$$
$$= 58\,000 + (16x - 108\,800)$$
$$= -50\,800 + 16x$$

4. 技术测定法（technique determine approach）

技术测定法，也称为工程法（engineering approach），是根据生产过程中各种材料和人工成本消耗量的技术测定来划分固定成本和变动成本的一种方法。其基本点是把材料、工时的投入量和产量进行对比分析，用来确定单位产量的消耗定额，并把与产量有关的部分归集为单位变动成本，与产量无关的部分归集为固定成本。例如，热处理的电炉设备在预热过程中的耗电成本，可通过技术测定，划归为固定成本；至于预热之后对零部件进行加热的耗电成本，也可通过技术测定，划归为变动成本。技术测定法的优点是对混合成本进行分解的结果比较准确，其缺点是工作量较大，消耗人力和物力较多。该方法适用于投入的成本和产出的数量有规律的混合成本项目的分解。

本 章 小 结

1. 成本分类：6种成本分类
(1) 制造成本、非制造成本。
(2) 直接成本、间接成本。
(3) 历史成本、未来成本。
(4) 相关成本、无关成本。
(5) 可控成本、不可控成本。
(6) 固定成本、变动成本、混合成本。

2. 成本性态：3种成本（固定成本、变动成本、混合成本将要分解成固定成本和变动成本）

(1) 固定成本：是指其总额在一定期间和一定业务量范围内，不受业务量影响而保持固定不变的那部分成本。固定成本具有两个特征：①固定成本总额不随业务量变化；②单位业务量固定成本（单位固定成本）随业务量增加而减少。

约束性固定成本：是指通过管理当局的决策行为不能改变其支出数额的那部分固定成本。

酌量性固定成本：是指通过管理当局的决策行为能改变其支出数额的那部分固定成本。

(2) 变动成本：是指其总额在一定期间和一定业务量范围内，随着业务量变动而成正比例变动的那部分成本。变动成本具有两个特征：①变动成本总额随着业务量的变动成正比例变动；②单位业务量变动成本（单位变动成本）不随业务量变动，保持固定不变。

约束性变动成本：是指通过管理当局的决策行为不能改变其支出数额的那部分变动成本。

酌量性变动成本：是指通过管理当局的决策行为能改变其支出数额的那部分变动成本。

（3）混合成本：是指其发生额虽然受业务量影响变动，但其变动的幅度并不与业务量的变化保持严格的正比例关系的一类成本项目。

混合成本的种类：半变动成本、半固定成本、曲线变动成本和递延变动成本等。

3. 成本性态模型：$y = a + bx$

把所有的混合成本项目都分解成固定成本和变动成本两部分，再算上不需要分解的固定成本项目和变动成本项目，则成本对象上的总成本性态模型为：$y = a + bx$，式中：a 是固定成本、b 是单位变动成本、bx 是变动成本。

4. 混合成本分解：4种分解方法

（1）账户分析法：是根据各个成本项目及其明细项目的账户性质，通过经验判断，把那些与变动成本特性较为接近的成本项目划为变动成本，把那些与固定成本特性较为接近的成本项目划为固定成本。

（2）历史成本法：是指根据混合成本在过去各期的实际成本与业务量的历史数据，采用适当的数学方法加以分解，从而分解出固定成本总额和单位变动成本的一种分解方法。常用的历史成本法有：高低点法、散布图法、回归直线法。

（3）合同确认法：是指根据企业与供应单位所订立的合同中关于支付费用的规定，来确认并估算哪些属于固定成本，哪些属于变动成本的一种方法。

（4）技术测定法：是根据生产过程中各种材料和人工成本消耗量的技术测定来划分固定成本和变动成本的一种方法。

【本章重要术语】

成本　制造成本　可控成本　成本性态　固定成本　变动成本　混合成本

【复习与思考题】

1. 单选题

（1）企业租用一台设备，租赁合同规定每年支付固定租金10万元，与此同时，机器运转1小时支付租金3元。根据该合约，设备租金属于（　　）。

A. 变动成本　　　　　　B. 固定成本
C. 半变动成本　　　　　D. 延期变动成本

（2）下列说法错误的是（　　）。

A. 如果企业不改变生产能力，就必须承担约束性固定成本
B. 酌量性固定成本是可有可无的
C. 生产能力利用得越充分，技术变动成本发生得越多
D. 变动成本是产品生产的增量成本

（3）某企业成品库有固定员工5名，工资总额5 000元，当产量超

过 5 000 件时，就需要雇用临时工。临时工实行计件工资，每包装发运 1 件产品支付工资 2 元，则该企业成品库的人工成本属于（　　）。

A. 半变动成本　　　　　　B. 延期变动成本
C. 阶梯式成本　　　　　　D. 曲线成本

（4）在下列各项中，属于阶梯式成本的是（　　）。

A. 计件工资费用
B. 按年支付的广告费用
C. 按直线法计提的折旧费用
D. 按月薪制开支的质检人员工资费用

（5）在下列成本估计的方法中，在理论上比较健全，计算结果精确的是（　　）。

A. 账户分析法　　　　　　B. 散布图法
C. 高低点法　　　　　　　D. 回归直线法

2. 多选题

（1）按照成本性态可以将企业的全部成本分为（　　）。

A. 固定成本　B. 制造成本　C. 混合成本　D. 机会成本
E. 变动成本

（2）在相关范围内固定不变的是（　　）。

A. 固定成本　　　　　　　B. 单位产品固定成本
C. 变动成本　　　　　　　D. 单位变动成本
E. 历史成本

（3）下列关于固定成本的说法，正确的有（　　）。

A. 固定成本是指特定的产量范围内不受产量变动影响，一定期间的总额保持相对稳定的成本
B. 固定成本的稳定性是针对其单位成本而言的
C. 不能通过当前的管理决策行为加以改变的固定成本，称为约束固定成本
D. 从某种意义上来看，不是产量决定酌量性固定成本，反而是酌量固定成本影响产量

（4）下列各项中，属于混合成本的有（　　）。

A. 半变动成本　　　　　　B. 延期变动成本
C. 阶梯式成本　　　　　　D. 曲线成本

（5）成本估计的方法有（　　）。

A. 历史成本分析法　　　　B. 工业工程法
C. 本量利分析法　　　　　D. 契约检查法

（6）新产品成本估计，不能采用的方法是（　　）。

A. 回归直线法　　　　　　B. 散布图法
C. 工业工程法　　　　　　D. 高低点法

3. 问答题

(1) 简述各种成本分类的目的和原则。

(2) 简述固定成本的特征和分类。

(3) 简述变动成本的特征和分类。

(4) 简述混合成本的分解方法及优缺点。

4. 计算题

资料：某公司生产甲产品今年 5~12 月的产量和某项混合成本的资料如下表所示。

月份	5	6	7	8	9	10	11	12
产量（件）	18	20	19	16	22	25	28	21
混合成本（千元）	60	66	65	52	70	79	82	68

要求：根据上述资料分别按照以下方法，将该项混合成本分解为变动成本和固定成本，并写出该项混合成本的成本性态模型。

(1) 采用高低点法。

(2) 采用散布图法。

(3) 采用回归直线法。

第三章
变动成本法

【学习目标】
1. 掌握变动成本法的成本流程
2. 掌握变动成本法与完全成本法的区别
3. 掌握两种成本计算方法的税前利润逐期对比
4. 掌握变动成本的优缺点
5. 了解变动成本法的应用

【重点与难点】
1. 变动成本法与完全成本法的区别
2. 两种成本计算方法的税前利润逐期对比

【引导案例】 新任经理的困惑

2004年1月1日雷切尔取代了前任经理的职位，成为办公家具和设备公司（OFF）主要部门的经理。雷切尔自己的业绩直接与吸收成本法下的部门年净利润挂钩，她的季度奖金取决于经营净利润，是经营净利润的百分比。

目前，雷切尔开始在未来期间采取措施减少未来期间成本。减少成本的一个措施就是检查更好的处理存货的方法。认真审查了以前季度的部门销售和生产之后，雷切尔发现存货的增长速度高于销售。部门按照订单进行生产，通常不持有过多的存货。

雷切尔知道，过剩的存货可能导致更高的材料处理、存储、保险和审计成本，就像持有资金，而资金在其他地方更有用。进一步调查发现，由于部门自己的仓库空间不够，过剩的存货存在新租赁的仓库设备里。

雷切尔立即通过降低2004年第1季度的生产率来消除过剩的存货。但是，当看到2004年第1季度的报告时，她感到特别失望。尽管销售持平，仓储成本和材料处理成本减少了，但是利润没有提高，反而产生了净亏损。两个季度的业绩数据如表3-1所示。

> 吸收成本法（Absorption Costing），亦称完全成本法（Full Costing），是指在计算产品成本时，把一定期间内在生产过程中所消耗的直接材料、直接人工、变动制造费用和固定制造费用的全部成本都包括在内的成本计算方法。吸收是指产品成本中"吸收"了固定制造费用。变动成本法计算的产品成本中不包括固定制造费用。

表 3-1　　　　　　　　　　业绩数据　　　　　　　　　　单位：美元

	2003 年第 4 季度	2004 年第 1 季度
存货期初数量	0	50 000
销售量	200 000	200 000
产量	250 000	150 000
平均单位售价	500	500
单位生产成本		
单位直接人工成本	50	50
单位直接材料成本	200	200
单位变动制造费用	30	25
单位产品分配的固定制造费用	70	115
单位成本合计	350	390
收入	100 000 000	100 000 000
已销售产品成本	70 000 000	76 000 000
毛利	30 000 000	24 000 000
销售费用和管理费用	25 000 000	25 000 000
经营利润	5 000 000	(1 000 000)

分析要求：

（1）为什么 2004 年第 1 季度的部门利润与 2003 年第 4 季度相比有显著的下降？

（2）你认为为什么前一任经理任期末发生了存货的积累？

（3）如果你是雷切尔，你将怎样处理这种情况？你将是存货水平更高还是更低？

（4）如果你是 OFF 的首席执行官，你将怎样改变雷切尔的业绩计量标准？为什么？

第一节　变动成本法的概念

一、完全成本法

完全成本法（Full Costing），也称为吸收成本法（Absorption Costing），是指在计算产品成本时，不仅包括产品在生产过程中所消耗的直接材料、直接人工，还包括全部的制造费用（变动性的制造费用和固定性的制造费用）的一种成本核算方法。由于完全成本法是将所有的制造成本，不论是固定的还是变动的，都"吸收"到单位产品上，因此也称为吸收成本法。

二、变动成本法

变动成本法（Variable Costing），也称为直接成本法（Direct Costing），是指在计算产品成本时，只包括产品生产过程中所消耗的直接材料、直接人工和制造费用中的变动性部分，而不包括制造费用中的固定性部分的一种成本核算方法。制造费用中的固定性部分被视为期间成本而从相应期间的收入中全部扣除。

> 期间成本又称期间费用（Period Expense/Period Cost）是指企业为维持在特定时期内的生产经营活动而发生的各项费用。期间成本是不能直接归属于某个特定产品成本的费用。期间费用应在发生当期直接计入损益。

三、完全成本法和变动成本法的成本流程

完全成本法下的成本流程如图 3-1 所示。变动成本法下的成本流程如图 3-2 所示。

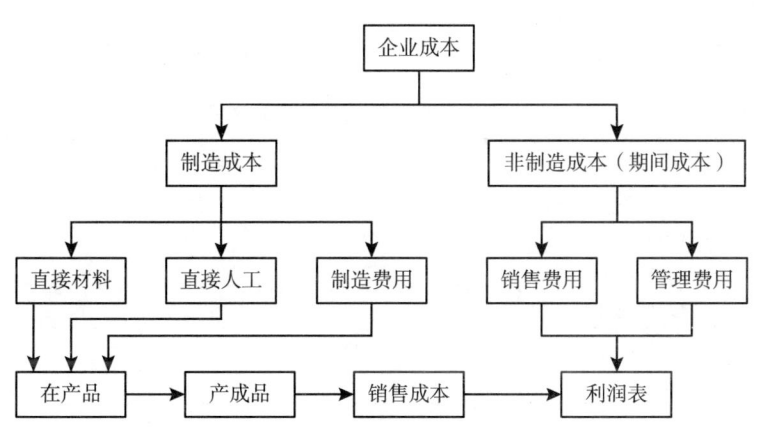

图 3-1　完全成本法的成本流程

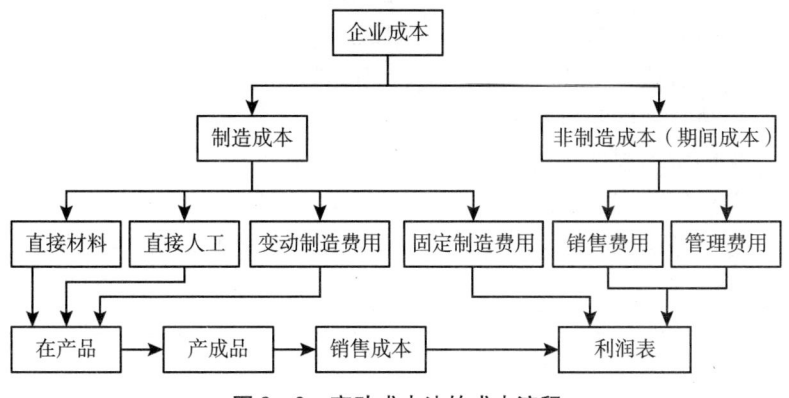

图 3-2　变动成本法的成本流程

第二节 变动成本法与完全成本法的区别

一、产品成本不同

变动成本法和完全成本法，在产品成本不同的标志就是固定性制造费用是否包含在产品成本中，如果包含就是完全成本法，如果不包含就是变动成本法。

变动成本法认为固定性制造费属于为取得收益而已然丧失的资产，与产品销售量无关，不应该将其纳入产品成本中，应当在发生的当期确认为费用，当期得到补偿。完全成本法认为固定性制造费用属于一种将来换取收益的资产，应该将其纳入产品成本中，可以随着产品取得销售收入而得到补偿，在销售期得到补偿。

变动成本法与完全成本法下的产品成本不同如表 3-2 所示。

表 3-2　　两种成本计算方法的产品成本不同

成本项目	变动成本法	完全成本法
直接材料	产品成本	产品成本
直接人工		
变动性制造费用		
固定性制造费用	期间成本	
销售费用		期间成本
管理费用		

【例 3-1】设某企业只生产一种产品，有关资料如下：

年产量　　　　　　　　　20 000 件
单位直接材料　　　　　　10 元/件
单位直接人工　　　　　　5 元/件
单位变动性制造费用　　　3 元/件
年固定性制造费用　　　　40 000 元
单位固定制造费用　　　　40 000/20 000 = 2 元/件

分别按照两种成本计算法得出的单位产品成本如表 3-3 所示。

表 3-3　　两种成本计算法的单位产品成本　　　　单位：元

项目	变动成本法	完全成本法
单位直接材料	10	10
单位直接人工	5	5

续表

项目	变动成本法	完全成本法
单位变动制造费用	3	3
单位固定制造费用	—	2
单位产品成本	18	20

二、销货成本和存货成本的水平不同

因为两种成本计算方法的产品成本不同，所以，已销产品的销货成本也不同，未销产品的存货成本也不同。由于完全成本法下的产品成本中多"吸收"了固定性制造费用，因此，完全成本法下的销货成本和存货成本也要高于变动成本法下的销货成本和存货成本。

【例3-2】根据〖例3-1〗的资料，假设期初无存货，本期销售产品17 000件，分别按照两种成本计算法得出期末存货成本和本期销货成本如表3-4所示。完全成本法下的期末存货成本比变动成本法下的高了6 000元，是因为完全成本法下的3 000件存货，每件存货多吸收了2元的单位固定性制造费用，共多吸收了6 000元的固定性制造费用。

表3-4　　两种成本计算法的期末存货成本和本期销货成本　　单位：元

项目	变动成本法	完全成本法
单位产品成本（见表3-3）	18	20
期初存货量	0	0
本期销售量	17 000	17 000
期末存货量	3 000	3 000
本期销货成本	306 000	340 000
期末存货成本	54 000	60 000

销货成本（cost of goods sold or cost of selling），是指企业当期已销售商品之成本，即为制造这些产品所直接投入的原材料、劳动力及分摊的制造费用，不包括无法轻易按合理比例分摊到各种产品上的间接成本（overhead），后者以销售及行政费用为主，如广告推销及后勤部门的支出，通常合称营业费用（operating expenses）。

三、税前利润不同

完全成本法下的税前利润计算公式如下：
销售收入
减：销售成本（包括直接材料、直接人工、全部制造费用）
　　销售毛利
减：销售费用
　　管理费用
税前利润
按照变动成本计算法编制利润表，是把所有成本项目按成本性态贡献毛益（Contribution Margin）又称边际收益、边际贡献、创利额，是指产品销售收入减去以变动成本计算的产品成本后所剩可供抵偿固定成本并创造利润的数额，可按单位产品或企业各种产品计算。贡献毛益是产品销售收入或销售净收入在扣除其自身的变动成本之后，对企业盈利所作的贡献，用它补偿固定成本之后，尚有剩余的话，即为企业营业利润。

分类，将销售收入减去变动成本总额（包括直接材料、直接人工、变动性制造费用、变动性销售费用和变动性管理费用），即为贡献毛益总额；再减去固定成本总额（包括固定性制造费用、固定性销售费用、固定性管理费用），则为（息）税前利润，如下所示：

销售收入
减：销售成本（包括直接材料、直接人工、变动性制造费用）
　　贡献毛益（生产阶段）
减：变动性销售费用
　　变动性管理费用
　　贡献毛益（全部）
减：固定性制造费用
　　固定性销售费用
　　固定性管理费用
税前利润

【例3-3】根据〖例3-1〗和〖例3-2〗的资料，假设销售价格为30元/件，变动性销售与管理费用为40 000元，固定性销售与管理费用为50 000元。分别采用两种成本计算方法计算的税前利润如表3-5所示。

表3-5　　　　　　　　　两种成本计算法的税前利润

变动成本法		完全成本法	
销售收入	510 000	销售收入	510 000
减：销售成本（包括直接材料、直接人工、变动性制造费用）	306 000	减：销售成本（包括直接材料、直接人工、变动性制造费用、固定性制造费用）	340 000
贡献毛益（生产阶段）	204 000	销售毛利	170 000
减：变动性销售与管理费用	40 000	减：变动性销售与管理费用	40 000
贡献毛益（全部）	164 000	固定性销售与管理费用	50 000
减：固定性制造费用	40 000	税前利润	80 000
固定性销售与管理费用	50 000		
税前利润	74 000		

从表3-5可以看出，两种成本计算方法得出的税前利润是不同的，相差6 000元。其差别的原因在于两种成本计算方法对固定性制造费用的处理不同。在变动成本法下，固定性制造费用在当期损益中一次性全部扣除了；而在完全成本法下，期末存货3 000件中吸收了部分固定性制造费用6 000元，并未在当期损益中扣除，也就是说在当期损益中少扣除了6 000元的固定性制造费用；因此，完全成本法计算的税前利润就比变动成本法计算的税前利润多了6 000元。

第三节 两种成本计算方法下的逐期税前利润对比

一、产量不变,销量逐期变化

【例3-4】某企业生产和销售一种产品,第1、第2、第3年各年的产量都是7 000件,年销售量分别为7 000件、6 000件和8 000件,期初无存货。单位产品的售价为100元。生产成本为:单位变动成本(包括直接材料、直接人工、变动性制造费用)为60元,固定性制造费用为105 000元,每件产品应分摊15元(105 000/7 000)。销售与管理费用假设全部为固定成本,每年发生额为70 000元。

根据以上资料,分别采取两种成本计算方法,据以确定各年的税前利润,如表3-6所示。

表3-6　　两种成本计算法的逐期税前利润

项目	第1年	第2年	第3年	合计
变动成本法				
销售收入	700 000	600 000	800 000	2 100 000
减:销售成本				
期初存货成本	0	0	60 000	0
本期生产成本	420 000	420 000	420 000	1 260 000
期末存货成本	0	60 000	0	0
销售成本小计	420 000	360 000	480 000	1 260 000
贡献毛益	280 000	240 000	320 000	840 000
减:固定性制造费用	105 000	105 000	105 000	315 000
固定性销售与管理费用	70 000	70 000	70 000	210 000
税前利润	105 000	65 000	145 000	315 000
完全成本法				
销售收入	700 000	600 000	800 000	2 100 000
减:销售成本				
期初存货成本	0	0	75 000	0
本期生产成本	525 000	525 000	525 000	1 575 000
期末存货成本	0	75 000	0	0
销售成本小计	525 000	450 000	600 000	1 575 000
销售毛利	175 000	150 000	200 000	525 000
减:固定性销售与管理费用	70 000	70 000	70 000	210 000
税前利润	105 000	80 000	130 000	315 000

从表3-6可以看出：

第1年产销量相等，采取两种成本计算方法，据以确定的税前利润都是105 000元，二者相等。

第2年产量（7 000件）大于销量（6 000件），利用完全成本法确定的税前利润（80 000元）大于利用变动成本法确定的税前利润（65 000元），两者相差15 000元。差异原因是固定性制造费用的不同记法引起的，在变动成本法下，本期发生的全部固定性制造费用都在当期损益中扣除了；而在完全成本法下，本期末库存的1 000件产品吸收了固定性制造费用15 000元，此15 000元的固定性制造费用没有在当期损益中扣除；所以，完全成本法计算的税前利润就高了15 000元。

第3年产量（7 000件）小于销量（8 000件），利用完全成本法确定的税前利润（130 000元）小于利用变动成本法确定的税前利润（145 000元），两者相差15 000元。差异原因是固定性制造费用的不同记法引起的，在变动成本法下，本期发生的全部固定性制造费用都在当期损益中扣除了；而在完全成本法下，除了本期发生的全部固定性制造费用都随销售成本在当期损益中扣除了，另外还有，在本期销售的上期存货1 000件产品所吸收的固定性制造费用15 000元也在本期损益中扣除了；所以，完全成本法计算的税前利润就低了15 000元。

二、销量不变，产量逐期变化

【例3-5】某企业生产和销售一种产品，第1、第2、第3年各年的销量都是7 000件，年产量分别为7 000件、8 000件和6 000件，期初无存货。单位产品的售价为100元。生产成本为：单位变动成本（包括直接材料、直接人工、变动性制造费用）为60元，固定性制造费用每年的发生额为105 000元，采用完全成本法计算，每单位产品分摊的固定性制造费用，第1年为15元（105 000/7 000），第2年为13.125元（105 000/8 000），第3年为17.5（105 000/6 000）。销售与管理费用假设全部为固定成本，每年发生额为70 000元。

根据以上资料，分别采取两种成本计算方法，据以确定各年的税前利润，如表3-7所示。

表 3－7　　　　　　　　两种成本计算法的逐期税前利润

项目	第 1 年	第 2 年	第 3 年	合计
变动成本法				
销售收入	700 000	700 000	700 000	2 100 000
减：销售成本				
期初存货成本	0	0	60 000	0
本期生产成本	420 000	480 000	360 000	1 260 000
期末存货成本	0	60 000	0	0
销售成本小计	420 000	420 000	20 000	1 260 000
贡献毛益	280 000	280 000	280 000	840 000
减：固定性制造费用	105 000	105 000	105 000	315 000
固定性销售与管理费用	70 000	70 000	70 000	210 000
税前利润	105 000	105 000	105 000	315 000
完全成本法				
销售收入	700 000	700 000	700 000	2 100 000
减：销售成本				
期初存货成本	0	0	73 125	0
本期生产成本	525 000	585 000	465 000	1 575 000
期末存货成本	0	73 125	0	0
销售成本小计	525 000	511 875	538 125	1 575 000
销售毛利	175 000	188 125	161 875	525 000
减：固定性销售与管理费用	70 000	70 000	70 000	210 000
税前利润	105 000	118 125	91 875	315 000

从表 3-7 可以看出：

第 1 年产销量相等，采取两种成本计算方法，据以确定的税前利润都是 105 000 元，二者相等。

第 2 年产量（8 000 件）大于销量（7 000 件），利用完全成本法确定的税前利润（118 125 元）大于利用变动成本法确定的税前利润（105 000 元），两者相差 13 125 元。差异原因是固定性制造费用的不同记法引起的，在变动成本法下，本期发生的全部固定性制造费用都在当期扣除了；而在完全成本法下，本期末库存的 1 000 件产品吸收了固定性制造费用 13 125 元，此 13 125 元的固定性制造费用没有在当期损益中扣除；所以，完全成本法计算的税前利润就高了 13 125 元。

第 3 年产量（6 000 件）小于销量（7 000 件），利用完全成本法确定的税前利润（91 875 元）小于利用变动成本法确定的税前利润（105 000 元），两者相差 13 125 元。差异原因是固定性制造费用的不同记法引起的，变动成本法下，本期发生的全部固定性制造费用都在当期损益中扣除了；而在完全成本法下，除了本期发生的全部固定性制造费用都随销售成本在当期损益中扣除了，另外还有，在本期销售的上期存货 1 000 件产品所吸收的固定性制造费用 13 125 元也在本期

47

损益中扣除了；所以，完全成本法计算的税前利润就低了 13 125 元。

三、逐期税前利润的差异规律

通过上面的举例分析，两种成本计算方法在确定企业分期税前利润上的差异，可以归纳出以下三条变化规律：

（1）当完全成本法下期末存货吸收的固定性制造费用等于期初存货吸收的固定性制造费用时，完全成本法与变动成本法的税前利润相等。一般来说，不考虑存货发出计价影响时，或当期生产什么就销售什么时，当期产量与销量相等时，两种成本计算方法下的税前利润相等。

（2）当完全成本法下期末存货吸收的固定性制造费用大于期初存货吸收的固定性制造费用时，完全成本法下的税前利润就大于变动成本法的税前利润。一般来说，不考虑存货发出计价影响时，当期产量大于销量相等时，完全成本法下的税前利润就大于变动成本法下的税前利润。

（3）当完全成本法下期末存货吸收的固定性制造费用小于期初存货吸收的固定性制造费用时，完全成本法下的税前利润就小于变动成本法的税前利润。一般来说，不考虑存货发出计价影响时，当期产量小于销量相等时，完全成本法下的税前利润就小于变动成本法下的税前利润。

第四节 变动成本法的优缺点与应用

一、变动成本法的优缺点

（一）变动成本法的优点

1. 变动成本法更符合配比原则中的"期间配比"

变动成本法是把直接材料、直接人工和变动性制造费用这些与产量直接相关的成本作为产品成本，已销产品的当期销售成本与销售收入相配比，未销产品的存货成本则需要与未来的销售收入相配比；而与产量无直接联系的固定性制造费用是维持正常生产能力所必须负担的成本，不随产量变动，只随时间推移而变动，是为取得当期利益而已然丧失的成本，应当列为期间成本与当期的收入相配比。

配比原则（matching）是指某个会计期间或某个会计对象所取得的收入应与为取得该收入所发生的费用、成本相匹配，以正确计算在该会计期间、该会计主体所获得的净损益。配比原则有三个方面的含义：(1) 某产品的收入必须与该产品的耗费相匹配；(2) 某会计期间的收入必须与该期间的耗费相匹配；(3) 某部门的收入必须与该部门的耗费相匹配。

2. 变动成本法能促使管理当局重视销售环节，防止盲目扩大生产

在变动成本法下，当期产量的高低与存货的增减对企业税前利润都没有影响，税前利润随着销售量增长而增长。这样会促使企业管理当局重视销售环节，研究市场需求，做好营销工作，以销定产，防止盲目扩大生产。同时也避免了完全成本法下出现的加大生产量会使税前利润增加的不良现象。

3. 变动成本法便于分清各部门的经济责任，有利于进行业绩评价

采用变动成本法，变动成本的高低最能反映出供应部门和生产部门的工作业绩，通过事先制定合理的标准成本可以考核、评价各部门的业绩。对于固定成本，将其分解、落实到各责任单位，通过事先制定合理的费用预算的方法进行控制。

4. 变动成本法能够简化产品成本计算

变动成本法下将固定性制造费用作为期间成本直接从当期损益中一次性扣除，省去了固定性制造费用的分摊工作，简化了产品成本的计算工作，同时也避免了固定性制造费用分摊中的主观随意性。

（二）变动成本法的缺点

1. 变动成本法不符合传统成本概念的要求

变动成本法计算的产品成本只包括变动成本，这不符合会计准则和税法的规定。企业对外披露财务报告和进行纳税申报时，都需要用完全成本法计算产品成本、进行存货估价和计算利润。

2. 变动成本法不适应企业长期经济决策的需要

从长期看，企业的生产能力和生产规模会发生变化，变动成本和固定成本不可能一成不变，因此，变动成本法提供的产品成本资料只能作为短期经营决策的依据，不能适应企业长期经济决策的需要。

二、变动成本法的应用

（一）变动成本法的应用观点

从前面的分析可以看到，两种成本计算方法各有优缺点，变动成本法有利于企业短期决策，完全成本法适用于编制对外的会计报表。如何处理变动成本法和完全成本法的关系，如何应用变动成本法，到目前为止，有三种不同的观点：

第一种观点是采用"双轨制"。在完全成本法的核算资料之外，另外设置一套变动成本法的核算系统，提供两套平行的成本核算资料，分别满足对外报告和对内管理两个方面的不同需求。

第二种观点是采用"单轨制"。以变动成本法完全取代完全成本

> 标准成本是指企业在正常和高效率的运转情况下制造产品的成本，而不是指实际发生的成本，是有效经营条件下发生的一种目标成本，也叫"应该成本"。目标成本是一种预计成本，是指产品、劳务、工程项目等在生产经营活动前，根据预定的目标所预先制定的成本。目标成本一般指单位成本而言，它一般有计划成本、定额成本、标准成本和估计成本等，而标准成本相对来讲是一种较科学的目标成本。

法,最大限度地发挥变动成本法的优点。显然,这不符合现行财务会计规范的要求。

第三种观点是采用"结合制"。变动成本法与完全成本法结合使用,日常核算建立在变动成本法的基础之上,以满足企业内部经营管理的需要;期末对需要按完全成本法反映的有关项目进行调整,以满足对外提供会计报表的需要。

(二) 变动成本应用的"结合制"

1. 日常核算以变动成本法为基础

首先,以成本性态分析为前提条件,对发生的制造费用项目,划分为固定性制造费用和变动性制造费用两类;其次,对"在产品(生产成本)"和"产成品"账户均按变动成本法反映,即只包括直接材料、直接人工和变动性制造费用,同时取消"制造费用"账户,另设"变动性制造费用"和"固定性制造费用"两个账户,分别归集核算生产过程发生的变动性制造费用和固定性制造费用。

2. 期末调整

期末,将"固定性制造费用"的本期发生额按照本期已销产品、在产品和产成品的数量比例进行分配,将已销产品负担的部分转入"销售成本"账户而列入利润表;"固定制造费用"的期末余额就是在产品和产成品所应负担的固定性制造费用,期末,"固定制造费用"账户的余额与"在产品"和"产成品"账户的余额一起合计列入资产负债表的"存货"项目下。

【例3-6】某企业只生产和销售甲产品一种产品。从本月起采用成本核算的"结合制",即日常核算以变动成本法为基础,期末经调整,再按完全成本编制对外报告的利润表和资产负债表。本月有关甲产品产销等的资料如下:

期初存货	0
本月生产量	5 000(件)
本月销售量	4 000(件)
期末存货	
产成品	600(件)
在产品	400(件)(完工进度50%)
单位变动成本	
直接材料	20(元)
直接人工	10(元)
变动性制造费用	6(元)
固定性制造费用	38 400(元)
变动性非制造费用	30 000(元)

固定性非制造费用　　　　　　　　　　　　　　80 000（元）
甲产品单位售价　　　　　　　　　　　　　　　85（元）

采用"结合制"成本计算体系的核算过程，可用"T"形账户来反映其主要会计业务核算流程，如图3-3所示。

```
     在产品(生产成本)        产成品           销售成本          本期利润
直接材料→100 000│165 600→165 600│144 000→144 000│176 000→176 000│340 000←
直接人工→ 50 000│                                                        
         30 000│        余21 600                                         
         余14 400                     →32 000                            
                                                          →30 000       
                                                          →80 000       
   变动性制造费用            变动性非制造费用                    余54 000
    30 000│30 000            30 000│30 000                              
                                                                         
                                                          产品销售收入    
   固动性制造费用            固定性非制造费用              340 000│340 000
    38 400│32 000             80 000│80 000                             
    余6 400                                                              
```

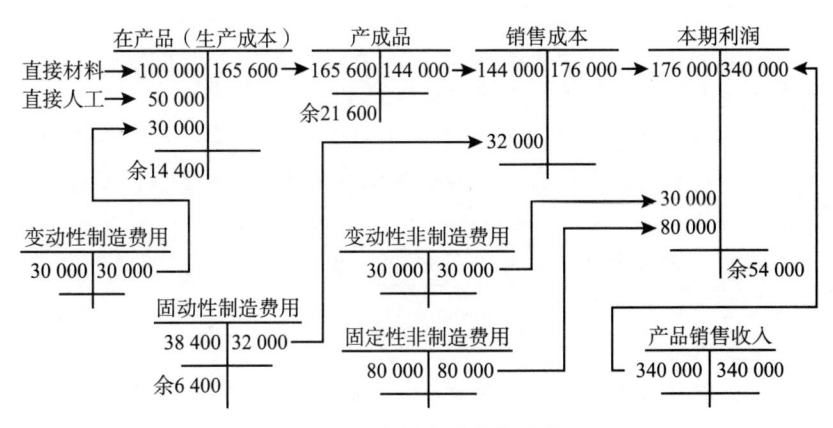

图3-3　主要会计业务流程

单位产品变动生产成本=单位产品直接材料+单位产品直接人工
　　　　　　　　　　+单位产品变动性制造费用
　　　　　　　　　=20+10+6
　　　　　　　　　=36（元/件）

单位产品固定性制造费用=固定性制造费用总额/(已销产品数量
　　　　　　　　　　　+期末产成品存货数量
　　　　　　　　　　　+期末在产品存货约当产量)
　　　　　　　　　　=38 400/(4 000+600+400×50%)
　　　　　　　　　　=8（元/件）

本月已销甲产品应分摊的固定性制造费用=8×4 000=32 000（元）

期末产成品存货应分摊的固定性制造费用=8×600=4 800（元）

期末在成品存货应分摊的固定性制造费用=8×400×50%=1 600（元）

本月产品销售收入=85×4 000=340 000（元）

本月产品销售成本=144 000+32 000=176 000（元）

本月利润=340 000-176 000-30 000-80 000=54 000（元）

期末资产负债表存货成本=6 400+14 400+21 600=42 400（元）

本 章 小 结

1. 变动成本法（Variable Costing）：是指在计算产品成本时，只包括产品生产过程中所消耗的直接材料、直接人工和制造费用中的变动性部分，而不包括制造费用中的固定性部分的一种成本核算方法。制造费用中的固定性部分被视为期间成本而从相应期间的收入中全部扣除。

2. 变动成本法与完全成本法的区别：3个方面区别

(1) 产品成本不同：变动成本法下的产品成本比完全成本法下的产品成本要低，相差一个固定制造费用。

(2) 销货成本和存货成本的水平不同：变动成本法下的销货成本和存货成本比完全成本法下的销货成本和存货成本要低，相差一个固定制造费用。

(3) 税前利润不同：相差固定费用的"吸收"和"释放"情况。

①变动成本法下的税前利润：

销售收入

减：销售成本（包括直接材料、直接人工、变动性制造费用）

贡献毛益（生产阶段）

减：变动性销售费用
　　变动性管理费用

贡献毛益（全部）

减：固定性制造费用
　　固定性销售费用
　　固定性管理费用

税前利润

②完全成本法下的税前利润：

销售收入

减：销售成本（包括直接材料、直接人工、全部制造费用）

销售毛利

减：销售费用
　　管理费用

税前利润

3. 两种成本计算方法下的逐期税前利润对比：3条规律

(1) 当完全成本法下期末存货吸收的固定性制造费用等于期初存货吸收的固定性制造费用时，完全成本法与变动成本法的税前利润相等。

(2) 当完全成本法下期末存货吸收的固定性制造费用大于期初存货吸收的固定性制造费用时，完全成本法下的税前利润就大于变动成本法的税前利润。

(3) 当完全成本法下期末存货吸收的固定性制造费用小于期初存货吸收的固定性制造费用时，完全成本法下的税前利润就小于变动成本法的税前利润。

4. 变动成本法的优缺点：4条优点，2条缺点

（1）优点：

①变动成本法更符合配比原则中的"期间配比"。

②变动成本法能促使管理当局重视销售环节，防止盲目扩大生产。

③变动成本法便于分清各部门的经济责任，有利于进行业绩评价。

④变动成本法能够简化产品成本计算。

（2）缺点：

①变动成本法不符合传统成本概念的要求。

②变动成本法不适应企业长期经济决策的需要。

5. 变动成本的应用：单轨制、双轨制、结合制

【本章重要术语】

完全成本法　变动成本法　贡献毛益

【复习与思考题】

1. 单选题

（1）在变动成本法下，固定生产成本作为期间成本（　　）转化为存货成本或销货成本。

　　A. 可能　　　　　　　　　　B. 不可能

　　C. 一定　　　　　　　　　　D. 上述选择均不正确

（2）假设期初单位产成品负担的固定性制造费用为12元，本期单位产成品负担的固定性制造费用为10元，期初产成品结存200件，本期产量3 000件，本期销售3 100件，期末产成品结存100件，存货发出按先进先出法，在其他条件不变时，按变动成本法与按完全成本法所确定的净收益相比，前者较后者为（　　）。

　　A. 大1 600元　　　　　　　　B. 小1 600元

　　C. 小1 400元　　　　　　　　D. 大1 400元

（3）去年某公司变动成本法下的净利润是125 000元，吸收成本法下的净利润是105 000元。公司的单位成本是20元，固定性制造费用总额是176 000元。产量11 000件，三年内生产能力水平（产量）和固定成本保持不变，去年该公司的产成品存货（　　）。

　　A. 增加1 000件　　　　　　　B. 减少1 250件

　　C. 减少1 000件　　　　　　　D. 增加1 250件

（4）如完全成本法期末存货吸收的固定生产成本大于期初存货释放的固定成本，则（　　）。

　　A. 两种方法计算的利润差额小于零

　　B. 完全成本计算的利润多

　　C. 变动成本法计算的利润多

　　D. 与期末存货相等

2. 多选题

（1）变动成本法的优点包括（　　）。

A. 能够促进企业重视市场，做到以销定产
B. 便于简化成本核算
C. 便于强化成本分析控制，促进成本降低
D. 能适应长期决策的需要
E. 便于开展本量利分析，进行科学的预测和短期经营决策

（2）在单位产品价格及成本水平不变的条件下，下列说法不正确的是（　　）。

A. 销售量相同，则变动成本法确定的各期营业净利润额就相等
B. 前后期产量不变时，完全成本法确定的营业利润只与销售量有关
C. 某期销售量比上期增加时，该期按变动成本法确定的营业净利润也比上期增加
D. 前后期产量不一致时，即使销量相等，变动成本法与完全成本法确定的营业净利润仍存在差异
E. 当某期销售量比上期减少时，该期按完全成本法确定的营业利润将比上期减少

（3）判断按完全成本法计算的营业经利润大于按变动成本法计算的营业净利润的标志是（　　）。

A. 期末存货中的固定生产成本大于期初存货中的固定生产成本
B. 期末存货量不为零而期初存货量为零
C. 期末存货量为零而期初存货量不为零
D. 当前后其单位固定生产成本相等时，期末存货量大于期初存货量
E. 期末存货量小于期初存货量

3. 问答题

（1）简述变动成本法与完全成本法的主要区别。
（2）简述变动成本法与完全成本法的税前利润差别规律。
（3）简述变动成本法的优缺点。
（4）简述变动成本法的应用。

4. 计算题

（1）某企业只生产一种产品，第1、第2年生产量分别为30 000件和24 000件；销售量分别为20 000件和30 000件；假设第1年的期初存货为零，存货计价采用先进先出法；每单位产品售价为15元。生产成本每件变动成本为5元；固定性制造费用每年180 000元；销售与管理费用假设全是固定性费用，每年发生25 000元。

要求：

①分别采用变动成本法和完全成本法计算各年的单位产品生产成本、期末存货成本和期初存货成本。

②分别采取两种成本法编制两年的利润表。

③说明采用两种成本法计算出的各年税前利润的差异原因。

（2）甲产品生产厂连续两年亏损，去年亏损30万元，若今年不能扭亏，金融机构将不再贷款。该厂甲产品售价为2 500元/台，去年生产与销售500台，生产能力只利用了一半。单位甲产品变动成本为1 000元，全年固定性制造费用为80万元，固定性销售费用与管理费用为25万元。财务经理建议今年满负荷生产以降低单位产品的固定成本，即使不扩大销售、不提价也能通过完全成本计算法将部分固定成本以存货方式结转到下期，以实现"扭亏为盈"，以应付目前贷款所需；然后追加5万元的广告宣传费和10万元的销售奖金以扩大销售，真正做到扭亏为盈。

要求：

①财务经理的建议如何？按照这个建议将实现多少利润？

②去年为什么会亏损30万元？追加固定成本后，销售量达到多少以上才能做到真正盈利？

第四章
本量利分析

【学习目标】
1. 了解本量利分析的含义
2. 掌握盈亏临界点分析
3. 掌握敏感性分析
4. 掌握单一品种本量利分析
5. 掌握多品种本量利分析
6. 了解本量利分析的扩展

【重点与难点】
1. 敏感性分析
2. 本量利分析

【引导案例】
"全民创新，万众创业"大背景下，大学工科毕业的小刘准备生产和销售一种产品，单位售价5元，单位变动成本3元，固定成本为32 000元。小刘不知赚钱的概率有多高，现在向你请教他至少要销售出多少件产品才能做到不赔钱？

规划，意思就是个人或组织制定的比较全面长远的发展计划，是对未来整体性、长期性、基本性问题的思考和考量，设计未来整套行动的方案。

第一节 本量利分析概述

一、本量利分析的含义

本量利分析是成本—业务量（或销售量）—利润依存关系分析的简称，也称为 CVP 分析（Cost – Volume – Profit Analysis），是指在变动成本计算模式的基础上，以数学化的会计模型与图文来揭示成本、业务量和利润等变量之间内在规律性的联系，为会计预测决策和规划提供必要的财务信息的一种定量分析方法,是企业进行决策、计划和控制的重要工具。本量利分析方法起源于20世纪初的美国,到了20世纪50年代已经非常完善,并在西方会计实践中得到了广泛应用。

二、本量利分析的假设

在现实经济生活中,成本、销售数量、价格和利润之间的关系非常复杂。例如,成本与业务量之间可能呈线性关系,也可能呈非线性关系;销售收入与销售量之间也不一定是线性关系,因为售价可能发生变动。为了建立本量利分析理论,必须对上述复杂的关系做一些基本假设,由此来严格限定本量利分析的范围,对于不符合这些基本假设的情况,可以进行本量利扩展分析。

(一)相关范围和线性关系假设

由于本量利分析是在成本性态分析基础上发展起来的,所以成本性态分析的基本假设也就成为本量利分析的基本假设,也就是在相关范围内,固定成本总额保持不变,变动成本总额随业务量变化成正比例变化,前者用数学模型来表示就是 $y = a$,后者用数学模型来表示就是 $y = bx$,所以,总成本与业务量呈线性关系,即 $y = a + bx$。相应地,假设售价也在相关范围内保持不变,这样,销售收入与销售量之间也呈线性关系,用数学模型来表示就是以售价为斜率的直线 $y = px$(p 为销售单价)。这样,在相关范围内,成本与销售收入均分别表现为直线。

由于有了相关范围和线性关系这种假设,就把在相关范围之外,成本和销售收入分别与业务量呈非线性关系的实际情况排除在外了。但在实际经济活动中,成本、销售收入和业务量之间却存在非线性关系这种现象。为了解决这一问题,将在后面放宽这些假设,讨论非线性条件下的情况。

(二)品种结构稳定假设

该假设是指在一个生产和销售多种产品的企业里,每种产品的销售收入占总销售收入的比重不会发生变化。但在现实经济生活中,企业很难始终按照一个固定的品种结构来销售产品,如果销售产品的品种结构发生较大变动,必然导致利润与原来品种结构不变假设下预计的利润有很大差别。有了这种假定,就可以使企业管理人员关注价格、成本和业务量对营业利润的影响。

两个变量之间存在一次方函数关系,就称它们之间存在线性关系。正比例关系是线性关系中的特例,反比例关系不是线性关系。更通俗一点讲,如果把这两个变量分别作为点的横坐标与纵坐标,其图像是平面上的一条直线,则这两个变量之间的关系就是线性关系。

相关范围假定是假定在一定的时期和一定的业务量范围内,固定成本和变动成本保持其成本特性,前者固定不变,后者正比例变动;另外假定单价水平不因业务量的变化而改变。由于相关范围的作用,成本和收入可以分别表现为一条直线,收入模型为 $Y = px$;成本模型为 $Y = a + bx$。

(三) 产销平衡假设

所谓产销平衡就是企业生产出来的产品总是可以销售出去，能够实现生产量等于销售量。在这一假设下，本量利分析中的量就是指销售量而不是生产量。进一步讲，在销售价格不变时，这个量就是指销售收入。但在实际经济生活中，生产量可能会不等于销售量，这时产量因素就会对本期利润产生影响。

正因为本量利分析建立在上述假设基础上，所以一般只适用于短期分析。在实际工作中应用本量利分析原理时，必须从动态的角度去分析企业生产经营条件、销售价格、品种结构和产销平衡等因素的实际变动情况，调整分析结论，积极应用动态分析和敏感性分析等技术来克服本量利分析的局限性。

> 平衡是在管理研究中，对立的各方面在数量上相等。

> 动态分析是对经济变动的实际过程所进行的分析，其中就包括分析有关变量在一定时间过程中的变动，这一些经济变量在变动过程中的相互影响和彼此制约的关系，以及在每一个时点上变动的速率等。动态分析法的一个重要特点为考虑时间因素的影响，并且把经济现象的变化当作一个连续的过程来看待。

第二节 盈亏临界点分析

一、相关概念

(一) 基本等式

要进行盈亏临界点（指由一种状态变成另一种状态前，应具备的最基本条件，比如由亏损转为盈利）的计算，首先需要掌握本量利基本公式。本量利分析是以成本性态分析和变动成本法为基础的，其基本公式是变动成本法下计算利润的公式，该公式反映了价格、成本、业务量和利润各因素之间的相互关系。即：

税前利润 = 销售收入 − 总成本 = 销售价格 × 销售量
　　　　　− (变动成本 + 固定成本)
　　　　= 销售单价 × 销售量 − 单位变动成本 × 销售量 − 固定成本

即：$P = px - bx - a = (p-b)x - a$

式中：P——税前利润；
　　　p——销售单价；
　　　b——单位变动成本；
　　　a——固定成本；
　　　x——销售量。

该公式是本量利分析的基本出发点，以后的所有本量利分析可以说都是在该公式基础上进行的。

(二) 贡献毛益

贡献毛益是指产品的销售收入扣除变动成本之后的金额，表明该产品为企业作出的贡献，也称贡献边际（contribution margin，CM），边际利润或创利额，是用来衡量产品盈利能力的一项重要指标。由于变动成本又分为制造产品过程中发生的变动生产成本和非制造产品过程中发生的变动非生产成本，所以贡献毛益也可以分为制造贡献毛益和营业贡献毛益两种，本书中如无特别说明，贡献毛益就是指扣除了全部变动成本的营业贡献毛益。

贡献毛益可以用总额形式表示，也可以用单位贡献毛益和贡献毛益率形式表示。

1. 贡献毛益总额（total contribution margin，TCM）

贡献毛益总额是指产品销售收入总额与变动成本总额之间的差额。用公式表示为：

贡献毛益总额 = 销售收入总额 − 变动成本总额，即：TCM = px − bx

由于税前利润 = 销售收入总额 − 变动成本总额 − 固定成本 = 贡献毛益总额 − 固定成本

可以写成：P = TCM − a

所以，贡献毛益总额 = 税前利润 + 固定成本，即：TCM = P + a

2. 单位贡献毛益（unit contribution margin，UCM）

单位贡献毛益是指单位产品售价与单位变动成本的差额。用公式表示为：

单位贡献毛益 = 销售单价 − 单位变动成本

即：UCM = p − b

该指标反映每销售一件产品所带来的贡献毛益。

(三) 贡献毛益率（contribution margin rate，CMR）

贡献毛益率是指贡献毛益总额占销售收入总额的百分比，或单位贡献毛益占单价的百分比。用公式表示为：

贡献毛益率 = 贡献毛益总额/销售收入总额 × 100% = 单位贡献毛益/销售单价 × 100%，即：

$$CMR = \frac{TCM}{px} \times 100\% = \frac{UCM}{p} \times 100\% = \frac{p-b}{p} \times 100\%$$

该指标反映每百元销售收入所创造的贡献毛益。

(四) 变动成本率（variable cost rate，VCR）

变动成本率是指变动成本总额占销售收入总额的百分比或单位变动成本占单价的百分比。用公式表示为：

$$变动成本率 = 变动成本总额 / 销售收入总额 \times 100\%$$
$$= 单位变动成本 / 单价 \times 100\%$$

即：
$$VCR = \frac{bx}{px} \times 100\% = \frac{b}{p} \times 100\%$$

将变动成本率与贡献毛益率两个指标联系起来，可以得出：
$$贡献毛益率 + 变动成本率 = 1$$

由此可以推出，
$$贡献毛益率 = 1 - 变动成本率$$

或
$$变动成本率 = 1 - 贡献毛益率$$

可见，变动成本率与贡献毛益率两者是互补的。企业变动成本率越高，贡献毛益率就越低，变动成本率越低，其贡献毛益率必然越高。

二、盈亏临界点

盈亏临界点（breakeven point）又称为保本点、盈亏平衡点、损益两平点等，是指刚好使企业经营达到不盈不亏状态的销售量（额）。此时，企业的销售收入恰好弥补全部成本，企业的利润等于零。盈亏临界点分析就是根据销售收入、成本和利润等因素之间的函数关系，分析企业如何达到不盈不亏状态。也就是说，销售价格、销售量以及成本因素都会影响企业的不盈不亏状态。通过盈亏临界点分析，企业可以预测售价、成本、销售量以及利润情况并分析这些因素之间的相互影响，从而加强经营管理。确定盈亏临界点，是进行本量利分析的关键。要进行盈亏临界点的计算，可以设税前利润为零。

（一）盈亏临界点计算

1. 单一产品的盈亏临界点

企业只销售单一产品，则该产品的盈亏临界点计算比较简单。根据本量利分析的基本公式：

$$税前利润 = 销售收入 - 总成本 = 销售价格 \times 销售量$$
$$- (变动成本 + 固定成本)$$
$$= 销售单价 \times 销售量 - 单位变动成本 \times 销售量 - 固定成本$$
$$P = px - bx - a = (p - b)x - a$$

企业不盈不亏时，利润为零，利润为零时的销售量就是企业的盈亏临界点销售量。

即：0 = 销售单价 × 盈亏临界点销售量 – 单位变动成本 × 盈亏临界点销售量 – 固定成本

盈亏临界点销售量 = 固定成本/（销售单价 – 单位变动成本）= 固定成本/单位贡献毛益

可以写成：保本点销售量 = $\dfrac{a}{p-b}$ = $\dfrac{a}{UCM}$

相应地，盈亏临界点销售额 = 盈亏临界点销售量 × 销售单价 = 固定成本/贡献毛益率，即：保本点销售额 = $\dfrac{pa}{p-b}$ = $\dfrac{a}{\dfrac{p-b}{p}}$ = $\dfrac{a}{CMR}$

【例 4 – 1】假设济大科技只生产和销售一种产品，该产品的市场售价预计为 200 元，该产品单位变动成本为 80 元，固定成本为 24 000 元，则盈亏临界点的销售量为：

保本点销售量 = $\dfrac{a}{p-b}$ = $\dfrac{24\,000}{200-80}$ = 200（件）

相应地，可以算出盈亏临界点的销售额 = 200 × 200 = 40 000（元）。

2. 多品种的盈亏临界点

在现实经济生活中，大部分企业生产经营的产品不止一种。在这种情况下，企业的盈亏临界点就不能用实物单位表示，因为不同产品的实物计量单位是不同的，把这些计量单位不同的产品销量加在一起是没有意义的。所以，企业在产销多种产品的情况下，只能用金额来表示企业的盈亏临界点。即只能计算企业盈亏临界点的销售额。通常计算多品种企业盈亏临界点的方法有综合贡献毛益率法、联合单位法和主要品种法等几种方法，下面将逐一介绍。

（1）综合贡献毛益率法。所谓综合贡献毛益率法是指将各种产品的贡献毛益率按照其各自的销售比重这一权数进行加权平均，得出综合贡献毛益率，然后再据此计算企业的盈亏临界点销售额和每种产品的盈亏临界点的方法。具体来说，企业盈亏临界点 = 企业固定成本总额/综合贡献毛益率。

企业盈亏临界点的具体计算步骤是：

① 计算综合贡献毛益率。首先，计算各种产品的销售比重。

某种产品的销售比重 = 该种产品的销售额/全部产品的销售总额 × 100%

销售比重是销售额的比重而不是销售量的比重。

其次，计算综合贡献毛益率。

综合贡献毛益率 = $\sum$（各种产品贡献毛益率 × 该种产品的销售比重）

该公式也可以写作：综合贡献毛益率 = 各种产品贡献毛益额之和/销售收入总额

②计算企业盈亏临界点销售额。企业盈亏临界点销售额＝企业固定成本总额/综合贡献毛益率。

③计算各种产品盈亏临界点销售额。某种产品盈亏临界点销售额＝企业盈亏临界点销售额×该种产品的销售比重。

【例4-2】甲公司生产销售A、B、C三种产品，全年预计固定成本总额为210 000元，预计销售量分别为8 000件、5 000台和10 000件，预计销售单价分别为25元、80元、40元，单位变动成本分别为15元、50元、28元，则该企业的盈亏临界点是多少？

①计算综合贡献毛益率，为此：

第一步，计算全部产品销售总额＝8 000×25＋5 000×80＋10 000×40＝1 000 000（元）。

第二步，计算每种产品的销售比重。

A产品的销售比重＝8 000×25÷1 000 000＝20%

B产品的销售比重＝5 000×80÷1 000 000＝40%

C产品的销售比重＝10 000×40÷1 000 000＝40%

第三步，综合贡献毛益率。

A产品的贡献毛益率＝(25－15)÷25＝40%

B产品的贡献毛益率＝(80－50)÷80＝37.5%

C产品的贡献毛益率＝(40－28)÷40＝30%

综合贡献毛益率＝40%×20%＋37.5%×40%＋30%×40%＝35%

②计算企业盈亏临界点销售额。企业盈亏临界点销售额＝企业固定成本总额/综合贡献毛益率＝210 000÷35%＝600 000（元）

③将企业盈亏临界点销售额分解为各种产品盈亏临界点销售额和销售量

A产品盈亏临界点销售额＝600 000×20%＝120 000（元）

B产品盈亏临界点销售额＝600 000×40%＝240 000（元）

C产品盈亏临界点销售额＝600 000×40%＝240 000（元）

相应地，可以计算出每种产品盈亏临界点销售量

A产品盈亏临界点销售量＝120 000÷25＝4 800（件）

B产品盈亏临界点销售量＝240 000÷80＝3 000（台）

C产品盈亏临界点销售量＝240 000÷40＝6 000（件）

综合贡献毛益率的大小反映了企业全部产品的整体盈利能力高低，企业若要提高全部产品的整体盈利水平，可以调整各种产品的销售比重，或者提高各种产品自身的贡献毛益率。

(2) 联合单位法。所谓联合单位法是指企业各种产品之间存在相对稳定的产销量比例关系，这一比例关系的产品组合可以视同为一个联合单位，然后确定每一联合单位的售价和单位变动成本，以进行多品种的盈亏临界点分析。如企业A、B、C三种产品，其销

量比为1:2:3，则这三种产品的组合就构成一个联合单位。然后按照这种销量比来计算各种产品共同构成的联合单价和联合单位变动成本。即：

联合销售单价 = A产品单价×1 + B产品单价×2 + C产品单价×3

联合单位变动成本 = A产品单位变动成本×1 + B产品单位变动成本×2 + C产品单位变动成本×3

然后就可以计算出联合保本量，即：

联合保本量 = 固定成本/（联合单价 – 联合单位变动成本）

某产品保本量 = 联合保本量×该产品销量比

这种方法主要适用于有严格产出规律的联产品生产企业。

【例4–3】 仍按〖例4–2〗资料。

确定产品销量比为：A:B:C = 1:0.625:1.25

联合单价 = 1×25 + 0.625×80 + 1.25×40 = 125（元/联合单位）

联合单位变动成本 = 1×15 + 0.625×50 + 1.25×28 = 81.25（元/联合单位）

联合保本量 = 210 000 ÷ (125 – 81.25) = 4 800（联合单位）

计算各种产品保本量：

A产品保本量 = 4 800×1 = 4 800（件）

A产品保本额 = 4 800×25 = 120 000（元）

B产品保本量 = 4 800×0.625 = 3 000（台）

B产品保本额 = 3 000×80 = 240 000（元）

C产品保本量 = 4 800×1.25 = 6 000（件）

C产品保本额 = 6 000×40 = 240 000（元）

> 联产品是指用同一种原料，经过同一个生产过程，生产出两种或两种以上的不同性质和用途的产品，这些产品在经济上有不同性质和用途。

（3）主要品种法。如果企业生产经营的多种产品中，有一种产品能够给企业提供的贡献毛益占企业全部贡献毛益总额的比重很大，而其他产品给企业提供的贡献毛益比重较小。则可以将这种产品认定为主要品种。此时，企业的固定成本几乎由主要产品来负担，所以，可以根据这种产品的贡献毛益率计算企业的盈亏临界点。当然，用这种方法计算出来的企业的盈亏临界点可能不十分准确。如果企业产品品种主次分明，则可以采用这种方法。

（二）盈亏临界点作业率和安全边际

1. 盈亏临界点的作业率

盈亏临界点作业率也称为保本作业率、危险率，是指企业盈亏临界点销售量（额）占现有或预计销售量（额）的百分比。该指标越小，表明用于保本的销售量（额）越低；反之，越高。企业可以用该指标来评价企业经营的安全程度。其计算公式为：

盈亏临界点作业率 = 盈亏临界点销售量（额）/现有或预计销售量（额）

如在【例 4-1】中，假定企业预计销售量是 1 000 件，则盈亏临界点的作业率为 20%（200/1 000×100%）。这说明，企业的作业率只有超过 20% 时，才能获得盈利，否则就会发生亏损。

2. 安全边际

所谓安全边际是指现有或预计销售量（额）超过盈亏临界点销售量（额）的部分。超出部分越大，企业发生亏损的可能性越小，发生盈利的可能性越大，企业经营就越安全。安全边际越大，企业经营风险越小。衡量企业安全边际大小的指标有两个，它们是安全边际量（额）和安全边际率。

安全边际量（额）= 现有或预计销售量（额）
　　　　　　　　－盈亏临界点销售量（额）

安全边际率 = 安全边际销售量（额）/现有或预计的销售量（额）×100%

安全边际率与盈亏临界点的作业率之间的关系为：

安全边际率 + 盈亏临界点作业率 = 1

如在【例 4-1】中，假定企业预计销售量是 1 000 件，则

安全边际销售量 = 1 000 - 200 = 800（件），安全边际销售额 = 800×100 = 80 000（元）

安全边际率 = 800÷1 000 = 80%

西方国家一般用安全边际率来评价企业经营的安全程度。表 4-1 列示了安全边际的经验数据。

表 4-1　　　　　　　　安全边际经验数据

安全边际率	10% 以下	10%~20%	20%~30%	30%~40%	40% 以上
安全程度	危险	值得注意	比较安全	安全	很安全

安全边际能够为企业带来利润。我们知道，盈亏临界点的销售额除了弥补产品自身的变动成本外，刚好能够弥补企业的固定成本，不能给企业带来利润。只有超过盈亏临界点的销售额，才能在扣除变动成本后，不必再弥补固定成本，而是直接形成企业的税前利润。用公式表示如下：

税前利润 = 销售单价×销售量 - 单位变动成本×销售量 - 固定成本
　　　　= (安全边际销售量 + 盈亏临界点销售量)
　　　　　×单位贡献毛益 - 固定成本
　　　　= 安全边际销售量×单位贡献毛益
　　　　= 安全边际销售额×贡献毛益率

将上式两边同时除以销售额可以得出：

税前利润率 = 安全边际率×贡献毛益率

经验数据是与实测数据相对应的，数据中有经验成分，不完全是实测的，然而这种经验数据近似于实际情况，可以在一定范围内使用，不仅是经验数据，还有许多经验公式，在科学研究问题中很多问题都需要用经验公式和经验数据解决，是常用的方法。

第三节 本量利关系中的敏感性分析

敏感性分析方法是一种广泛应用于各领域的分析技术。它是研究一个系统在周围环境发生变化时，该系统状态会发生怎样变化的方法。敏感性分析具体研究的问题是，一个确定的模型在得出最优解之后，该模型中的某个或某几个参数允许发生多大的变化，仍能保持原来的最优解不变；或者当某个参数的变化已经超出允许的范围，原来的最优解已不再最优时，怎样用最简便的方法重新求得最优解。

本量利关系中的敏感性分析，主要是研究销售单价、单位变动成本、固定成本和销售量这些因素变动对盈亏临界点和目标利润的影响程度。具体来说，本量利关系中的敏感性分析就是分析由盈利转为亏损时各因素变化情况和分析利润敏感性。由盈利转为亏损时各因素变化情况分析就是分析确定那些使得企业由盈利转为亏损的各因素变化的临界值，也就是计算出达到盈亏临界点的销售量、销售单价的最小允许值以及单位变动成本和固定成本的最大允许值。分析利润的敏感性是分析销售量、销售单价、单位变动成本和固定成本各因素变化对利润的影响程度，在这些因素中，有的因素微小的变化会导致利润很大的变化，说明利润对该因素很敏感，该因素被称为敏感因素；而有的因素很大的变化只会导致利润不大的变化，说明利润对该因素不敏感，该因素被称为不敏感因素。

一、相关因素临界值的确定

根据实现目标利润的模型 $P = px - bx - a = (p-b)x - a$，当 P 等于零时，可以求出公式中各因素的临界值（最大、最小值）。确定某一相关因素临界值时，通常假定其他因素不变。所以：

$$p = b + \frac{a}{x}$$

$$x = \frac{a}{p-b}$$

$$b = p - \frac{a}{x}$$

$$a = (p-b)x$$

【例 4-4】假定辉瑞公司只生产和销售一种产品，产品计划年度内预计售价为每件 20 元，单位变动成本为 8 元，固定成本总额为

24 000元。预计销售量为10 000件。全年利润为96 000元。

(1) 销售单价的临界值（最小值）。

p = b + (a/x) = 8 + 24 000 ÷ 10 000 = 10.4（元）

这说明，单价不能低于10.4元这个最小值，否则便会亏损，或者说，单价下降幅度不能低于48%（9.6÷20），否则企业就会亏损。

(2) 销售量的临界值（最小值）。

x = a/(p − b) = 24 000 ÷ (20 − 8) = 2 000（件）

销售量的最小允许值为2 000件，这说明，销量只要达到预计销量的1/5，企业就可以保本。

(3) 单位变动成本的临界值（最大值）。

b = p − (a/x) = 20 − 24 000 ÷ 10 000 = 17.6（元）

这就是说，单位变动成本达到17.6元时，也就是比8元高出120%时，企业的利润就为零。

(4) 固定成本的临界值（最大值）。

a = (p − b)x = (20 − 8) × 10 000 = 120 000（元）

这就是说，固定成本的最大允许值为120 000元，如果超过这个值，企业就会发生亏损。此时的固定成本总额增长了500%。

二、相关因素变化对利润变化的影响程度

销量、销售单价、单位变动成本和固定成本各因素变化对利润的影响程度是不同的，也就是利润对这些因素变动的敏感程度是不同的，为了测量利润对这些因素变动的敏感程度，人们在长期实践中建立了敏感系数这一指标。

敏感系数 = 目标值变动百分比/因素值变动百分比

根据该公式，企业管理者可以分析哪些是敏感因素，哪些是不敏感因素，然后对敏感因素予以高度重视，对于不敏感因素，则可以不作重点关注，这样，就可以分清主次，把握重点了。下面通过举例来说明敏感因素的确定。

在【例4-4】中，假定单价、单位变动成本、固定成本和销量分别增长40%，则利润对各因素变动的敏感系数（以下简称各因素的敏感系数）可分别确定如下：

(1) 销售单价的敏感系数。

由于销售单价增长40%，也就是 p = 20 × (1 + 40%) = 28（元）

税前利润 P = (28 − 8) × 10 000 − 24 000 = 176 000（元）

目标值变动百分比（即利润变动百分比） = (176 000 − 96 000) ÷ 96 000 = 83.33%

销售单价的敏感系数 = 83.33% ÷ 40% = 2.08

这就意味着,销售单价增长1%,利润将提高2.08%。

(2) 销售量的敏感系数。

由于销售量增长40%,也就是 x = 10 000 × (1 + 40%) = 14 000（件）

税前利润 P = (20 - 8) × 14 000 - 24 000 = 144 000（元）

目标值变动百分比（即利润变动百分比）= (144 000 - 96 000) ÷ 96 000 = 50%

销售量的敏感系数 = 50% ÷ 40% = 1.25

这就说明,销售量增长1%,利润将提高1.25%。

(3) 单位变动成本的敏感系数。

由于单位变动成本增长40%,也就是 b = 8 × (1 + 40%) = 11.2（元）

税前利润 P = (20 - 11.2) × 10 000 - 24 000 = 64 000（元）

目标值变动百分比（即利润变动百分比）= (64 000 - 96 000) ÷ 96 000 = -33.33%

单位变动成本的敏感系数 = 33.33% ÷ 40% = -0.83

这就表明,单位变动成本增长1%,利润将反向变动0.83%,即利润将降低0.83%。

(4) 固定成本的敏感系数。

由于固定成本增长40%,也就是 a = 24 000 × (1 + 40%) = 33 600（元）

税前利润 P = (20 - 8) × 10 000 - 33 600 = 86 400（元）

目标值变动百分比（即利润变动百分比）= (86 400 - 96 000) ÷ 96 000 = -10%

固定成本的敏感系数 = -10% ÷ 40% = -0.25

这就是说,固定成本增长1%,利润将降低0.25%。

需要说明的是,敏感系数是正数,表明该因素与利润是同向变动关系,敏感系数是负数,则表明该因素与利润是反向变动关系。分析敏感程度关键是看敏感系数绝对值的大小,绝对值越大,则敏感程度越高,反之,则越小。

从上面的计算中可以看出,利润对各因素变动的敏感程度是不同的,对销售单价的变动最敏感,其次是销售量,再次是单位变动成本,最后是固定成本。也就是说,单价变动对利润影响最大,固定成本变动对利润影响最小,销量、单位变动成本变动对利润影响居于其中。但是,这一排列顺序会因为条件变化而发生改变。如【例4-4】中,单位变动成本是12元而不是8元,其他条件不变。则各因素分别增长40%时,它们的敏感系数分别是:

目标利润 = (20 - 12) × 10 000 - 24 000 = 56 000（元）

销售单价的敏感系数 = {[20(1 + 40%) − 12] × 10 000 − 24 000 − 56 000} ÷ 56 000 ÷ 40% = 3.57

销售量的敏感系数 = [(20 − 12) × 10 000(1 + 40%) − 24 000 − 56 000] ÷ 56 000 ÷ 40% = 1.43

单位变动成本的敏感系数 = {[20 − 12(1 + 40%)] × 10 000 − 24 000 − 56 000} ÷ 56 000 ÷ 40% = −2.14

固定成本的敏感系数 = [(20 − 12) × 10 000 − 24 000(1 + 40%) − 56 000] ÷ 56 000 ÷ 40% = −0.43

从这个例子可以看出，四个因素的敏感系数排列顺序发生了变化，依次是单价、单位变动成本、销售量和固定成本。与前一例相比，单位变动成本和销售量两个因素互换了位置。一般来说，单价的敏感系数是最大的。为验证这一结论，可以通过下列公式进行推导。

$$单价的敏感系数 = \frac{P_2 - P_1}{P_1} \div \frac{p_1}{p_2 - p_1}$$

$$= \frac{(p_2 - b)x - a - [(p_1 - b)x - a]}{P_1} \times \frac{p_1}{p_2 - p_1}$$

$$= \frac{(p_2 - p_1)x}{p_1} \times \frac{p_1}{p_2 - p_1}$$

$$= \frac{p_1 x}{P_1} = \frac{px}{P}$$

相应地可以推导出其他几个因素的敏感系数公式

$$销售量的敏感系数 = \frac{(p-b)x}{p}$$

$$单位变动成本的敏感系数 = -\frac{bx}{p}$$

$$固定成本的敏感系数 = -\frac{a}{p}$$

从这几个公式中可以看出，各公式的分母均为利润"P"，所以公式值的大小完全取决于分子的大小。因此，对各敏感系数的分子进行比较即可。

从单价和销售量的敏感系数公式的分子看，px > (p − b)x，所以单价的敏感系数一定大于销售量的敏感系数；

从单价和变动成本的敏感系数公式的分子看，企业在正常盈利条件下，px > bx，所以单价的敏感系数一定大于单位变动成本的敏感系数；同样地，单价的敏感系数也大于固定成本的敏感系数。所以，一般来说，单价的敏感系数应该是最大的，也就是利润对单价变动的反应最为敏感。所以，与其他因素相比，销售价格变动对企业利润的影响最大。

根据敏感系数公式,并在已知各因素变动幅度时,企业可以很容易预测利润变动幅度,从而很容易计算出各因素变动后的利润值。下面举例说明。

【例4-5】 A公司计划年度的销售量为4 000件,价格为100元,单位变动成本为40元,固定成本为40 000元。如果这些因素变动幅度均为20%和-20%,则利润各为多少?

首先,计算目标利润。目标利润 = (p - b)x - a = (100 - 40) × 4 000 - 40 000 = 200 000(元)

然后,计算各因素的敏感系数。根据敏感系数公式:

单价的敏感系数 = $\dfrac{px}{P}$ = 100 × 4 000/200 000 = 2

销售量的敏感系数 = $\dfrac{(p-b)x}{P}$ = $\dfrac{(100-40)4\,000}{200\,000}$ = 1.2

单位变动成本的敏感系数 = $-\dfrac{bx}{P}$ = -40 × 4 000 ÷ 200 000 = -0.8

固定成本的敏感系数 = -40 000 ÷ 200 000 = -0.2

最后,计算各因素单独变动后的利润。

由于,敏感系数 = 目标值变动百分比/因素值变动百分比,也就是,目标值变动百分比 = 敏感系数 × 因素值变动百分比,所以:

当各因素单独增长20%时,利润变动百分比和增长后的利润总额情况如下:

销售单价增长20%时,利润将增长40%(也就是2×20%),

即:利润总额 = 200 000 × (1 + 40%) = 280 000(元)

销售量增长20%时,利润将增长24%。

即:利润总额 = 200 000 × (1 + 24%) = 248 000(元)

单位变动成本增长20%时,利润将降低16%。

即:利润总额 = 200 000 × (1 - 16%) = 168 000(元)

固定成本增长20%时,利润将降低4%。

即:利润总额 = 200 000 × (1 - 4%) = 192 000(元)

当各因素单独降低20%时,利润变动百分比和增长后的利润总额情况如下:

销售单价降低20%时,利润将降低40%,利润总额 = 200 000 × (1 - 40%) = 120 000(元)

销售量降低20%时,利润将降低24%。

即:利润总额 = 200 000 × (1 - 24%) = 152 000(元)

单位变动成本降低20%时,利润将增长16%。

即:利润总额 = 200 000 × (1 + 16%) = 232 000(元)

固定成本降低20%时,利润将增长4%。

即：利润总额 = 200 000 × (1 + 4%) = 208 000（元）

可见，通过利用敏感系数公式，企业可以很方便地预测各因素变动情况下的利润值。

企业有时会列出有关因素变动的敏感分析表来直接反映各因素变动后的利润值，以便为企业决策人员提供直观数据。

第四节 本量利分析

前面盈亏临界点分析是研究企业利润为零时的情况。而企业的目标是获取利润，所以，下面将分析企业实现目标利润时的情况。

一、保利点及其计算

所谓保利点是指企业为实现目标利润而要达到的销售量或销售额。保利点具体可用保利量和保利额两个指标表示。根据本量利分析的基本公式：

目标利润 = 销售单价 × 保利量 − 单位变动成本 × 保利量 − 固定成本

可得：保利量 = (固定成本 + 目标利润)/(销售单价 − 单位变动成本) = (固定成本 + 目标利润)/(单位贡献毛益)

相应地，可得：保利额 = 销售单价 × 保利量 = (固定成本 + 目标利润)/贡献毛益率 = (固定成本 + 目标利润)/(1 − 变动成本率)

【例4-6】 如果A公司只生产和销售一种产品甲，甲产品价格为8元，单位变动成本为3元，固定成本为3 000元，目标利润为2 000元。则：

甲产品保利量 = (固定成本 + 目标利润)/(销售单价 − 单位变动成本)
　　　　　　 = (3 000 + 2 000)/(8 − 3) = 100(件)

甲产品保利额 = (固定成本 + 目标利润)/贡献毛益率
　　　　　　 = (3 000 + 2 000)/62.5% = 8 000（元）

二、保净利点及其计算

由于税后利润是影响企业生产经营现金流量的真正因素，所以，进行税后利润的规划和分析更符合企业生产经营的需要。因此，应该进行保净利点的计算。保净利点是指实现目标净利润的业务量。其中，目标净利润就是目标利润扣除所得税后的利润。保净利点可以用保净利量和保净利额两个指标表示。

> 税后利润也称净利润，是指在利润总额中按规定缴纳了所得税后公司的利润留成，一般也称为税后利润或净利润。净利润的计算公式为：净利润 = 利润总额 − 所得税费用。净利润是一个企业经营的最终成果，净利润多，企业的经营效益就好；净利润少，企业的经营效益就差，它是衡量一个企业经营效益的主要指标。

由于，目标净利润＝目标利润×(1－所得税税率)，
所以，可以得出，

目标利润＝目标净利润/(1－所得税税率)

相应的保净利点公式可以写成，

保净利量＝[固定成本＋目标净利润/(1－所得税税率)]/(销售单价－单位变动成本)

保净利额＝[固定成本＋目标净利润/(1－所得税税率)]/贡献毛益率

【例4－7】仍按〖例4－6〗中的资料，另外，假定目标净利润为15 000元，所得税税率为25%。

保净利量＝[30 000＋15 000/(1－25%)]/(80－30)＝1 000（件）

保净利额＝[30 000＋15 000/(1－25%)]/62.5%＝80 000（元）

从盈亏临界点、保利点和保净利点公式可以看出，它们的共同之处在于，凡是计算销售量指标时，分母都是单位贡献毛益；凡计算销售额指标时，分母都是贡献毛益率。它们的不同之处在于，各公式的分子项目不完全相同。

三、本量利关系图

将成本、业务量、销售单价之间的关系反映在平面直角坐标系中就形成了本量利关系图。通过这种图形，可以非常清楚而直观地反映出固定成本、变动成本、销售量、销售额、盈亏临界点、利润区、亏损区、贡献毛益和安全边际等。根据数据的特征和目的，本量利关系图可以分为传统式、贡献毛益式和利量式图形三种。

（一）传统式本量利关系图

传统式本量利关系图是最基本、最常见的本量利关系图形（见图4－1）。其绘制方法如下：

(1) 在直角坐标系中，以横轴表示销售量，以纵轴表示成本和销售收入。

(2) 绘制固定成本线。在纵轴上找出固定成本数值，即(0，固定成本数值)，以此为起点，绘制一条与横轴平行的固定成本线。

(3) 绘制总成本线。以(0，固定成本数值)为起点，以单位变动成本为斜率，绘制总成本线。

(4) 绘制销售收入线。以坐标原点(0，0)为起点，以销售单价为斜率，绘制销售收入线。

这样，绘制出的总成本线和销售收入线的交点就是盈亏临界点。

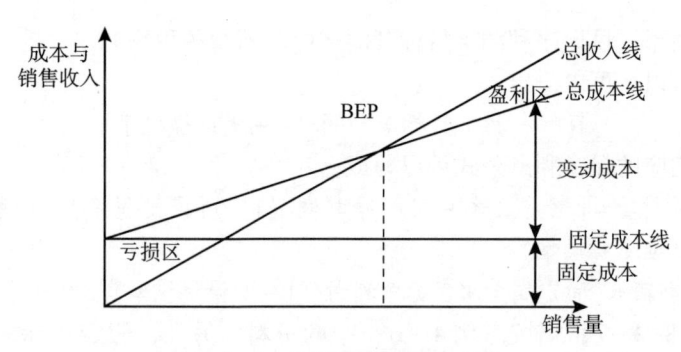

图 4-1 传统式本量利关系图

上图直观、形象而又动态地反映了销售量、成本和利润之间的关系。

在传统式本量利关系图的基础上，根据企业管理的不同目的，又派生出贡献毛益式和利量式本量利关系图。

(二) 贡献毛益式本量利关系图

贡献毛益式本量利关系图是一种将固定成本置于变动成本之上，能够反映贡献毛益形成过程的图形，这是传统式本量利关系图不具备的（见图4-2）。该图的绘制程序是，先从原点出发分别绘制销售收入线和变动成本线；然后从纵轴上的（0，固定成本数值）点为起点绘制一条与变动成本线平行的总成本线。这样，总成本线和销售收入线的交点就是盈亏临界点。

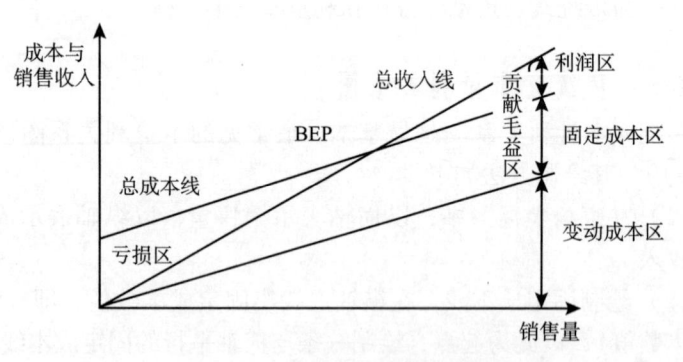

图 4-2 贡献毛益式本量利图

图4-2能够清楚地反映出贡献毛益的形成过程。销售收入线与变动成本线之间所夹区域为贡献毛益区域。当贡献毛益正好等于固定成本时，企业达到不盈不亏状态；当贡献毛益超过盈亏临界点并大于固定成本时，企业获得了利润；当贡献毛益没有达到盈亏临界点时，企业发生了亏损。该图更能反映"利润 = 贡献毛益 - 固定成本"的

含义，而且也更符合变动成本法的思路。

（三）利量式关系图

利量式关系图是反映利润与销售量之间依存关系的图形（见图 4-3）。该图绘制的程序是，在平面直角坐标系中，以横轴代表销售量，以纵轴代表利润（或亏损）；然后在纵轴原点以下部分找到与固定成本总额相等的点（0，固定成本数值），该点表示业务量等于零时，亏损额等于固定成本；最后，从点（0，固定成本数值）出发画出利润线，该线的斜率是单位贡献毛益。利润线与横轴的交点即为盈亏临界点。

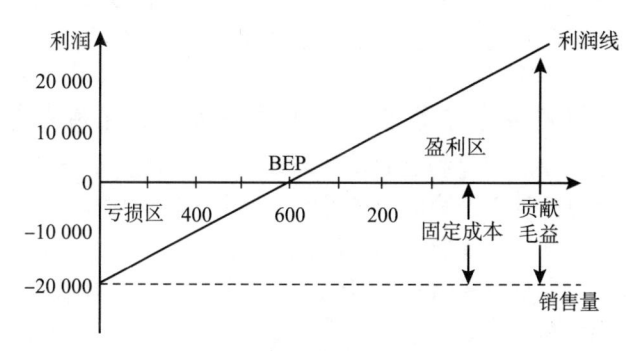

图 4-3 利量式关系图

该图形能直观反映业务量与利润、贡献毛益和固定成本之间的关系。当销售量为零时，企业的亏损就等于固定成本，随着销售量的增长，亏损越来越少，当销售量超过盈亏临界点时，企业开始出现利润，而且销售量越大，利润越多。可见，这种简单明了的图形更容易为企业管理人员理解。

四、相关因素变动对盈亏临界点和保利点的影响

前面进行本量利分析时，销售单价、固定成本、单位变动成本、目标利润都是不变的，当这些因素变动时，对盈亏临界点和保利点会产生很大影响。

（一）销售单价单独变动对盈亏临界点和保利点的影响

从盈亏临界点和保利点的计算公式看，销售单价提高会使单位贡献毛益和贡献毛益率上升，也就是盈亏临界点和保利点的计算公式的分母增大，因此，销售单价提高会降低盈亏临界点和保利点；销售单价降低，则情况相反。

从传统式和贡献毛益式本量利关系图看,销售单价提高表明销售收入线斜率增大,而总成本线不变,所以两线交点下降,即盈亏临界点和保利点降低;销售单价降低,则情况相反。

(二) 单位变动成本单独变动对盈亏临界点和保利点的影响

从盈亏临界点和保利点的计算公式看,单位变动成本上升会使单位贡献毛益和贡献毛益率下降,也就是盈亏临界点和保利点计算公式的分母变小,因此,单位变动成本上升会提高盈亏临界点和保利点;单位变动成本下降,则情况相反。

从传统式和贡献毛益式本量利关系图看,单位变动成本提高表明销售成本线斜率增大,而总收入线不变,所以,两线交点上升,即盈亏临界点和保利点提高;单位变动成本降低,则情况相反。

(三) 固定成本单独变动对盈亏临界点和保利点的影响

从盈亏临界点和保利点的计算公式看,固定成本上升会使盈亏临界点和保利点的计算公式的分子增大,因此,固定成本上升会提高盈亏临界点和保利点;固定成本下降,则情况相反。

从传统式和贡献毛益式本量利关系图看,固定成本提高表明销售成本线截距提高,而总成本线斜率不变,总收入线也不变,所以,两线交点上升,即盈亏临界点和保利点提高;固定成本降低,则情况相反。

(四) 目标利润单独变动对保利点的影响

目标利润的变动只影响到保利点而不影响盈亏平衡点。企业预计达到的目标利润提高时,保利点提高,预计达到的目标利润降低时,保利点降低。

第五节 本量利分析扩展

前面本量利分析中假设收入和成本都呈线性,在盈亏临界点和保利点分析时,也假设销售单价、单位变动成本和销售量等因素也是确定的。而在现实经济生活中,情况可能复杂得多,如收入和成本可能不呈线性,某些因素在未来期间的状况不能确定等。本节就是在这样一些复杂条件下,来进行本量利分析。

在非线性条件下,总收入或总成本随业务量的增长而呈曲线增长时,就可能应用非线性回归。非线性回归分析中最常用的方程式是:

$y = a + bx + cx^2$。企业可以根据销售量、销售额和成本等历史数据，计算出非线性回归方程的系数，然后分别计算一阶和二阶导数，以分别求出盈亏临界点和预计目标利润。

【例 4-8】 甲公司只生产和销售单一产品 A，而且产销平衡。会计人员对过去销售量、销售额和成本数据的分析，发现总成本和销售量、总收入和销售量均为非线性关系，进行回归分析后，确定了总成本和总收入的非线性回归方程，分别是：

总成本方程：$TC = 0.005x^2 - 4x + 2\,400$

总收入方程：$TR = 8x - 0.007x^2$

求该公司的盈亏临界点、利润最大化下的销售量和最大利润、最优售价。

式中：TC——总收入；

TR——总成本；

x——产销量。

利润（P）= TR - TC = $(8x - 0.007x^2) - (0.005x^2 - 4x + 2\,400)$ = $-0.012x^2 + 12x - 2\,400$

（1）求盈亏临界点。

令 P = 0，即：$-0.012x^2 + 12x - 2\,400 = 0$，可以得到盈亏临界点：

解得：x = 723（台）

x^2 = 276（台）

也就是说，总收入线和总成本线有两交点，即两个盈亏临界点，分别对应的销售量是 723 件和 276 件。

这一现象可以通过图 4-4 来表示：

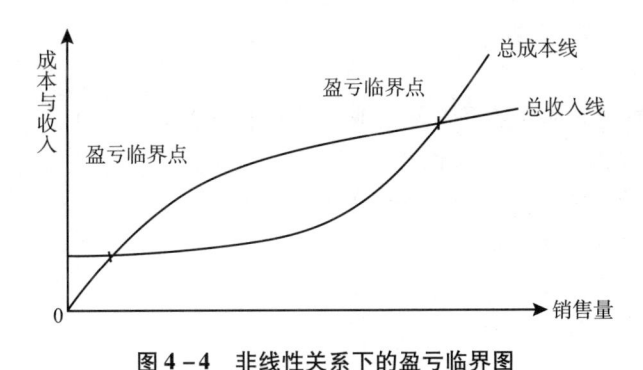

图 4-4 非线性关系下的盈亏临界图

（2）求利润最大化的销售量和最大利润。

由于 $P = -0.012x^2 + 12x - 2\,400$，所以可以求出 x 的一阶导数 Px′，当 Px′ = 0 时，可实现利润最大化，即 Px′ = $(-0.012x^2 + 12x - 2\,400)'$ = $-0.024x + 12$

令 Px′=0，则有 x=500（台）

也就是说，产量达到500台时，企业实现最大利润，此时的利润=600（万元）

（3）最优售价。

在 x=750 台时，企业的总收入（TR）$=8x-0.007x^2=8\times 500-0.007\times 500^2=2\,250$（万元）

此时的产品售价=TR/x=2 250÷500=4.5（万元/台）

在成本与销售量、收入与销售量呈非线性的条件下，企业制订生产计划和营销政策时，不能以产销量最大化为目标，而应以利润最大化作为经营目标，以此来确定最优产销售量和最优售价。

本 章 小 结

1. 本量利分析的基本内容包括：（1）盈亏平衡分析。（2）保利分析。（3）敏感分析。（4）本量利扩展分析。

2. 本量利分析方法包括：（1）用数学化的会计模型。（2）图示法。

3. 盈亏平衡点的影响因素包括：（1）单价。（2）单位变动成本。（3）固定成本及品种结构。

【本章重要术语】

本量利分析　贡献边际　单位贡献毛益　贡献毛益率　变动成本率　盈亏临界点

【延伸阅读】

1. 罗纳德·W·希尔顿：《管理会计学——在动态商业环境中创造价值》，机械工业出版社2009年版。

2. 邵达伟编：《管理会计案例》，机械工业出版社1999年版。

【复习与思考题】

1. 单选题

（1）生产单一品种产品企业，保本销售额=（　　）。

A. 保本销售量×单位利润

B. 固定成本总额÷贡献边际率

C. 固定成本总额÷(单价－单位变动成本)

D. 固定成本总额÷综合贡献边际率

E. 固定成本总额÷贡献边际

（2）生产多品种产品企业测算综合保本销售额=固定成本总额÷（　　）。

A. 单位贡献边际　　　　　B. 贡献边际率

C. 单价－单位变动成本　　D. 综合贡献边际率

（3）从保本图上得知，对单一产品分析，（　　）。

A. 单位变动成本越大，总成本斜线率越大，保本点越高

B. 单位变动成本越大，总成本斜线率越小，保本点越高
C. 单位变动成本越小，总成本斜线率越小，保本点越高
D. 单位变动成本越小，总成本斜线率越大，保本点越低

(4) 利润 =（实际销售量 – 保本销售量）×（   ）。
A. 贡献边际率 　　　　　B. 单位利润
C. 单位售价 　　　　　　D. 单位贡献边际

(5) 某企业只生产一种产品，单价 6 元，单位变动生产成本 4 元，单位销售和管理变动成本 0.5 元，销量为 500 件，则其产品贡献边际为（   ）元。
A. 650　　　B. 750　　　C. 850　　　D. 950

(6) 下属因素中导致保本销售量上升的是（   ）。
A. 销售量上升 　　　　　B. 产品单价下降
C. 固定成本下降 　　　　D. 产品单位变动成本下降

(7) 已知产品销售单价为 24 元，保本销售量为 150 件，销售额可达 4 800 元，则安全边际率为（   ）。
A. 33.33%　　B. 25%　　C. 50%　　D. 20%

(8) 在变动成本法下，其利润表所提供的中间指标是（   ）。
A. 贡献边际　B. 营业利润　C. 营业毛利　D. 期间成本

(9) 在下列指标中，可据以判断企业经营安全程度的指标是（   ）。
A. 保本量　　B. 贡献边际　C. 保本作业率　D. 保本额

(10) 如果产品的单价与单位变动成本上升的百分率相同，其他因素不变，则保本销售量（   ）。
A. 上升　　　B. 下降　　　C. 不变　　　D. 不确定

2. 多选题

(1) 本量利分析的前提条件是（   ）。
A. 成本性态分析假设
B. 相关范围及线性假设
C. 变动成本法假设
D. 产销平衡和品种结构不变假设
E. 目标利润假设

(2) 本量利分析基本内容有（   ）。
A. 保本点分析　　　　　B. 安全性分析
C. 利润分析　　　　　　D. 成本分析
E. 保利点分析

(3) 安全边际率 =（   ）。
A. 安全边际量÷实际销售量
B. 保本销售量÷实际销售量

C. 安全边际额÷实际销售额

D. 保本销售额÷实际销售额

E. 安全边际量÷安全边际额

(4) 从保本图得知（　　）。

A. 保本点右边，成本大于收入，是亏损区

B. 销售量一定的情况下，保本点越高，盈利区越大

C. 实际销售量超过保本点销售量部分即是安全边际

D. 在其他因素不变的情况，保本点越低，盈利面积越小

E. 安全边际越大，盈利面积越大

(5) 贡献边际率的计算公式可表示为（　　）。

A. 变动成本率　　　　　　　　B. 贡献边际/销售收入

C. 固定成本/保本销售量　　　　D. 固定成本/保本销售额

E. 单位贡献边际/单价

3. 简答题

(1) 简述本量利分析的前提条件。

(2) 贡献边际率指标的含义是什么？它和变动成本率的关系如何？

(3) 盈亏平衡点的影响因素包括哪些？

4. 计算题

已知：某公司只生产一种产品，2016年销售收入为1 000万元，税前利润为100万元，变动成本率为60%。

要求：(1) 计算该公司2016年的固定成本；

(2) 假定2017年该公司只追加20万元的广告费，其他条件均不变，试计算该年的固定成本。

(3) 计算2017年该公司保本额。

第五章
经营预测

【学习目标】
1. 掌握经营预测的各种预测方法和适用条件
2. 重点掌握成本预测的具体步骤
3. 理解销售预测与成本预测、利润预测、资金需求量预测的关系，着重理解销售预测的意义
4. 了解经营预测的基本原理和程序

【重点与难点】
1. 资金需求量的预测
2. 销售预测

【引导案例】
A公司基期年度的销售收入实际数为 500 000 元，获利后净利 20 000 元，并发放了股利 10 000 元。又：基期厂房设备的利用率已达到饱和状态。该公司基期年度 12 月 31 日的简单资产负债表如表 5-1：

表 5-1　　　　　　　　资产负债表
　　　　　　　　　××年12月31日　　　　　　　　单位：元

资产	权益
1 现金　10 000	1 应付账款　50 000
2 应收账款　85 000	2 应付税捐　25 000
3 存货　100 000	
4 厂房设备（净额）　150 000	3 长期负债　115 000
5 无形资产　55 000	4 普通股股本　200 000
	5 留存收益　10 000
资产总计　400 000	权益总计　400 000

假定：该公司计划期年度销售收入总额将增至 800 000 元，并仍按基期的股利发放率支付股利；折旧基金提取数为 20 000 元，其中 60% 用于更新改造现有的厂房设备；另需零星资金 12 000 元。（假定

计划年度销售利润率与基年相同）

要求：预测该公司计划年度需追加的资金需要量。

第一节 预测分析概述

在激烈的市场竞争中，企业若想立于不败之地，不但需要熟知企业现有的内部条件和外部环境，而且必须通过对已经发生和正在发生的各种情况的分析，科学地预知未来将要发生的经济活动的某些情况。预测分析正是运用一定的专门方法，对企业的经营活动进行科学的估计和推测的一种分析方法。科学的经营预测是企业做出最佳规划与决策的基础。本章主要介绍经营预测的基本理论与基本方法及其在实际中的应用，在简要介绍经营预测意义、程序和方法的基础上，重点介绍销售预测、成本预测、利润预测的各种专门方法。

预测（forecast）是指根据过去和现在的情况和资料对未来事物的发展变化趋势所作的预计和推测。预测的主要特点是根据已知推测未知，用过去、现在预计未来。

所谓经营预测，是指企业根据现有的经济条件和掌握的历史资料，运用专门的方法，对生产经营活动的未来发展趋势和状况做出科学的预计和测算的过程。

一、经营预测的意义

（一）经营预测是进行经营决策的主要依据

企业经营成败的关键是决策，而决策的基础是科学预测。预测直接为决策服务，是决策的先导和前提。没有准确的预测，要做出符合客观发展规律的科学决策是难以想象的。但预测并不能代替决策，因为预测分析要解决的是如何科学准确地预见或描述未来的问题，而决策的结论则直接支配未来的行动方案。

（二）经营预测是编制全面预算的基础

企业的生产经营活动必须有计划地进行，为了减少经济活动的盲目性，企业要定期编制全面预算。而预算是预测结果的具体化，经营预测提供的许多数据最终被纳入预算，成为编制预算的基础。因此，企业要正确编制预算，必须做好经营预测工作，避免主观估计和任意推测，保证全面预算科学合理，切实可行。

(三) 经营预测是适应经济环境变化的保障

在现代市场经济条件下，不开展科学的预测分析，就不能预先估计未来的发展趋势，无法积极采取措施，难以适应不断变化的形势。但由于现实形势异常复杂、瞬息万变，又使预测未来十分困难，因经营预测失误而导致决策失败，或因心中无数而坐失良机的事例，在日常经济生活中屡见不鲜。这从反面证明，现代企业管理实践不仅迫切需要开展预测分析，而且还必须讲求预测方法的科学性和预测结论的准确性，尽可能克服经济工作中的盲目性和被动性。

二、经营预测的一般程序

经营预测一般可按以下程序进行。

(一) 确定预测目标

预测目标是企业制定预测工作计划、确定资料来源、选择预测方法及配备预测人力的重要依据，所以进行经营预测，应首先明确预测目标。预测目标一般应根据企业生产经营的总体目标来设计和选择，避免盲目确定或面面俱到，还应根据预测的具体对象和内容确定预测的期限和范围。

(二) 收集整理资料

根据已确定的预测目标，围绕预测目标有针对性地收集必要的信息资料，并采用一定方法对所收集的历史资料进行加工、整理、归纳和分析，找出与预测对象有关的各因素之间的相互依存关系。做到去粗取精、去伪存真，使经营预测建立在占用完整、准确信息的基础上。

(三) 选择预测方法

经营预测方法的选择，必须从预测对象的实际出发，应根据预测对象的不同而有所不同。对于那些信息资料收集齐全，可以建立数学模型的预测对象，应根据预测目标与有关影响因素之间的关系，以及经过分析整理的有关预测信息资料，确定恰当的定量预测法；而对于那些缺乏大量信息资料、无法进行定量分析的预测对象，应当结合以往经验选择最佳的定性预测方法。为了保证企业预测分析的质量，应将定量预测法与定性预测法结合起来使用。

(四) 进行预测分析

运用选定的预测方法，根据建立的预测分析模型及相关信息资料，对影响预测目标的各方面进行具体的计算分析和比较，以揭示预测分析对象的变化趋势，得出预测分析结果。

(五) 评价预测结果并修正误差

通过检查预测结论是否符合当前实际，分析产生差异的原因，来验证预测方法是否科学有效，以便在以后的预测过程中及时地加以改进。同时，由于企业面对的市场复杂多变，存在许多不确定因素，根据数学模型计算出来的预测值可能没有将非计量因素考虑进去，这就需要结合定性分析的结论对其进行修正和补充，说明预测结果可能的变化幅度和预测误差，使其更接近于实际，为决策者在使用预测信息时留有充分的余地。

> 预测误差指由于预测与实际结果的偏离，所产生的预测值与实际结果的偏差。

(六) 提出预测报告

对于预测所揭示的客观事物发展变化的内在必然性，最终应以一定形式，按照一定程序向企业的有关管理者提出预测分析报告，以便制定正确的计划，进行科学的决策。

三、经营预测的方法

经营预测方法的科学、合理与否，直接影响到决策的正确性。经营预测的具体方法有很多，据国外统计，已达数百种，分别适用于不同的目的和要求。但一般来讲，可以概括为两大类：即定性分析法和定性量分析法。

(一) 定性分析法

定性分析法又称非数量分析法，是由有关专业人员根据个人经验和专业知识，结合预测对象的特点进行综合分析，对预测对象的未来状况及发展趋势做出预测的一种分析方法。定性分析法一般适用于预测对象的历史资料不完备或无法进行定量分析情况下的预测。定性分析法主要包括市场调查法、判断分析法等。

(二) 定量分析法

定量分析法也称数量分析法，是在占有预测对象完整历史资料的基础上，运用现代数学方法对其进行分析加工处理，建立预测模型，并据以进行推算的一种预测方法。定量分析法一般适用于能较为方便地取得相关数据资料的情况，通常能提供有确切数值的预测资料，其具体方法包括趋势外推分析法和因果分析法两大类。

1. 趋势外推分析法

趋势外推分析法是指将时间作为制约预测对象变化的自变量，把未来作为历史的自然延续，属于按事物自身发展趋势进行预测的一类动态预测方法。

这类方法的基本原理是：企业过去和现在存在的某种发展趋势将会延续下去，而且过去和现在发展的条件同样适用于未来，可以将未来视为历史的自然延续。因此，该法又称"时间序列分析法"。属于这类方法的有：算术平均法、加权平均法、移动平均法、指数平滑法和修正的时间序列回归分析法等。

2. 因果预测分析法

因果预测分析法是根据变量之间存在的因果函数关系，建立相应因果预测模型，按预测因素（即非时间自变量）的未来变动趋势来推测预测对象（即因变量）未来水平的一类预测方法。

这类方法的基本原理是：预测对象受到许多因素的影响，它们之间存在着复杂的关系，通过对这些变量的内在规律性的研究可以建立一定的数量模型，在已知自变量的条件下，可利用模型直接推测预测对象的水平。属于这类方法的有：本量利分析法、回归分析法、经济计量法等。

定性分析法与定量分析法在实际应用中并非相互排斥，而是相互补充、相辅相成的。定量分析法虽然较精确，但许多非计量因素无法考虑。例如，国家方针政策及政治经济形势的变动，消费者心理及习惯的改变，投资者意向及职工情绪的变动等。而定性分析法虽然可以将这些非计量因素考虑进去，但估计的准确性在很大程度上受预测人员经验和素质的影响，带有一定的主观随意性。因此，定量预测往往需要采用一定的定性预测方法加以补充，定性预测的结果也需要利用一定的定量数据进行验证。企业在经营预测时，应当考虑如何实现二者的优势互补，将它们有机地结合起来，这样才能提高预测的准确性和可信度，更好地为决策服务。

第二节　销售预测

企业经营预测的对象主要包括对产品销售市场、产品生产成本以及利润等方面的预测，因此，经营预测的基本内容主要包括销售预测、成本预测和利润预测。本节先来讨论销售预测的各种方法。

销售预测（forecast of sales）是借助企业销售的历史资料和市场需求的变化情况，运用一定的科学预测方法，对产品在未来一定时期内的销售趋势进行预测和评价。销售预测是企业进行生产经营活动的起点，也是制定经营决策的基础，是开展其他经营预测的前提条件。随着社会主义市场经济体制的逐步建立和完善，市场竞争日趋激烈。在这种条件下，企业的生产经营必须以市场为导向，必须重视和加强企业的销售预测，使企业在激烈的市场竞争中求得生存和发展。因此，作为商品经营者的企业必然十分关心在未来一定时期内哪些产品适销对路，企业能在市场上占有多大份额，经营某项业务究竟能赚取多少利润，成本多高，需要多少资金等。可见，在企业经营预测系统中，销售预测处于先导地位，它对于指导利润预测、成本预测，进行长短期决策，安排经营计划，组织生产等都有重要的作用。

影响销售预测的因素多而复杂，要提高预测的准确性，就要适当的选择预测方法，下面具体介绍几种常用的销售预测方法。

一、定量预测法

销售预测的方法同样可以分为定量预测法和定性预测法两类。定量预测通常根据所采用的具体方法的不同，分为算术平均法、加权平均法、指数平滑法、回归直线法及二次曲线法等。

（一）算术平均法

算术平均法又称简单平均法，是直接将过去若干时期销售量的算术平均数作为销售量预测值的一种方法。这种方法的原理是一视同仁地看待 n 期内的各期销售量对未来预测销售量的影响。计算公式为：

$$预测期销售量 = \frac{过去各期销售量之和}{期数} = \frac{\sum_{i=1}^{n} x_i}{n}$$

【例 5-1】A 企业生产一种产品，20×6 年 1~12 月的销售量资料如表 5-2 所示。

表 5-2　　　　　　　　　销售量资料　　　　　　　　单位：千件

月份	1	2	3	4	5	6	7	8	9	10	11	12
销量	25	23	26	29	24	28	30	27	25	29	32	32

要求：根据表 5-2 的资料，用算术平均法预测 20×7 年 1 月的销售量。

解：20×7年1月预计销售量

$$\bar{x} = \frac{\sum_{i=1}^{n} x_i}{n} = \frac{25+23+26+29+24+28+30+27+25+29+32+32}{12}$$

$$= 330/12 = 27.5（千件）$$

即该企业20×7年1月的销售量预计为27.5千件。

用算术平均法预测销售量计算方法比较简单，但它未考虑不同时期销售量变动对预测期的影响程度，把各个时期的销售差异平均化。因此，这种方法只适用于各期销售量比较稳定，没有季节性变动的食品或日常用品等的预测。

（二）加权平均法

加权平均法是按事先确定的各期权数，对全部n期的销售量历史资料进行加权平均处理，以加权平均数作为销售量预测值的一种方法。这种方法是基于这样的考虑：在销售预测中，由于市场变化大，一般来说，离预测期越近的实际资料对其影响越大，离预测期越远的实际资料对其影响越小，故在权数的选取中，各期权数w数值的确定必须符合以预测期为基准的"近大远小"的原则。具体有两种方法：

（1）自然权数法：即按时间序列确定各期的权数分别为1，2，3，…，n。

（2）饱和权数法：即要求各期权数之和为1，具体各期的权数视情况而定，如期数为3时，权数可定为0.1，0.3，0.6（0.1+0.3+0.6=1）。

计算公式为：

$$预测期销售量 \bar{x} = \frac{\sum 某期销售量 \times 该期权数}{各期权数之和} = \frac{\sum_{i=1}^{n} x_i w_i}{\sum_{i=1}^{n} w_i}$$

> 权数指变量数列中各组标志值出现的次数，是变量值的承担者，反映了各组的标志值对平均数的影响程度。

【例5-2】沿用表5-1所示销售量资料。

要求：用自然权数法确定的权数，用加权平均法预测20×7年1月的销售量。

解：20×7年1月预计销售量

$$\bar{x} = \frac{\sum_{i=1}^{n} x_i w_i}{\sum_{i=1}^{n} w_i} = \frac{\begin{array}{l}25 \times 1 + 23 \times 2 + 26 \times 3 + 29 \times 4 + 24 \times 5 + 28 \times 6 + 30 \\ \times 7 + 27 \times 8 + 25 \times 9 + 29 \times 10 + 32 \times 11 + 32 \times 12\end{array}}{1+2+3+4+5+6+7+8+9+10+11+12}$$

≈28.6（千件）

即该企业20×7年1月的销售量预计为28.6千件。

加权平均法较算术平均法更为合理，计算较方便，实际中使用较多。

(三) 指数平滑法

指数平滑法是利用平滑系数（即加权因子）对本期的实际销售量和本期预量进行加权平均计算后作为预测期销售量的一种方法。这种方法实质上也是一种加权平均法，是以平滑系数 α 和 (1－α) 为权数进行加权。其计算公式如下：

$$F_t = \alpha A_{t-1} + (1-\alpha) F_{t-1}$$

式中：F_t——预测期销售量；α——平滑系数；A_{t-1}——上期销售量实际值；F_{t-1}——上期销售量预测值。

【例 5 - 3】仍沿用表 5 - 1 所示销售量资料，设 α 为 0.3，20×6 年 12 月的预测值为 30 千件。

要求：用指数平滑法预测 20×7 年 1 月的销售量。

解：20×7 年 1 月预计销售量 F_t = 0.3 × 32 + (1 - 0.3) × 30 = 30.6（千件）

即该企业 20×7 年 1 月的销售量预计为 30.6 千件。

在用指数平滑法预测销售量时，关键是 α 值的选择，这是一个经验数据，取值范围通常在 0.3～0.7 之间。α 的取值大小，决定了上期实际数和预测数对本期预测值的影响。α 的取值越大，上期实际数对本期预测值的影响越大；反之，上期预测数对本期预测值的影响越大。因此，进行近期预测或销量波动较大的预测，应采用较大的平滑系数；进行长期预测或销量波动较小的预测时，可采用较小的平滑系数。

指数平滑法比较灵活，适用范围较广；但在选择平滑系数时，存在一定的主观随意性。

(四) 回归直线法

回归直线法又称最小二乘法，是根据历史的销售量（y）与时间（x）的函数关系，利用最小二乘法原理建立回归分析模型 y = a + bx 进行的销售预测。其中，a、b 称为回归系数，通过前面有关章节的学习，我们知道：

$$a = \frac{\sum y - b \sum x}{n}$$

$$b = \frac{\sum xy - \sum x \sum y}{n \sum x^2 - (\sum x)^2}$$

由于自变量 x 为时间变量，其数值呈单调递增，间隔相等，形成

如果预测的变量是离散的，我们称其为分类，如决策树，支持向量机等。如果预测的变量是连续的，我们称其为回归。对于一元线性回归模型，假设从总体中获取了 n 组观察值 (X_1, Y_1), (X_2, Y_2), …, (X_n, Y_n)。对于平面中的这 n 个点，可以使用无数条曲线来拟合。要求样本回归函数尽可能好地拟合这组值。综合起来看，这条直线处于样本数据的中心位置最合理。选择最佳拟合曲线的标准可以确定为：使总的拟合误差（即总残差）达到最小。最小二乘法的原则是以"残差平方和最小"确定直线位置。

等差数列，所以可以对时间值进行修正，令 $\sum x = 0$，从而简化回归系数的计算方法。上述计算公式可简化为：

$$a = \frac{\sum y}{n}$$

$$b = \frac{\sum xy}{\sum x^2}$$

实际计算中如何使 $\sum x = 0$，可以考虑两种情况：一是 n 为奇数，则令 (n+1)/2 期的 x 值为 0，以 1 为间隔，确定前后各期的 x 值。如 n=7，则各期的 x 值依次为 -3，-2，-1，0，+1，+2，+3，则 $\sum x = 0$。二是 n 为偶数，则令第 n/2 项和 (n/2+1) 项分别为 -1 和 +1，以 2 为间隔，确定前后各期的 x 值。如 n=8，则各期的 x 值依次为 -7，-5，-3，-1，+1，+3，+5，+7。我们把这种方法也称为修正的时间序列回归分析法。

【例 5-4】 仍沿用表 5-1 所示销售量资料。

要求：用回归直线法预测 20×7 年 1 月的销售量。

解：根据资料计算有关数据如表 5-3：

将表 5-3 中的数据代入公式，得：

$$a = \frac{\sum y}{n} = 330/12 = 27.5$$

$$b = \frac{\sum xy}{\sum x^2} = 170/572 \approx 0.30$$

则 y = 27.5 + 0.30x

∵ 20×6 年 12 月的 x = +11，则 20×7 年 1 月的 x = +13

∴ 20×7 年 1 月预计销售量 y = 27.5 + 0.3×13 = 31.4（千件）

即该企业 20×7 年 1 月的销售量预计为 31.4 千件。

表 5-3　　　　　　　　　销售量数据及回归计算表

月份	x	y	xy	x^2
1	-11	25	-275	121
2	-9	23	-207	81
3	-7	26	-182	49
4	-5	29	-145	25
5	-3	24	-72	9
6	-1	28	-28	1
7	+1	30	+30	1
8	+3	27	+81	9

续表

月份	x	y	xy	x^2
9	+5	25	+125	25
10	+7	29	+203	49
11	+9	32	+288	81
12	+11	32	+352	121
n = 12	$\sum x = 0$	$\sum y = 330$	$\sum xy = 170$	$\sum x^2 = 572$

二、定性预测法

这里具体介绍市场调查法和判断分析法。

（一）市场调查法

市场调查法是根据某种商品在市场上的供需情况的调查资料，以及企业本身商品的市场占有率，来预测某一时期内本企业该商品的销售量的一种定性预测方法。

市场调查法通常可采取四种方式：一是全面调查，即对涉及同一商品的所有销售对象进行逐个了解，经综合整理后，探明该商品在未来一定时期内销售量的增减变动趋势；二是重点调查，即通过对有关商品在某些重点销售单位历史销售情况的调查，经综合分析后，基本上掌握未来一定时期内该商品销售变动的总体情况；三是典型调查，即有意识地选择具有代表性的销售单位（或用户等有关因素），进行系统、周密的调查，经分析综合后，总结出有关商品供需变化的一般规律，借以全面了解它们的销售情况；四是抽样调查，即按照随机原则，从有关商品的销售对象的总体中，抽出某个组成部分进行调查，经分析推断后，测算出有关商品的需求总量。这些方法的主要区别在于选取的调查样本不同。

（二）判断分析法

判断分析法是由熟知市场情况、经验丰富的专业人员或专家通过对未来销售状况进行综合分析研究，而对企业一定期间特定产品的销售量情况做出判断和预计的一种定性预测方法。判断分析法具体又包括以下三种方法：

1. 专业人员意见法

专业人员意见法是指由企业专门从事营销业务的人员根据自己的工作经验，对特定产品在未来一定时期的销售变动趋势做出分析判断，并据此做出销售预测的方法。

由于专业人员熟悉业务、熟悉市场，因此，此法做出的预测结果代表性最强，并且所需时间短、费用低，比较实用；但是，专业人员的素质各异，往往只考虑本专业领域的因素，所作的预测又与本部门未来的销售任务相关，以至于在应用此法时可能有意识地为自己留有余地，从而干扰预测结论。

2. 主管人员判断法

主管人员判断法是指由企业组织销售预测的主管人员召集销售管理、生产管理、财务管理等方面的负责人员参加专门会议，进行讨论，然后由主管人员在汇集各方面意见的基础上做出销售预测的方法。

这种方法的优点是能集思广益，简便易行，省时省力；但主观随意性较大，预测结果不太准确。

3. 专家意见法

专家意见法在实际应用中常常采取以下两种形式：（1）专家调查法。专家调查法也称德尔菲法，采用专家调查法进行销售预测时，应尽量保证使各位专家之间互不通气，以避免因彼此地位、观点的不同等原因而对他们产生干扰和影响，使每位专家都能够根据自己的观点、方法和经验进行预测，同时对不同专家意见的征询应反复进行。为使各位专家在重复预测时能做出比较全面的判断，每次都应将上一次所有征询意见的结果进行整理归纳后，再反馈给专家。专家调查法具有匿名性、费用不高的特点，其预测结果的可靠性也较高；但此法比较费时，有时信函的回收率不高，影响预测的顺利完成。（2）专家小组法。专家小组法也称为专家会议法，它是由企业将各有关专家集中起来，通过召开不同形式座谈会的方式，让专家针对预测对象交换意见并进行讨论，最后由企业综合各种意见做出预测的一种方法。

与德尔菲法各专家"背对背"的形式相反，这一方法是由专家小组"面对面"集体讨论和研究，相互启发和补充，因此对预测问题的分析研究更深入，预测结果较准确；但在专家会议中，有时易受心理因素影响，特别是权威人士意见对其他专家影响较大。

> 德尔菲法是由美国兰德公司在20世纪40年代创立的一种定性预测方法。它是预测机构或人员通过向见识广、学有专长的有关专家发出调查表，由专家根据自己的业务专长和对预测对象的深入了解发表个人意见，经过多次反馈、综合、归纳各位专家的意见后，对有关产品在未来一定期间内的销售趋势做出预测判断。

第三节 成本预测

成本预测（forecast of cost）是在编制成本预算之前，根据企业的经营总目标和预测期可能发生的各个影响因素，对本企业在预测期内的成本总额和单位产品成本的估计和推断。

成本预测的方法可按产品的不同分类分为可比产品成本预测和不可比产品成本预测两大类。

一、可比产品成本预测

> 可比产品是指上年或近年曾正常生产，本年度或计划年度仍继续生产，并有成本资料可进行前后期对比的产品。

可比产品是指以往年度正常生产过的产品，因而具备比较健全和稳定的历史成本资料。因此，可比产品成本预测常采用的方法是历史资料分析法，此外，因素分析法也较常见。

（一）历史资料分析法

历史资料分析法是指在掌握有关成本历史资料的基础上，采用一定的方法进行数据处理，建立有关成本模型，并据以预测未来成本水平的一种定量分析方法。常用的有高低点法、加权平均法、回归直线法等，这些方法在前面已经讨论过，这里不再介绍。

（二）因素分析法

因素分析法是通过分析与定型产品的成本有关的技术进步、劳动生产率变动以及物价变动方向和经济发展前景，考虑各种影响成本的有关因素，如产品产量、原材料消耗、劳动生产率和费用变动等因素，以及预计采取的相应措施对成本指标的影响程度来预测现有产品未来成本水平的一种定量分析方法。

在测算各项措施对产品成本的影响程度时，应抓住主要影响因素，并对这些主要因素进行分析。一般可以从节约原材料消耗、提高劳动生产率、合理利用设备、节约制造费用、减少废品损失等方面进行测算。具体测算方法如下：

（1）测算材料费用变动对成本的影响。原材料费用是构成产品成本的主要项目之一，在产品成本中占有较大的比重，材料费用的高低直接影响产品成本的大小。在保证产品质量的前提下，合理、节约地使用原材料，是不断降低产品成本的主要途径。而材料费用主要受材料消耗定额和材料单价变动的影响，因此，当产品成本中材料消耗定额和单价发生变化时，就会影响预测期产品成本水平。材料消耗定额（单位产品材料定额消耗量）和材料单价变动对产品成本影响的计算公式分别为：

材料消耗定额的变动对单位成本的影响 = $\sum$ [（预测期材料消耗定额 − 基期材料消耗定额）× 基期材料单价]

材料单价变动对单位成本的影响 = $\sum$ [（预测期材料单价 − 基期材料单价）× 预测期材料消耗定额]

如果预测期材料消耗定额和单价同时变动，则材料费用变动对产

品成本的影响可按下式测算:

材料消耗定额和单价同时变动对单位成本的影响 = [1 - (1 ± 材料消耗定额变动百分比) × (1 ± 材料单价变动的百分比)] × 材料费用占成本的百分比

(2) 测算工资费用变动对成本的影响。产品成本中工资费用的高低是由单位产品中的工资费用和劳动生产率两因素决定的。劳动生产率的变动与单位产品成本中工资费用的变动成反比例关系,而平均工资的增长与单位产品成本中的工资费用的变动成正比例关系。

当生产工人的工资水平不变时,劳动生产率提高,意味着单位时间内产量增加,单位产品分担的工资费用就减少,产品成本随之降低。该变动结果可测算如下:

劳动生产率变动对成本的影响 = $\left(1 - \dfrac{1}{1+\text{劳动生产率增长的百分比}}\right) \times$ 生产工人工资占成本的百分比

式中,劳动生产率可以用产量表示,也可以用工时表示。由于以产量表示的劳动生产率与以工时表示的劳动生产率互为倒数,因此,可以根据预测期工时定额降低幅度来计算工时定额变动对成本的影响,即把上式中"劳动生产率增长的百分比"替换为"工时定额降低的百分比"。

虽然工人平均工资的增长同单位产品中工资费用的增长是同步的,但如果工人工资增长幅度大于劳动生产率增长幅度,产品成本就会上升;反之,如果工人工资增长幅度小于劳动生产率增长幅度,产品成本则会下降。若考察生产工人工资和劳动生产率同时变动对产品成本的影响,可按下式测算:

平均工资和劳动生产率同时变动对成本的影响 = $\left(1 - \dfrac{1+\text{平均工资增长百分比}}{1+\text{劳动生产率增长的百分比}}\right) \times$ 生产工人工资占成本的百分比

(3) 测算生产增长超过变动费用增加对成本的影响。在企业生产经营过程中所发生的间接费用中,变动费用部分,如消耗性材料费、运输费等,随着产量的增长而有所增加,但其增加幅度一般小于生产增长速度,因此会减少单位产品中应分摊的间接费用,从而降低产品单位成本。生产增长超过变动费用增加引起成本的降低率,可用下式测算:

生产增长超过变动费用增加影响的成本降低率 = $\left(1 - \dfrac{1+\text{变动费用增加率}}{1+\text{生产增长率}}\right) \times$ 变动费用占产品成本的百分比

(4) 测算生产增长而固定费用不变对成本的影响。在企业生产经营过程中所发生的固定性制造费用,如办公费、差旅费、折旧费用等,一般不随产量增长而增加,因此随着生产的增长,会使单位产品

成本应分摊的固定性费用减少,降低单位产品成本。由于生产增长而固定费用不变引起成本的降低率可用下式测算:

$$生产增长而固定费用不变影响的成本降低率 = \left(1 - \frac{1}{1+生产增长率}\right) \times 固定费用占产品成本的百分比$$

(5) 测算废品率降低对成本的影响。生产中发生废品,意味着人力、物力、财力的浪费,合格产品的成本也会随之提高。因此,生产中发生的废品损失也是产品成本的构成项目之一,降低废品率可以降低产品成本。计算废品率降低影响成本的降低率如下式所示:

$$废品损失减少影响的成本降低率 = 废品损失占成本的百分比 \times 废品损失减少的百分比$$

上述计算了各因素变动对产品成本影响的百分比,各百分比乘以按上期预计(或实际)平均单位成本计算的预测期可比产品总成本,即可求出各因素变动影响产品成本的降低额,汇总之后即为预测期可比产品成本总降低额;也可以综合上述计算结果,先求得预测期可比产品成本总降低率,再乘以按上期预计(或实际)平均单位成本计算的预测期可比产品总成本,也可以计算出预测期可比产品成本总降低额。现将这一过程举例如下:

【例 5-5】某企业 A 车间预测期的目标成本初步测算是可比产品成本降低率为 7%,公司下达的降低任务为 6%。经充分论证,确定预测期影响成本的主要因素见表 5-4。

表 5-4　　　　　　　　　预计各影响因素变动

影响因素	变动程度
可比产品生产增长	25%
材料消耗定额降低	10%
材料价格平均上升	8%
劳动生产率提高	20%
生产工人工资增加	4%
制造费用(变动费用)增加	4%
废品损失减少	10%

该企业按上年预计平均单位成本计算的预测期可比产品总成本为 772 800 元,可比产品各成本项目比重为:原材料 70%,生产工人工资 15%,管理费用 10%,废品损失 5%。

要求:采用因素预测法计算可比产品成本降低率和降低额。

解:(1) 由于原材料消耗定额降低及平均价格上升对产品成本的影响。

成本降低率 = [1 - (1 - 10%) × (1 + 8%)] × 70% = 1.96%

成本降低额 = 772 800 × 1.96% = 15 146.88（元）

（2）由于劳动生产率提高超过平均工资增长而形成的节约。

成本降低率 = $\left(1 - \frac{1+4\%}{1+20\%}\right) \times 15\% = 2\%$

成本降低额 = 772 800 × 2% = 15 456（元）

（3）由于生产增长超过管理费用增加而形成的节约。

成本降低率 = $\left(1 - \frac{1+4\%}{1+25\%}\right) \times 10\% = 1.68\%$

成本降低额 = 772 800 × 1.68% = 12 983.04（元）

（4）由于废品损失减少而形成的节约。

成本降低率 = 5% × 10% = 0.5%

成本降低额 = 772 800 × 0.5% = 3 864（元）

则：预测期可比产品总成本降低率 = 1.96% + 2% + 1.68% + 0.5% = 6.14%

预测期可比产品总成本降低额 = 15 146.88 + 15 456 + 12 983.04 + 3 864

或 = 772 800 × 6.14%
　 = 47 449.92（元）

可见，计算结果接近初步测算的目标成本降低率7%，并可以实现上级下达的6%的目标成本降低任务，因此，可以把6.14%可比产品成本总降低率作为正式的目标成本，并据以编制成本计划。

二、不可比产品成本预测

不可比产品是指企业以往年度没有正式生产过的产品，其成本水平无法与过去进行比较，因而就不可能像可比产品那样采用下达成本降低指标的方法控制成本支出。但随着科学技术的发展，产品不断更新换代，不可比产品在企业中所占比重越来越大。因此，为了全面控制企业费用支出，加强成本管理，除了对可比产品成本进行预测外，还应就不可比产品成本进行预测。预测时主要采用以下三种方法：

（一）技术测定法

技术测定法是根据产品设计结构、生产技术条件和工艺方法，对影响人力、物力消耗的各项因素逐个进行技术测试，从而分析计算产品成本的一种方法。这种方法要对材料、劳动效率和工时消耗，以及各种技术定额逐项进行测定，然后分析、汇总，计算出产品成本。这种方法科学合理，预测较精确，但工作量大，适用于品种少、技术资料较齐全的产品。

(二) 类比分析法

类比分析法是以国内外同类产品为依据，结合自身条件，进行对比分析，从而测定产品成本的一种方法。在既定的生产技术、市场价格等条件下，同一类型产品的成本费用一般比较接近。因此，可以采用与同类产品成本相对比的办法进行预测。在预测时，如果条件不可比或情况有变化，应做必要的调整或修正。这种方法简便易行，工作量小，但预测结果不太准确。

(三) 目标成本法

目标成本法是根据产品价格、成本费用和利润三者之间的内在联系确定出目标成本，进而测定产品成本的一种方法，即在本节第一个大问题中介绍的倒推法。这种方法比较简便易行，但若市场调查失误，将影响预测值的准确性。

第四节 利润预测

利润是企业的营业收入减去与之相配比的成本费用后的余额，它是企业在一定会计期间进行经营活动的结果。利润预测（forecast of profit）就是通过分析各种因素对利润的影响，对利润的变化趋势所进行的科学预计和推测。利润预测是在企业销售预测和成本预测的基础上进行的，利润预测应以目标利润的预测为中心。所谓目标利润是指企业在未来一定期间内经过努力应该达到的最优化利润控制目标，它是企业未来经营中必须考虑的重要战略目标之一。

一、利润预测的方法

利润预测同样可以采用多种方法，前面讲到的定性预测法和定量预测法均可用于利润预测。这里主要介绍两种方法：

(一) 直接预测法

> 营业外收支是指企业发生的与其生产经营活动无直接关系的各项收入和各项支出。

直接预测法是根据本期的有关数据，直接推算出预测期的利润数额。一般是根据利润总额的构成内容分项进行预测，可以分别预测营业利润、投资净收益、营业外收支净额等，然后将利润总额的各构成项目的预测结果加以汇总，即为利润总额的预测数额。这一方法可用下面一组公式表示：

预计营业利润＝预计产品销售利润＋预计其他业务利润

其中：预计产品销售利润＝预计产品销售收入－预计产品销售成本－预计产品销售税金

预计其他业务利润＝预计其他业务收入－预计其他业务成本－预计其他业务税金

预计投资净收益＝预计投资收入－预计投资损失

预计营业外收支总净额＝预计营业外收入－预计营业外支出

最后，将所求出的各项预测数额加总即可计算出下期利润总额的预测值。

（二）因素预测法

因素预测法是在本期已实现的利润水平基础上，充分估计预测期影响产品销售利润的各种因素增减变动的可能，来预测企业下期产品销售利润的方法。影响产品销售利润的主要因素有产品销售数量、产品品种结构、产品销售成本、产品销售价格及产品销售税金等。

在预测下期企业产品销售利润时，应先计算确定本期的利润率水平，可以采用销售利润率或成本利润率指标，从而进一步预测下期各相关因素变动对产品销售利润的影响。

$$本期销售利润率 = \frac{本期产品销售利润额}{本期产品销售收入} \times 100\%$$

或

$$本期成本利润率 = \frac{本期产品销售利润额}{本期产品销售成本} \times 100\%$$

1. 预测产品销售量变动对利润的影响

在其他因素不变的情况下，预测期产品销售数量增加，利润额也会随之增加；反之，利润额则随着预测期产品销售数量的减少而下降。

因为在对下期的产品销售成本进行测算时，已将由于销售量变动而使生产量变动的因素考虑在内了，由产品销售数量变动而使利润增加或减少的数额，可用本期销售成本与下期预测销售成本相比较，再乘以本期的成本利润率求得。计算公式如下：

因销售量变动而增减的利润额＝（下期产品销售成本预测值－本期产品销售成本）×本期成本利润率

2. 预测产品品种结构变动对利润的影响

产品品种结构变动对利润的影响是由于各个不同品种的产品各自的利润率是不同的，而预测下期利润时，是以本期各种产品的平均利润率为依据的。所以，当各种产品的品种结构有所变动时，根据产品的品种结构及其利润率水平所计算的平均利润率就会随之而发生改变，从而影响利润额的增加或减少。计算公式为：

因产品品种结构变动而增减的利润额＝（预测期平均销售利润率－

本期平均销售利润率)×预测期产品销售收入

或 =(预测期平均成本利润率-本期平均成本利润率)×预测期产品销售成本

3. 预测产品销售成本变动对利润的影响

在产品价格不变的情况下,降低产品成本会增加利润额。由于成本降低而增加的利润,可以根据经预测确定的产品成本降低率来求得。计算公式为:

因成本降低而增加的利润额=按本期单位成本计算的预测期成本总额×预测期产品成本降低率=预测期产品销售数量×本期产品单位成本×预测期产品成本降低率

4. 预测产品销售价格变动对利润的影响

产品销售价格提高会引起销售收入增加,从而引起利润额增加;反之亦反之。另外,销售价格的增减同样会使销售税金相应地随之增减,这一因素同样要考虑进去。测算产品销售价格变动对利润的影响,计算公式为:

因产品销售价格变动而增减的利润=预测期产品销售数量×变动前售价×价格变动率×(1-综合销售税率)

5. 预测产品销售税率变动对利润的影响

产品销售税率的变动直接影响到利润额的增加或减少,若税率提高,可使利润额减少;税率降低,则使利润额增加。测算产品综合销售税率变动对利润的影响,计算公式为:

因产品销售税率变动而增减的利润=预测期产品销售收入×(1±价格变动率)×(原税率-变动后税率)

二、利润预测的敏感分析

(一) 利润预测敏感分析的含义

利润预测敏感分析(profit sensitivity analysis)是研究当制约利润的有关因素发生某种变化时对利润所产生影响的一种定量分析方法。这对于利润预测,尤其是对目标利润预测有十分积极的指导意义。

在现实经济环境中,影响利润的因素有很多,而且会经常发生变动。即使它们的变动方向和变动幅度完全一样,对利润所产生的影响也可能不同。如有些因素增长会导致利润增长,而另一些因素只有下降才会导致利润增长;有些因素只要略有变动就会使利润发生很大的变化,而另一些因素虽然变动幅度较大,却只能带来利润的微小变化。我们称那些对利润影响大的因素为利润灵敏度高,反之称利润灵敏度低，即利润对前者的敏感性高，对后者的敏感性低。显然，因素的利润灵敏度不同，人们对它们的重视程度也就应有所区别。对敏感性高的因素，应给予更多的关注；对敏感性低的因素则可以不作为分析的重点。通过计算有关因素的利润灵敏度指标，进行利润预测的敏感分析，可以了解哪些因素增长会导致利润增长，哪些因素下降会导致利润下降，以及各因素变动对利润的影响程度大小，为企业实现目标利润提供依据。

（二）各因素变动对利润敏感程度的分析

通过本量利分析得知，影响利润高低的因素有单价、单位变动成本、固定成本和销售量，它们对利润的敏感程度强弱如何，可通过计算各因素的利润灵敏度指标进行衡量。某因素的利润灵敏度指标，是指在其他因素不变的条件下，该因素按1%单独变动后，使利润增长的百分比指标。

通过计算，不仅可以揭示利润与因素之间的相对关系，而且可以将有关因素按灵敏度高低进行排队，对灵敏度高的因素重点分析，对灵敏度低的因素适当分析，利用灵敏度指标进行利润预测。

利润灵敏度指标的计算是利润预测敏感分析的关键，其计算公式如下：

$$第i个因素的利润灵敏度指标（S_i）= \frac{第i个因素的中间变量基数}{利润基数} \times 1\%$$

上式中的分子是指与第i个因素相关的中间变量基期的数值，所谓中间变量是指同时符合以下两个条件的计算替代指标，这两个条件是：

（1）中间变量的变动率必须等于因素的变动率；
（2）中间变量变动额的绝对值必须等于利润的变动额。

显然，单价的中间变量是销售收入，单位变动成本的中间变量是变动成本总额，销售量的中间变量是贡献边际，固定成本的中间变量就是它本身。下面通过一个实例进行分析：

【例5-6】甲公司只生产经营一种产品A，A产品的销售量为5 000件，销售单价10元，单位变动成本6元/件，固定成本10 000元。

要求：计算各因素的利润灵敏度指标。

解：根据本量利分析原理：

利润基数 = 销售量 × 单价 - 销售量 × 单位变动成本 - 固定成本
　　　　 = 5 000 × 100 - 5 000 × 60 - 10 000
　　　　 = 10 000 元

销售收入基数为10 × 5 000 = 50 000元，变动成本基数为6 × 5 000 = 30 000元，贡献边际基数为（10 - 6）× 5 000 = 20 000元，固定成本基数为10 000元，则各因素灵敏度指标为：

单价灵敏度指标 $S_1 = 50\ 000/10\ 000 \times 1\% = 5\%$
单位变动成本灵敏度指标 $S_2 = 30\ 000/10\ 000 \times 1\% = 3\%$
销售量灵敏度指标 $S_3 = 20\ 000/10\ 000 \times 1\% = 2\%$
固定成本灵敏度指标 $S_4 = 10\ 000/10\ 000 \times 1\% = 1\%$

由【例 5-6】可以看出，该企业影响利润各因素的灵敏度指标排列依次为单价＞单位变动成本＞销售量＞固定成本。实际中，各因素情况改变，会影响到上面的排列顺序，但在企业正常盈利条件下，利润灵敏度指标的排列是有规律的，一般为：

（1）单价灵敏度指标最高；
（2）销售量灵敏度指标不可能最低；
（3）单价灵敏度指标与单位变动成本灵敏度指标之差等于销售量灵敏度指标；
（4）销售量灵敏度指标与固定成本灵敏度指标之差等于 1%。

第五节　资金需要量预测

资金需要量的预测，就是以预测期企业生产经营规模的发展和资金利用效果的提高等为依据，在分析有关历史资料、技术经济条件和发展规划的基础上，运用数学方法，对预测期资金需要量进行科学的预计和测算。

在资金需要总量预测中，常用的方法有资金增长趋势预测法和预计资产负债表法。

一、资金增长趋势预测法

【例 5-7】某公司近五年销售收入和资金占用总量的历史资料，如表 5-5 所示。

表 5-5　某公司近五年销售收入和资金占用总量的历史资料

年度	1	2	3	4	5
销售收入	240	260	255	270	300
资金总额	153	162	159	165	175

该公司计划年度（第 6 年）的销售收入总额预测值为 350 万元，已有资金 180 万元。要求预测计划年度需要追加多少资金？

按回归分析原理对历史数据加工、整理、制表计算（见表 5-6）。

表 5-6　　按回归分析原理对历史数据加工、整理、制表计算

年度	销售收入 x	资金需要额 y	xy	x^2
1	240	153	36 720	57 600
2	260	162	42 120	67 600
3	255	159	40 545	65 025
4	270	165	44 550	72 900
5	300	175	52 500	90 000
合计	1 325	814	216 435	353 125

根据回归分析 a、b 表达式，可求得 a = 66.74，b = 0.3265，故，计划期（第 6 年）预计资金需要量 y = a + bx

$$= 66.74 + 0.3625 \times 350$$
$$= 193.62（万元）$$

计划期（第 6 年）需追加资金 = 193.62 - 180
$$= 13.62（万元）$$

二、预计资产负债表法

通过编制预计资产负债表来预计预测期资产、负债和留用利润，从而测算外部资金需用量的一种方法。企业增加的资产，必然是通过增加负债或所有者权益的途径予以解决的。因此，通过预计资产的增减，可以确定需要从外部筹措的资金数额。注意区分：敏感项目、非敏感项目和特殊项目。

外部资金筹措是指向公司外的经济主体（包括公司现有股东和公司职员及雇员）筹措资金。

【例 5-8】甲公司在基期（2015 年）的实际销售总额为 500 000 元，税后净利 20 000 元，发放普通股股利 10 000 元。假定基期固定资产利用率已达到饱和状态。该公司基期期末简略资产负债表，如表 5-7 所示。

表 5-7　　　　　　　　甲公司资产负债表

2015 年 12 月 31 日　　　　　　　　　　单位：元

资产		权益	
1. 现金	12 000	1. 应付账款	52 000
2. 应收账款	85 000	2. 应付税款	25 000
3. 存货	115 000	3. 长期负债	120 000
4. 厂房设备净额	150 000	4. 普通股股本	200 000
5. 无形资产	48 000	5. 留存收益	13 000
资产总计	410 000	权益总计	410 000

若该公司在计划期（2016年）销售收入总额将增至 750 000 元，并仍按基期股利发放率支付股利；折旧准备提取数为 20 000 元，其中 70% 用于改造现有的厂房设备；计划期零星资金需要量为 15 000 元。要求预测计划期需要追加资金的数量。

（1）根据基期期末资产负债表，分析研究各项资金与当年销售收入总额的依存关系，并编制基期用销售百分比形式反映的资产负债表（见表 5-8）。

表 5-8　　　　　　　　　甲公司资产负债表

（用销售百分比反映）　　2015 年 12 月 31 日

资产		权益	
1. 现金	2.4%	1. 应付账款	10.4%
2. 应收账款	17%	2. 应付税款	5%
3. 存货	23%	3. 长期负债	（不适用）
4. 厂房设备净额	30%	4. 普通股股本	（不适用）
5. 无形资产	不适用	5. 留存收益	（不适用）
合计	72.4%	合计	15.4%

在表中，

$\frac{A}{S_0} - \frac{L}{S_0} = 72.4\% - 15.4\% = 57\%$，即表示该公司每增加 100 元的销售收入，需要增加资金 57 元。

（2）将以上各有关数据代入公式，计算计划期需要追加资金的数量。

计划期预计需追加资金数额 $= \left(\frac{A}{S_0} - \frac{L}{S_0}\right)(S_1 - S_0) - D_1 - S_1 R_0 (1 - d_1) + M_1$

$= (72.4\% - 15.4\%) \times (750\,000 - 500\,000) - (20\,000 - 14\,000)$

$\quad - 750\,000 \times \frac{20\,000}{500\,000} \times \left(1 - \frac{10\,000}{20\,000}\right) + 15\,000$

$= 136\,500$（元）

本 章 小 结

本章的重点是了解销售预测在经营预测中的重要性，明确销售预测与成本预测、利润预测、资金需要量预测的关系。掌握销售预测的多种方法，并注意各种适用条件，熟悉销售量预测的两种定量预测方法——趋势预测分析法和因果预测法，其中，趋势预测法包括算术平均预测法、一次移动平均法、加权平均预测法；因果预测法包括直线趋势预测等。

【本章重要术语】

预测　销售预测　成本预测　利润预测

【延伸阅读】

孙茂竹、文光伟、杨万贵主编：《管理会计学（第7版）》，中国人民大学出版社2015年版。

【复习与思考题】

1. 单选题

(1) 预测方法分为两大类，是指定量分析法和（　　）。

A. 平均法　　　　　　　　B. 定性分析法

C. 回归分析法　　　　　　D. 指数平滑法

(2) 已知上年利润为100 000元，下一年的经营杠杆系数为1.4，销售量变动率为15%，则下一年的利润预测额为（　　）。

A. 140 000元　　　　　　　B. 150 000元

C. 121 000元　　　　　　　D. 125 000元

(3) 经营杠杆系数等于1，说明（　　）。

A. 固定成本等于0　　　　　B. 固定成本大于0

C. 固定成本小于0　　　　　D. 与固定成本无关

(4) 假设平滑指数=0.6，9月实际销售量为600千克，原来预测9月销售量为630千克，则预测10月的销售量为（　　）。

A. 618千克　　　　　　　　B. 600千克

C. 612千克　　　　　　　　D. 630千克

(5) 已知上年利润为200 000元，下一年的经营杠杆系数为1.8，预计销售量变动率为20%，则下一年利润预测额为（　　）。

A. 200 000元　　　　　　　B. 240 000元

C. 272 000元　　　　　　　D. 360 000元

(6) 预测分析的内容不包括（　　）。

A. 销售预测　　　　　　　B. 利润预测

C. 资金预测　　　　　　　D. 所得税预测

(7) 下列适用于销售业务略有波动的产品的预测方法是（　　）。

A. 加权平均法　B. 移动平均法　C. 趋势平均法　D. 平滑指数法

2. 多选题

(1) 定量分析法包括（　　）。

A. 判断分析法　　　　　　B. 集合意见法

C. 非数量分析法　　　　　D. 趋势外推分析法

E. 因果预测分析法

(2) 当预测销售量较为平稳的产品销量时，较好的预测方法为（　　）。

A. 算术平均法　　　　　　B. 移动平均法

C. 修正的时间序列回归法　　D. 因果预测分析法

E. 判断分析法

（3）经营杠杆系数通过以下公式计算：（　　）。

A. 利润变动率/业务量变动率

B. 业务量变动率/利润变动率

C. 基期贡献边际/基期利润

D. 基期利润/基期贡献边际

E. 销售量的利润灵敏度×100

（4）较大的平滑指数可用于（　　）情况的销量预测。

A. 近期　　　　B. 远期　　　　C. 波动较大　　D. 波动较小

E. 长期

（5）属于趋势外推分析法的是（　　）。

A. 移动平均法　　　　　　　B. 平滑指数法

C. 回归分析法　　　　　　　D. 调查分析法

E. 移动平均法

3. 简答题

（1）什么是定量分析法？

（2）什么是定性分析法？

（3）简述经营杠杆系数的变动规律。

4. 计算题

某企业只生产一种产品，单价200元，单位变动成本160元，固定成本400 000元，1998年销售量为10 000件。企业按同行业先进的资金利润率预测1999年企业目标利润基数。

已知：资金利润率为20%，预计企业资金占用额为600 000元。

要求：（1）测算企业的目标利润基数；

（2）测算企业为实现目标利润应该采取哪些单项措施。

第六章
短期经营决策分析

【学习目标】
1. 掌握经营决策常用的成本概念
2. 重点掌握经营决策的基本方法
3. 掌握不同决策方法的原理、应用条件及应用程序

【重点与难点】
1. 各种决策方法之间的区别和联系
2. 各种生产决策和定价决策方法的具体应用

【引导案例】
假如你所经营的企业每年需用 A 零件 2 000 件，原由金工车间组织生产，年总成本为 19 000 元，其中，固定生产成本为 7 000 元。如果改从市场上采购，单价为 8 元，同时将剩余生产能力用于加工 B 零件，可节约外购成本 2 000 元。那么，作为企业的决策者，你认为企业应该自制还是外购 A 零件？

第一节 短期经营决策概述

一、决策分析的概念

所谓决策，通常是指人们基于对客观规律的认识，在充分考虑各种可能性的条件下，借助科学的理论和方法，对未来实践的方向、目标、原则和方法作出选择的过程。

决策是一个提出问题、分析问题和解决问题的系统分析过程。决策是面向未来的，而未来含有许多不确定的因素，因此，良好的预测是决策的基础，是决策科学化的前提。没有准确、科学的预测，就不

可能作出符合客观实际的科学决策。

二、决策分析的类型

决策分析贯穿于生产经营活动的始终，涉及的内容广泛，各种不同类型的决策所需要的信息、考虑的重点及分析的方法都有很大的差别。为了加深认识，决策分析可以按照不同的标志进行分类。

（一）按决策的重要程度分类

1. 战略决策

它是指关系到企业未来发展方向、大政方针的全局性、长远性重大决策。例如，经营目标的确定、新产品的开发、生产能力的扩大等问题。这类决策取决于企业的长远规划和外部环境对企业的影响，其正确与否，与企业的发展成败息息相关。

2. 战术决策

它是指为实现战略决策目标，而对日常经营活动所采用的方法与手段的局部性短期决策。例如，零部件的自制与外购、生产结构的安排以及短期资金的筹措等决策。这类决策主要考虑怎样合理地使用现有的人力、物力、财力等资源，以提高企业的经济效益。决策的正确与否，一般不会对企业的大局产生决定性的影响。

（二）按决策所依据条件的肯定程度分类

1. 确定性决策

确定性决策是指与决策相关的那些客观条件或自然状态是确定的、明确的，并且可用具体的数字表示出来，决策者可直接根据完全确定的情况，从中选择最有利的方案。

2. 风险性决策

风险性决策是指与决策相关的因素的未来情况呈随机状态，不能完全肯定，但决策者可以知道其发生的可能性的大小。这种可能性的大小，可以用概率来表示。依据这些概率，可以求得各个备选方案的目标期望值，根据期望值的大小进行决策。这类决策由于决策结果的不唯一性而存在着一定的风险。

3. 不确定性决策

不确定性决策是指影响这类决策的因素的未来情况不仅不能完全确定，而且，连出现这种可能结果的概率也无法确切地进行预计。由于决策所需信息的缺乏，这种决策在很大程度上只能依据决策者的经验和个人素质来进行，具有较大的主观随意性。

> 确定性是指决策只有一个明确目标，只存在一个确定的自然状态。当存在着可供选择的两个或两个以上的行动方案时，不同的行动方案在确定状态下的损失或利益值可以计算出来。

（三）按决策的时间长短分类

1. 短期决策

短期决策是指在一个经营年度或经营周期内能够实现其目标的决策。例如，生产决策、成本决策和定价决策等。这类决策的主要特点是投资金额少，涉及的时间短，一般不考虑货币的时间价值，主要目的是为了充分合理地利用现有的经济资源。以期取得最佳的经济效益，属于战术性决策。

2. 长期决策

长期决策是指在较长时期内（超过一年）才能实现其目标的决策。其主要特点是投入的资金数额大，对企业若干期的生产经营的收支产生影响；决策方案一旦执行，结果难以逆转，要想改变，往往为时已晚或需巨大代价。同时，由于投资涉及的时间长、金额大，因而需要考虑货币的时间价值和风险价值。例如，厂房设备的扩建、更新、改造，资源的开发利用，老产品的改造和新产品的试制，以及国际间的技术引进等都属于长期投资决策。

> 战术性决策是具体部门在未来较短时期内的行动方案，是执行性方案。

（四）按决策方案之间的关系分类

1. 单一方案决策

单一方案决策是指只需对一个方案作出接受或拒绝的选择。例如，亏损产品是否停产的决策，是否接受特殊追加订货的决策都属于这类决策。

2. 互斥方案决策

互斥方案决策是指需要在两个以上备选。方案中选出唯一的一个最佳方案的决策，它属于多方案决策。例如，开发新产品的品种决策，转产或增产某种产品的决策都属于这类决策。

3. 组合方案决策

组合方案决策是指在多个备选方案中选出一组最优的组合方案，它也属于多方案决策。

第二节 生产经营决策分析

一、生产经营决策的概念

生产经营决策是短期决策的一项重要内容，指短期内（通常为一年），在生产领域中，围绕着是否生产，生产什么，生产多少，以及怎样生产等方面的问题所进行的决策。例如，关于新产品开发的品种决策，亏损产品的处理决策，零部件取得方式的决策，生产工艺技术方案的选择决策，是否接受特殊追加订货的决策等。生产决策的任务就是要利用相关信息，对上述问题优选出能够为企业提供最大经济效益的行动方案。

二、生产经营决策相关成本

相关成本是指与特定决策方案相联系的、能对决策产生重大影响的、在短期经营决策中必须予以考虑的成本。如果某项成本只属于某个生产经营决策方案，即若该方案存在，就会发生这项成本，若该方案不存在，就不会发生这项成本，那么，这项成本就是相关成本。与相关成本相对称的是无关成本，即与特定决策无关的、在分析、评价时不必加以考虑的成本。在决策方案的分析评价中，需要正确区分相关成本和无关成本。

相关成本包括：差量成本、机会成本、专属成本等。

（一）差量成本

广义差量成本是指可供选择的不同方案之间预计成本的差额。例如，某企业利用现有的剩余生产能力，既可以生产甲产品，也可以生产乙产品，预计两种产品的生产成本分别为 5 000 元和 4 000 元，那么，生产甲产品与生产乙产品的差量成本便为 1 000 元，在其他生产经营条件相同的情况下，显然，该企业投产乙产品比投产甲产品更为有利。

（二）机会成本

机会成本是指在经营决策时，应由所选定的最优方案负担的、按所放弃的次优方案潜在收益计算的那部分资源损失。它来源于经济学，以经济资源的稀缺性和多种选择机会的存在为前提。因为在一定条件下，企业所拥有的经济资源总是有限的，用于某一方面，就不可能同时用于另一方面，选择某一方案必然意味着其他方案可能获利机会的放弃或者丧失。因此，只有把失去的次优方案所能取得的收入作为所选定的最优方案的"损失"，才能够全面、正确地评价决策方案的得与失。

例如，某企业生产 A 产品，售价为每件 120 元，可以销售 500 件，成本为每件 60 元，固定成本为 15 000 元，企业最大生产能力 1 000 件。其剩余生产能力可以出租，租金为 3 000 元，也可以接受追

> 剩余生产能力是设计生产能力与实际生产量的差。例如，某产品设计生产能力为 5 万件，实际生产 3 万件，2 万件就是剩余生产能力。

加订货，客户出价 100 元。这时，企业管理者面临两种选择，如果考虑接受这批订货，便须放弃出租剩余生产能力的机会，所以，被放弃的租金收入 3 000 元，就成为接受追加订货这一决策的机会成本。

机会成本是常见的相关成本，但它并没有构成企业的实际成本支出，所以，在财务会计实务中，对机会成本并不在任何会计账户中予以登记，但是，在决策时，应将机会成本作为一个现实的因素加以考虑。

（三）专属成本

专属成本是指那些能够明确归属于特定决策方案的固定成本或混合成本，它往往是为了弥补生产能力不足的缺陷，增加有关装置、设备、工具等长期资产而发生的。专属成本的确认与取得上述装置、设备、工具的方式有关。若采用租入的方式，则专属成本就是与此有关的租金成本；若采用购买方式，且取得的装备是专用的，则专属成本就是这些装备的全部取得成本；如果是通用的，则专属成本就是与使用这些设备有关的主要使用成本（如折旧费、摊销费等）。

专属成本是与共同成本相对应的。例如，采用购买方式取得的装备，如果是用于生产 A、B、C 三种产品的，那么，其取得成本便是 A、B、C 三种产品的一项共同成本。

三、生产经营决策的常用方法

生产经营决策由于具体内容不同，在决策方法上也存在着很大差异。在实践中，经常使用的方法有：单位资源贡献毛益法、贡献毛益总额法、差量损益分析法、相关损益分析法、相关成本分析法和成本分界点法。另外，运筹学和系统分析中的一些方法，像线性规划法、决策树法、整数规划法中的分支定界法等在生产经营决策中也越来越受到广泛的关注。现将一些常用的方法介绍如下：

（一）单位资源贡献毛益法

单位资源贡献毛益法是指以有关方案的贡献毛益指标作为决策评价指标的一种方法。由于生产经营决策属于短期决策，在决策中一般不改变生产能力，固定成本通常也不会改变，当企业生产只受到某一项资源（例如，某种原材料、人工工时或机器台时等）的约束，并且，备选方案中各种产品的单位贡献毛益和单位资源消耗额（例如，材料消耗定额、工时定额）均为已知的条件下，可按下式计算单位资源所能创造的贡献毛益指标，并以此作为决策评价的依据。

单位资源贡献毛益 = 单位贡献毛益 / 单位产品资源消耗定额

单位资源贡献毛益是一个正指标,哪个方案的该项指标大,哪个方案则为优。

(二) 贡献毛益总额法

在生产经营决策中,当有关决策方案的相关收入均不相等,全部相关成本均为变动成本时,则可以使用贡献毛益总额法。所谓贡献毛益总额法是指以有关方案的贡献毛益总额指标作为决策评价指标的一种方法。

贡献毛益总额也是一个正指标,哪个决策方案的该项指标大,则哪个方案便为相对最优。但是,应当注意的是,在生产经营决策中,如果不同方案的相关业务量不一致,就不能以产品的单位贡献毛益指标的大小作为取舍优劣的标准。

(三) 差量损益分析法

差量损益分析法是指在进行两个相互排斥方案的评价时,以差量损益指标作为方案评价取舍标准的一种决策方法。

这里的差量损益等于差量收入与差量成本之差,表示企业多得的利润或少发生的损失;差量收入等于两方案相关收入之差;差量成本等于两方案相关成本之差。

在决策时,若差量损益大于零,则前一个方案较优;若差量损益小于零,则后一个方案较优;若差量损益等于零,则前后两个方案效益相同。

该方法比较科学、简单、实用,在决策过程中,如果各有关方案的相关收入、相关成本的内容确定得不合适,便会严重地影响到决策的质量,甚至会得出错误的结论。另外,还应该注意的是,计算差量收入和差量成本的方案排列顺序必须保持一致;而且,对于两个以上互斥方案只能逐次应用此法,两两比较分析,筛选择优,故应用起来比较麻烦。

(四) 相关损益分析法

相关损益分析法,是指在进行生产经营决策时,以相关损益指标作为决策评价指标的一种决策方法。某方案的相关损益是指该方案的相关收入与相关成本之差。该评价指标也是一个正指标,在对多个备选方案的评价中,哪个方案的相关损益大,哪个方案则为优。

(五) 相关成本分析法

相关成本分析法是指在生产经营决策中,当各备选方案的相关收入相等时,通过直接比较各方案的相关成本作出方案选择的一种决策方法，实质上是相关损益法的特殊形式。

相关成本是个反指标，在决策分析时，哪个决策方案的成本最低，则哪个方案最优。

（六）成本分界点法

成本分界点法是指在各个备选方案的相关收入均相等，相关业务量为一不确定因素时，通过判断处于不同水平上的业务量与成本分界点业务量之间的关系来作出相互排斥方案选择的一种决策方法。这里的所谓成本分界点业务量是指能使两个方案总成本相等的业务量，又称为成本无差别点或成本平衡点。其计算公式如下：

成本分界点业务量＝两方案固定成本之差／两方案单位变动成本之差

该方法要求各方案的业务量必须相同，方案之间的相关固定成本水平与变动成本水平的大小正好相互矛盾，即如果甲方案的相关固定成本大于乙方案的相关固定成本，则甲方案的单位变动成本必须小于乙方案的单位变动成本，否则，便无法应用该方法。

若令甲方案的固定成本为 a_1，单位变动成本为 b_1；乙方案的固定成本为 a_2，单位变动成本为 b_2，则当 $a_1 > a_2$ 且 $b_1 < b_2$ 时，甲乙两方案的成本无差别点业务量用下式表示：

$$x_0 = (a_1 - a_2)/(b_2 - b_1)$$

当业务量在 $0 \sim x_0$ 范围内变化时，则固定成本较低的乙方案优于甲方案；当业务量大于 x_0 时，则固定成本较高的甲方案优于乙方案；当业务量等于 x_0 时，则甲乙两方案的成本相等，效益无差别。

四、新产品开发的品种决策

企业必须不断地研制、开发新产品，促进产品的更新换代，才能不断满足社会的需要，维持和扩大市场占有率，取得经营主动权，获得良好的经济和社会效益。这里介绍的新产品开发的品种决策，是指可以利用企业现有剩余生产能力来开发某种在市场上有销路的新产品，并且，已经掌握可供选择的多个新品种开发方案的有关资料，但不涉及大量投资追加技术装备的问题。

新产品开发的品种决策可以按照是否涉及追加专属成本分两种情况讨论。

（一）不追加专属成本的决策

在新产品开发的品种决策中，如果有关方案均不涉及追加专属成本，就可以应用单位资源贡献毛益法直接进行决策。

【例6-1】已知：甲公司拟开发投产一种新产品，有关的经营能力成本（即约束性固定成本）为12 000元，现有A、B两个新品种可供选择。两种产品的有关单价、单位变动成本和定额设备台时的预测资料如表6-1表示，不需要追加专属成本。

表6-1　　　　　　A、B两种产品的有关预测资料　　　　单位：元；小时

	A产品	B产品
销售单价	80	60
单位变动成本	50	36
单位产品定额工时	5	3

要求：根据上述资料，做出甲公司应开发投产哪种产品更为有利的决策分析。

解：根据已知资料，可选用单位资源贡献毛益法进行决策分析。（有关经营能力成本12 000元，对A、B两种产品的最终选择没有影响。无论开发投产A产品还是B产品，在未来一定时期内它都将如数发生，与本决策无关，因此，在开发投产何种新产品的决策分析中，它属于无关成本）

从表6-2可以看出，应当开发B产品，因为，该产品的单位工时贡献毛益指标大于A产品。

表6-2　　　　　　　单位工时贡献毛益指标　　　　　　单位：元

	开发产品A	开发产品B
单位贡献毛益	80-50=30	60-36=24
单位产品定额工时	5	3
单位工时贡献毛益	6	8

从【例6-1】的计算过程可以看出，在开发新产品品种的多方案决策中，不能以新产品的单位售价或单位贡献毛益的大小作为取舍决策方案的依据。

（二）追加专属成本

当新产品开发的品种决策方案中涉及追加专属成本时，就无法继续使用单位资源贡献毛益法，而应当使用其他方法进行决策。下面选用贡献毛益总额法进行决策分析。

【例6-2】已知：仍使用〖例6-1〗中的资料，假定该企业的剩余生产经营能力为12 000工时。开发新产品A和新产品B都需要装备不同的专用模具，相应分别需要追加专属成本20 000元和50 000元，生产能力分别为2 400件和4 000件。

要求：利用贡献毛益总额法做出开发投产哪种新产品对企业更为有利的决策分析。

解：由于是利用剩余生产能力开发投产新产品 A 或新产品 B，所以，原生产能力成本在决策分析中仍是无关成本，不必加以考虑。但其分别需要投入的专用模具成本 20 000 元和 50 000 元，在决策分析中属于相关成本，应该加以考虑。

根据所给资料，其分析计算过程如表 6-3 所示。

表 6-3　　　　　贡献毛益总额法分析表　　　　单位：元；件

方案	开发投产 A 产品	开发投产 B 产品
剩余生产经营能力	12 000 小时	12 000 小时
每件定额工时	5	3
生产能力	2 400	4 000
销售单价	80	60
单位变动成本	50	36
单位贡献毛益	30	24
贡献毛益总额	72 000	96 000
专属成本	20 000	50 000
剩余贡献毛益总额	52 000	46 000

根据计算结果，该企业应该开发投产 A 产品，因为，开发投产 A 产品，比开发投产 B 产品可以多获得 6 000 元的贡献毛益总额。显然这样决策对企业更为有利。

五、亏损产品的处理

在企业组织多品种生产时，往往由于某种原因而导致一些产品的收入低于按照完全成本法计算的产品成本，出现亏损。对已经发生亏损的产品，是按照原有规模继续组织其生产，还是停止生产或转产，抑或是扩大原有规模继续生产？企业管理者需要及时为亏损产品问题做出正确的决策。

（一）是否继续生产亏损产品的决策

1. 相关剩余生产能力不能转移

所谓相关生产能力无法转移，是指当亏损产品停产以后，由此而闲置下来的生产能力，既不能转产，也不能将有关设备对外进行出租。在这种情况下，由于剩余生产能力不能转移，相应的固定成本属于无关成本，在决策中不必加以考虑，所以，只要亏损产品满足贡献毛益（单位贡献毛益）大于零，就应当继续组织生产。

如果简单地盲目停止生产满足贡献毛益（单位贡献毛益）大于零的亏损产品，则不但不能使企业增加利润，反而会使其多损失相当于该亏损产品所能提供的贡献毛益那么多的利润。这是因为，如果亏损产品能够提供正的贡献毛益的话，这些贡献毛益便可以为企业补偿一部分固定成本。如果停止其生产，作为沉没成本的固定成本仍然还要发生，这些成本就势必要转由其他产品承担，最终导致整个企业减少相当于亏损产品所能提供的贡献毛益那么多的利润。

如果该亏损产品不能满足贡献毛益（单位贡献毛益）大于零，其本身又不属于国计民生必需的产品，一般就可以考虑停止生产。

【例6-3】已知：表6-4所示乙公司2015年生产A，B，C三种产品，其中C产品发生亏损。

表6-4　　　　　　　　　　损益计算表　　　　　　　　　　单位：元

	A产品	B产品	C产品	合计
销售收入	150 000	180 000	260 000	590 000
销售成本				
变动成本	40 000	48 000	120 000	208 000
固定成本	30 000	32 000	95 000	157 000
合计	70 000	80 000	215 000	365 000
销售与管理费用				
变动费用	10 000	12 000	30 000	52 000
固定费用	20 000	13 000	20 000	53 000
合计	30 000	25 000	50 000	105 000
利润或亏损	50 000	75 000	(5 000)	120 000

假定2016年一切条件均不变。

要求：做出该公司2016年是否应该继续生产C产品的决策。

解：依据题意，计算可知：

C产品的销售收入 = 260 000（元）

C产品的变动成本 = 120 000 + 30 000 = 150 000（元）

C产品的贡献毛益总额 = 260 000 - 150 000 = 110 000（元）

由于C产品的贡献毛益总额大于零，所以应当继续生产C产品。否则，企业将多损失110 000元的利润。

C产品虽然最终亏损5 000元，但它仍可以为企业提供110 000元的贡献毛益，把它看成企业的利润。如果C产品不继续生产，不仅对企业利润所作的这部分贡献随之消失，而且C产品承担的固定成本115 000（95 000 + 20 000），也将"转嫁"给A产品和B产品承担。

假定其负担额按各自的销售收入比例进行分配,产品 A 应分摊:
(95 000 + 20 000) × 150 000/(150 000 + 180 000) = 52 273(元)
产品 B 应分摊:(95 000 + 20 000) × 180 000/(150 000 + 180 000) = 62 723(元)

通过表 6-5 的计算结果可以看出,亏损 C 产品停产以后,企业的利润总额不仅没有增加,反而大幅度地降低,由原来的 120 000 元降至 10 000 元,这在经济上对企业是很不利的。因此,在目前条件下,亏损产品 C 不能停产,而应继续组织生产。

表 6-5　　　　　　　　损益计算表　　　　　　　　单位:元

	A 产品	B 产品	合计
销售收入	150 000	180 000	330 000
销售成本			
变动成本	40 000	48 000	88 000
固定成本	73 182	83 818	157 000
合计	113 182	131 818	245 000
销售与管理费用			
变动费用	10 000	12 000	22 000
固定费用	29 091	23 909	53 000
合计	39 091	35 909	75 000
利润或亏损	(2 273)	12 273	10 000

2. 相关剩余生产能力能够转移

如果亏损产品停产以后,闲置下来的生产能力可以转移,如用于承揽零星加工业务,或将有关设备对外出租,或者转产其他产品,那么,这时就不能按上述介绍的方法进行决策,而必须考虑有关机会成本因素,进行相关损益分析。

如果亏损产品创造的贡献毛益大于与闲置下来的生产能力有关的机会成本,就应当继续生产,否则,企业将因此而多损失相当于该亏损产品创造的贡献毛益与有关的机会成本之差那么多的利润。

如果亏损产品创造的贡献毛益小于与闲置下来的生产能力有关的机会成本,就应当停产。

如果亏损产品创造的贡献毛益等于与闲置下来的生产能力转移有关的机会成本,那么,继续生产或停产亏损产品都行。

确认与闲置下来的生产能力转移有关的机会成本,应当区别情况,具体问题具体分析。如果将闲置下来的生产能力用于承揽零星加工业务,则与继续生产亏损产品方案有关的机会成本就是承揽零星加工业务可望获得的贡献毛益;如果将闲置下来的生产设备用于对外出租，则与继续生产亏损产品方案有关的机会成本就是可望获得的租金收入；如果将闲置下来的生产设备用于转产其他产品，则与继续生产亏损产品有关的机会成本就是转产以后的产品能够创造的贡献毛益。

【例6-4】已知：仍以〖例6-3〗中的资料为准。假设该企业在C产品停产后，可以转产D产品，D产品的销售单价为500元，单位变动成本为280元，通过市场预测，预计D产品可以售出600件。

要求：做出是否转产D产品的决策。

解：依据题目给出的资料，编制相关损益分析表如表6-6所示。

表6-6　　　　　　　　　相关损益分析表　　　　　　　　单位：件；元

	继续生产C产品	转产D产品
相关收入	260 000	500×600＝300 000
相关成本	120 000＋30 000＝150 000	280×600＝168 000
相关损益	110 000	132 000

从表6-6可知，转产D产品以后，可使企业的利润总额比继续生产C产品多出22 000（132 000－110 000）元，所以，企业应该做出停产C产品，转产D产品的决策。

（二）是否增产亏损产品的决策

亏损产品的决策涉及的因素较多，是一个复杂的问题。从上面的讨论我们已经知道，对于亏损产品，在适宜的条件下可以转产，但不能轻易地停产。那么，在生产、销售条件允许的情况下，能不能考虑适当增产呢？下面我们将分三种情况予以讨论。

1. 增产能力已经具备，且不能转移

当企业已经具备增产亏损产品的能力，且这种能力不能转移时，对于亏损产品可以按以下情况分别进行决策。

（1）如果亏损产品能够提供正的贡献毛益，该产品不应当停产，应当增产这种产品，这样，企业可以多获得相当于增产该亏损产品所能创造的贡献毛益那么多的利润。

【例6-5】已知：仍用〖例6-3〗的资料，假定企业现已具备增产10%C产品的生产能力，且无法转移。

要求：作出是否应该增产C产品的决策。

解：增产C产品所创造的贡献毛益为：

[260 000－（120 000＋30 000）]×10%＝11 000（元）

应当增产C产品，这样，可使企业多获得11 000元的利润。

（2）如果亏损产品能够提供正的贡献毛益，但其数额小于与可以转移的生产该产品能力有关的机会成本。这时，在进行是否对其增产的决策时，应当运用相关损益分析法，通过比较增产亏损产品方案与停产方案的相关损益进行决策。

【例6-6】已知：仍用〖例6-3〗所给的资料。当C产品停产后，其闲置下来的相关设备可以对外出租，其年租金收入为80 000元。假定企业已具备增产10%的C产品的能力，且该能力无法转移。要求：作出是否增产C产品的决策。

解：根据题意，编制相关损益分析表，如表6-7所示。

表6-7　　　　　　　　相关损益分析表　　　　　　　　单位：元

方案	增产C产品	不增产C产品
相关收入	260 000×(1+10%)=286 000	0
相关成本	245 000	0
其中：增量成本	(120 000+30 000)×(1+10%)=165 000	0
机会成本	80 000	0
相关损益	41 000	0

应当增产C产品，这样企业可以多获得41 000元的利润。

2. 增产能力已经具备，且能够转移

当企业已经具备增产亏损产品的能力，且这种能力能够转移时，对于亏损产品应当按以下原则进行决策：

（1）如果不应当停止生产某亏损产品，而且增产该亏损产品所能创造的贡献毛益大于与增产能力转移有关的机会成本，企业就应当增产该亏损产品。

（2）如果应当停止生产某亏损产品，但该亏损产品能够提供正的贡献毛益，应当运用相关损益分析法，通过进一步比较增产亏损产品方案与停产方案的相关损益来进行决策。这里的"增产亏损产品方案的相关成本"中，应当包括两项机会成本：一项是与亏损产品生产能力转移有关的机会成本；另一项是与亏损产品增产能力转移有关的机会成本。

3. 增产能力尚不具备

当企业尚不具备增产亏损产品的能力时，要达到增产亏损产品的目标，必须增加设备，投入相应的人力、物力、财力，追加一定的专属成本。在这种情况下，应当区分不同的情况进行相应的决策分析。

（1）如果不应当停止生产某亏损产品，而且，增产亏损产品所能创造的贡献毛益大于追加的专属成本，就应当增产该亏损产品。

（2）如果应当停止生产某亏损产品，但该亏损产品能够提供正的贡献毛益，那么，应当运用相关损益分析法，通过比较增产亏损产品方案与停产方案的相关损益进行决策。

在计算亏损产品方案的相关成本时，除了其增量成本外，还应该包括相应的专属成本。

亏损产品的决策是企业管理中的一个相当复杂的问题，需要管理者认真研究，全面权衡，审时度势，从不同角度设计方案，并采用恰当的方法，计算、分析、比较，做出对企业更有利的决策，绝不应轻率地做出停产、转产或出租相应设备的决定。

六、半成品是否深加工的决策

企业生产的半成品，本来是其连续生产过程中的中间产品，但它们往往也可以直接出售。如钢铁工业中的生铁，既可以进一步加工成钢或钢材，也可以直接向外出售。半成品立即出售，价格一般偏低，进一步深加工后再出售，价格一般较高，但需支付一定的深加工成本。究竟如何决策对企业更有利，这就要看半成品深加工能否为企业带来一定的追加利润。由于深加工总是在已经完成的半成品的基础上进行的，所以，半成品阶段的加工成本和是否深加工的决策无关，属于决策的无关成本，应不予考虑。在决策分析时只要直接比较深加工阶段所需追加的成本和加工完成后所能增加的收入，即可判断出对半成品进行深加工是否对企业更为有利：当深加工后增加的收入大于深加工需要追加的成本时，深加工的方案较优；当深加工后增加的收入小于深加工需要追加的成本时，出售半成品的方案较优；当深加工后增加的收入等于深加工需要追加的成本时，两方案等价。

显然，在半成品是否深加工的决策中，还需考虑作为半成品和产成品的销路，以及深加工能力是否可以转移等因素的影响。

【例6-7】已知：某企业生产的甲半成品，年产量10 000件，单位变动成本14元，单位固定成本6元，单位售价30元。若将其进一步深加工为乙产品再出售，预计单位售价可增加到42元，但需要追加直接材料6元、直接人工2元。

要求：就以下三种各不相关的情况，分别作出甲半成品是应该直接出售还是应该深加工后再出售的决策分析。

（1）企业现已具备深加工10 000件甲半成品的能力，不需追加专属成本，且深加工能力无法转移；

（2）企业深加工需租用一台专用设备，年租金为50 000元；

（3）企业只具备深加工8 000件甲半成品的能力，该能力可用于对外承揽加工业务，预计一年可获得贡献毛益35 000元。

解：（1）编制差量损益分析表，如表6-8所示。

表 6-8　　　　　　　　差量损益分析表　　　　　单位：件；元

方案	深加工为乙产品	直接出售甲半成品	差异额
相关收入	42×10 000=420 000	30×10 000=30 000	120 000
相关成本	80 000	0	80 000
其中：加工成本	（6+2）×1 000=80 000	0	
差量损益			40 000

应继续对甲半成品进行深加工，企业可多获得利润 40 000 元。

（2）编制差量损益分析表，如表 6-9 所示。

表 6-9　　　　　　　　差量损益分析表　　　　　单位：元

	深加工为乙产品	直接出售甲半成品	差异额
相关收益	420 000	300 000	120 000
相关成本	130 000	0	130 000
其中：加工成本	80 000	0	
专属成本	50 000	0	
差量损益			-10 000

由于深加工出售乙产品比直接出售甲半成品少得利润 10 000 元，因此，直接出售甲半成品对企业更为有利。

（3）编制差量损益分析表如表 6-10 所示。

表 6-10　　　　　　　差量损益分析表　　　　　单位：件；元

	深加工为乙产品	直接出售甲半成品	差异额
相关收入	42×8 000=336 000	30×8 000=240 000	96 000
相关成本	99 000	0	99 000
其中：加工成本	8×8 000=64 000	0	
机会成本	35 000	0	
差量损益			-3 000

由于直接出售甲半成品比深加工后再出售乙产品的利润多 3 000 元，所以，这时企业应出售甲半成品，而不应该对其再进行深加工。

另外，在某些企业中，例如，石油化工企业，在同一生产过程中往往会同时生产出若干种经济价值都较大的联产品。这些联产品分离后，有的可以直接出售，也可以在分离后进行深加工后再出售，这也是生产联产品的企业经常遇到的决策问题。这一问题的决策分析过程和半成品是否深加工问题的决策分析过程完全相似，也可以采用差量分析法进行决策。这里，联产品分离前的联合成本是无关成本，而进一步加工所发生的可分离成本属于相关成本。读者可以仿照上述介绍的方法，自己举例练习。

七、是否接受低价追加订货的决策

企业在完成现有生产任务后，有时尚有一定剩余生产能力可以利用，如果此时客户要求以较低价格追加订货量，企业是否可以考虑接受这批订货？所谓较低价格，是指低于正常市场销售的价格。能否接受这种条件苛刻的追加订货，应视不同情况区别对待。

（一）简单情况下的决策

当追加订货不影响本期计划任务（即正常订货）的完成，又不要求追加专属成本，而且现有的剩余生产能力无法转移时，只要追加订货的单价大于该产品的单位变动成本，就可以接受这批追加订货。因为在这种情况下，是否接受追加订货，其原有的固定成本都不会发生变动，特别订货所创造的贡献毛益（即特别订货价格超过其单位变动成本的部分）将直接转化为利润，从而增加企业的总利润。这里的固定成本，属于与追加订货决策的无关成本，在决策分析中不必予以考虑。这里企业所增加的总利润，可用以下公式计算：

增加的利润 =（追加订货的价格 - 追加订货的单位变动成本）× 追加订货量

【例6-8】已知：某企业本年度甲产品的最大生产能力为10 000件，正常销售单价为60元，经预测、计算，单位甲产品的直接材料费为30元、直接人工费为12元、变动性制造费用为3元、固定性制造费用5元，共计50元。该企业在完成计划生产任务后的剩余生产能力无法转移，可以接受追加订货，接受追加订货不需要增加专属成本。1月有一客户要求追加订货2 000件甲产品，每件出价48元。

要求：做出可否接受该批追加订货的决策。

解：因为，追加订货的单价48元 > 单位变动成本45元(30 + 12 + 3)

所以，可以接受该批追加订货。

增加的利润 =（48 - 45）× 2 000 = 6 000（元）

因此，接受该批追加订货，企业可以多获得6 000元的利润。

（二）复杂条件下的决策

1. 冲击正常订货任务

因追加订货冲击了正常订货任务，应将由此而减少的正常收入作为接受追加订货方案的机会成本。当追加订货的贡献毛益总额补偿完这部分机会成本仍有富余时，则可以接受这批追加订货。

【例6-9】仍用〖例6-8〗的资料，假设现在企业最大的生产能力是11 700件，而非12 000件；剩余生产能力无法转移，也不需要增加专属成本。

要求：作出可否接受该项追加订货的决策。

解：利用所给资料，进行相关损益分析，结果如表6-11所示。

表6-11　　　　　　　　　相关损益分析表　　　　　　单位：件；元

	接受追加订货	拒绝追加订货
相关收入	48×2 000 = 96 000	0
相关成本	94 500	0
其中：增量成本	45×1 700 = 76 500	0
机会成本	60×300 = 18 000	0
相关损益	1 500	0

在表6-11中，相关成本中的增量成本是按1 700件计算的，原因是企业的最大生产能力是11 700件，原计划生产10 000件，故追加订货2 000件中只能有1 700件可利用剩余生产能力来完成，属于相关成本，其余300件追加任务要冲击原计划产量。由于追加订货的影响，原计划只能完成9 700件，由此少完成计划300件而遭受的正常收入损失应作为接受2 000件追加计划的一项机会成本。

在此情况下，接受追加订货的相关损益为1 500元，比拒绝接受追加订货多1 500元，所以应当考虑接受该项追加订货。

2. 剩余生产能力可以转移

当企业有关的剩余生产能力可以转移时，在考虑是否接受追加订货的方案时，应将与剩余生产能力转移有关的可能收益作为追加订货方案的机会成本，综合考虑。

【例6-10】已知：仍用〖例6-8〗中的资料。假设企业的剩余生产能力可以转移，若用于对外出租，即可获得租金收入6 500元。

要求：作出此时是否可接受这项追加订货的决策。

解：依据所给资料，进行相关分析，结果如表6-12所示。

表6-12　　　　　　　　　相关损益分析表　　　　　　单位：件；元

	接受追加订货	拒绝接受订货并出租设备
相关收入	48×2 000 = 96 000	6 500
相关成本	90 000	0
其中：增量成本	45×20 000 = 90 000	0
相关损益	6 000	6 500

不应接受该批追加订货,因为接受订货的相关损益比拒绝订货的损益少 500 元。

3. 追加专属成本

若接受追加订货需要追加专属成本时,则只有当满足以下条件时,该项追加订货方案才可以考虑予以接受:

该方案的贡献毛益大于其相关成本(专属成本、增量成本)

上述条件亦可改为:

追加订货的价格 > 原单位变动成本 + (新增专属成本/追加订货量)

【例 6 – 11】已知:仍用〚例 6 – 8〛的资料,又假设若接受该项追加订货,则需购置一台专用加工设备,该设备的价款为 5 000 元。

要求:作出可否接受该项追加订货的决策。

解:依据所给资料,编制差量损益分析表如表 6 – 13 所示。

表 6 – 13 　　　　　　　　差量损益分析表　　　　　　　　单位:件;元

	接受追加订货	拒绝接受追加订货	差异额
相关收入	48 × 2 000 = 96 000	0	96 000
相关成本	95 000	0	95 000
其中:增量成本	45 × 2 000 = 90 000	0	
专属成本	5 000	0	
差量损益			1 000

由于接受追加订货可多获得 1 000 元的利润,所以应该接受该项追加订货。

在是否接受低价追加订货的决策中,对于不同情况,我们分别使用了相关损益分析法和差量损益分析法,事实上,在这类决策问题中,两种方法是可以通用的,在分析过程中不论使用哪种方法都会得出相同的结论。

八、零部件自制或外购的决策

企业生产经营中所需要的零部件,在具有加工能力的条件下,是自制,还是外购,这是企业管理者时常面临的一个需要及时作出决策的问题。由于诸多因素的影响,同一种零部件的自制或外购,其成本是不相同的。究竟采用何种方式取得所需要的零部件,在经济上对企业更为有利? 在保证零部件的性能、质量、用途和及时供应的前提下,就需要对自制和外购两种取得方式的预期成本进行计量、分析与比较,最终以其数额的多少作为分析、评价决策方案优劣的标准。

在零部件取得方式决策中,由于情况不同,因而所采用的决策分析方法也不尽相同,但一般都采用相关成本分析法或成本无差别点法进行。

(一) 零部件需用量确定时的决策

当零部件的需用量确定时,通常可采用相关成本分析法进行决策。

所谓相关成本分析法,是指在短期经营决策中,当各备选方案的相关收入均相等时,通过比较各方案的相关成本指标,做出方案选择的一种决策方法。显然,该方法实质上是一个反指标,哪个方案的相关成本最低,哪个方案便最优。

1. 企业有剩余生产能力,且无法转移,自制零部件不需要追加专属成本的决策

这时,只需将外购零部件的相关成本,即购买零部件的价格,与自制时的相关成本相对比,相关成本低的即为最优方案。由于剩余生产能力无法转移,而又不需要追加专属成本,所以自制时的相关成本就是自制时的单位变动成本。因此,当自制零部件的单位变动成本大于外购单价时,应该外购;当自制零部件的单位变动成本小于外购单价时,应该自制;当自制零部件的单位变动成本等于外购单价时,零部件的两种取得方式是一样的。

【例6-12】已知:一生产型企业生产甲产品,每年需要 A 零件 1 000 件,其市场售价为每件 70 元,企业有剩余生产能力进行加工,预计每件的单位变动成本 60 元,单位固定成本 15 元;又知企业如不制造加工 A 零件,其剩余生产能力无法转移。

要求:作出 A 零件是应自制还是应外购的决策分析

解:因为企业的剩余生产能力无法转移,所以其固定成本属于决策中的无关成本。又因:自制 A 零件的单位变动成本 60 元 < A 零件的外购单价 70 元。

所以,对于 A 零件,企业应该自行制造。这样每年可以节约的成本开支数为:

(70 - 60) × 1 000 = 10 000 (元)

2. 企业尚不具备自制零部件的生产能力,若自制需要增加专属成本的决策

在这种情况下,自制方案的相关成本不仅包括单位变动成本,而且还应包括单位专属成本。

【例6-13】已知:一生产型企业生产甲产品所需的 A 零件数量、市场售价、成本等仍使用〖例6-12〗给出的资料。又假设企业尚不具备自行生产 A 零件的能力,若自制,需租入一套专用设备,年租金 15 000 元。要求:作出 A 零件是应自制还是外购的决策分析。

解:依据题目所给资料,进行相关成本分析,其结果如表6-14所示。

表6-14　　　　　　　　　相关成本分析表　　　　　　　单位：件；元

	自制	外购
变动成本	60×1 000 = 60 000	70×1 000 = 70 000
专属成本	15 000	0
相关成本合计	75 000	70 000

由表6-14可知，外购成本低于自制成本，所以对于A零件，企业应该采用外购的方式取得。

3. 企业有剩余生产能力，其不仅可以用于自制零件，也可用于转作他用（比如，可将其用于生产另外一种产品，或将其出租）

在企业具备生产能力自制零部件，如不自制，其剩余生产能力可以转作他用的情况下（如转产其他产品或出租），由于转产其他产品能够提供贡献毛益，出租剩余生产能力能获得租金收入，所以自制方案的相关成本就必须把转产产品的贡献毛益额或租金收入作为机会成本纳入。这时，将自制方案的变动成本与其机会成本之和，与外购的相关成本相比较，以其较小者所对应的方案作为最优方案。

【例6-14】已知：某企业生产甲产品所需的A零件数量、市场供给、成本等仍使用〖例6-12〗给出的资料。又假设企业已具备生产A零件的能力，如不自制，剩余生产能力可用于加工B零件，每年可节约B零件的外购成本12 000元。

要求：作出A零件是应自制还是外购的决策分析。

解：依据所给资料，进行相关成本分析，其结果如表6-15所示。

表6-15　　　　　　　　　相关成本分析法　　　　　　　单位：件；元

	自制	外购
变动成本	60×1 000 = 60 000	70×1 000 = 70 000
机会成本	12 000	
相关成本合计	72 000	70 000

由表6-15可知，外购成本低于自制的相关成本，所以，企业应安排外购A零件。

（二）零部件需要量不确定时的决策

当企业所需要的零部件数量不能确定时，可采用成本分界点法，进行零部件取得方式的决策。即首先求出自制方案和外购方案的成本分界点业务量，然后，根据零部件的不同需要量，确定出相应的最优决策方案。

【例 6-15】 已知：某企业生产需要的 B 部件，可以自制，也可以从市场上购买，购买价每件 18 元。若自制，经测算，每件的单位变动成本 15 元，相关固定成本为 4 200 元，假定自制 B 部件的生产能力不能移作他用。

要求：作出企业取得 B 部件的最佳方式决策。

解：依据题目所给资料，采用成本无差别点法进行决策分析如下：

因为，$a_1 = 4\ 200$ 元，$a_2 = 0$ 元，$b_1 = 15$ 元/件，$b_2 = 18$ 元/件，

两方案的成本无差别点为：

$x_0 = (a_1 - a_2)/(b_2 - b_1) = (4\ 200 - 0)/(18 - 15) = 1\ 400$（件）

当 B 部件全年需用量在 0~1 400 件之间变动时，应采取外购的方式；当需用量超过 1 400 件时，则应采取自制方式；当需用量为 1 400 件时，两个方案都可以。

当企业向外购买生产经营中所需要的某种零部件时，其供应商往往会采用优惠的方法，如价格折扣或折让，以扩大其销售量。这时，管理者在进行零部件自制或外购的决策时，就应充分考虑外购价格的变动，充分利用这种机会，以便作出对企业更为有利的决策。

第三节 定价决策

竞争的经济条件下，企业的一切生产经营活动，都会直接或间接地受到价格的影响，因而，定价决策是企业生产经营中一个极为重要的问题。定价决策就是为其生产的产品确定一个合适的价格，使之能够销售出去，以争取最佳预期经营效益的过程。价格确定得合理，才能增强其在市场上的竞争力，以提高企业的盈利水平。价格过高，将会减少销售量，降低市场占有率；价格过低，则应得的经济利益也无法收回，企业便无以自立。因此，定价决策影响到企业生产经营的全局、关系到企业的兴衰成败，对企业的生存与发展有着重要影响，必须认真地分析与研究。

一、影响定价的因素

我们仅对成本、需求和竞争三个主要因素进行分析研究。

（一）成本

成本可分为以下几种：

(1) 固定成本。

(2) 变动成本。

(3) 总成本。

(4) 平均固定成本。

(5) 平均变动成本。

(6) 平均成本。

（二）需求

(1) 需求收入弹性。指因收入变动而引起的需求量的相应的变动率，反映需求量的变动对收入变动的敏感程度。

(2) 需求价格弹性。是指因价格变动而引起的需求相应的变动率，反映需求变动对价格变动的敏感程度。

以 E_p 表示需求价格弹性，从其弹性强弱的角度决定企业的价格决策，主要分为以下三种类型：

$E_p = 1$。反映需求量与价格等比例变化。

$E_p > 1$。反映需求量的相应变化大于价格自身变化。

$E_p < 1$。反映需求量的相应变化小于价格自身变化。

(3) 需求交叉弹性。是指因一种商品价格变动而引起其他相关商品需求量的相应变动率。

（三）竞争

市场竞争依其程度不同，分为完全竞争、垄断竞争、寡头垄断竞争、完全垄断竞争等几种形式。

(1) 完全竞争市场。又称自由竞争市场。指在市场上的买卖双方对于商品的价格均不能产生任何影响力的市场。

(2) 垄断竞争市场。指既有独占倾向又有竞争成分的市场。

(3) 寡头垄断竞争市场。这是指某种商品的绝大部分由少数几家企业垄断的市场。

(4) 完全垄断竞争市场。又称独占市场。这是指一种商品市场完全被某个或几个厂商所垄断和控制。

二、定价目标

企业的定价目标主要有以下几种：(1) 利润目标。①当前最大利润目标；②满意利润目标。(2) 市场占有率目标。(3) 产品质量领先目标。(4) 生存目标。

> 价格弹性表明了供求对价格变动的依存关系，反映了价格变动所引起的供求的相应变动率，即供给量和需求量对价格信息的敏感程度，又称供需价格弹性。商品本身的价格、消费者的收入、替代品价格，以及消费者的爱好等因素都会影响对商品消费的需求。

三、定价程序

定价程序由以下六个步骤组成。

（1）选择定价目标。

（2）测定需求量。在测定某种产品的市场需求量时，有三点值得注意：①在正常情况下，需求量变化与价格水平变化的方向是相反的，即价格上升，需求量下降；反之，价格下降，需求量上升。但在某种特定条件下，需求和价格变化的方向也可以是同向的，即价格上升却引起需求量的增加。换言之，需求曲线的斜率一般是负的，但在某些特定条件下也可以是正的，例如名牌产品。②不同的商品，或者即使是同一种商品，在不同的市场环境下，其需求弹性是不相同的。当价格作相同幅度变化时，需求弹性不同的商品，其需求量的变化幅度，就会呈现明显的差别，即价格变化与需求量变化并不一定成比例。所以测定需求时要注意需求弹性。③理论分析表明，需求量受到一系列因素的影响，因此我们在测定价格与需求量的函数对应关系时，应设法控制其他影响需求量的因素，使之保持不变。例如，选择正常的经济环境、有代表性的市场，使广告及其他促销费用保持不变等。否则，就无法从众多影响需求量因素的综合效果中分离出价格对需求量的单独效应。

（3）核算成本。我们知道，价格的基础是价值，而价值又可分解为成本和利润，其中成本高低是确定最低价格的界限，因此，制定价格的重要一环就是核算产品成本。在产品成本中，既要核算生产成本，又要核算销售成本。一般说来，成本的大小与产、销量有关，产、销的数量越大，其平均成本就越低。在规模一定的情况下，每一单位产量的成本在不同的阶段也不相同，当生产能力得到充分利用时，企业产品的单位成本最低。

（4）分析竞争者的价格与产品。企业为其产品定价时，不仅要考虑市场需求、单位成本，而且还必须考虑竞争者的价格，分析竞争产品的特点。市场竞争就是同类产品或可替代产品之间发生的价格竞争和非价格竞争。按照市场心理，对购买者最具吸引力的产品应该是价廉物美。所谓价廉是指质量相同的前提下价格低；所谓物美是指同样售价下质量最好。由于顾客购买商品时是经过比较、挑选才作出决定的，因此企业在为其产品制定价格时，不能不了解竞争产品的价格和质量，作为定价的出发点。如果企业的产品质量与竞争者相似，则定价也应相似，否则就会失去顾客；如果本企业的产品质量较竞争者逊色，则定价就不能和竞争者一样高；只有本企业的产品质量优于竞争者，其定价才有可能高于竞争者，而对顾客仍有吸引力。

(5) 选择定价方法。企业根据定价目标，在全面分析需求、成本和竞争态势后，就可以选择不同的定价方法测算价格了。不同的定价方法，将在下一节介绍。

(6) 选定最后价格。企业初步确定价格方案后，还要参考其他因素进行修正，如，要考虑企业定价是否符合国家的有关政策法令；要考虑定价是否符合企业的定价指导思想；要考虑企业内部有关人员和经销商的意见以及竞争者对价格的反应等。

四、定价方法

（一）成本导向定价法

成本导向定价法中最常用的有以下两种：

1. 成本加成定价法

这是成本导向定价法中应用最广泛的定价方法。所谓成本加成就是在单位产品成本上增加一定的利润金额形成价格的定价方法。

2. 目标利润率定价法

这种定价法是以总成本为基础，加上一定的目标利润，计算出实现目标的总销售收入，再根据产量计算出单位产品价格。

（二）需求导向定价法

常用的需求导向定价法有下列两种：

1. 理解价值定价法

这种定价法是根据顾客对产品价值的感觉和理解程度，而不是以该产品的成本作为定价的基础。

2. 需求差别定价法

这种定价法根据需求差异及紧迫程度的不同，对同一种产品或服务制定出两种或更多种价格。需求差别定价法主要有以下几种形式：

(1) 以顾客为基础的差别价格。

(2) 以产品改进为基础的差别价格。这种定价法就是对一项产品的不同型号确定不同的价格，但是价格上的差别并不和成本成比例。

(3) 以地点为基础的差别价格。如果同一种商品在不同地理位置的市场上存在不同的需求强度，那么就应该定出不同的价格。但定价的差别并不和运费成比例。例如，我国的传统出口产品茶叶、生丝、桐油、猪鬃在国际市场上需求十分强烈，我们的定价就应该比国内高得多。

(4) 以时间为基础的差别价格。当商品的需求随着时间的变化而有变化时，对同一种产品在不同的时间应该定出不同的价格。

采用需求差别定价法，必须具备三个条件：第一，市场能够细分，能明确区分需求的差异；第二，获得优惠的市场部分没有转手的机会；第三，不会因价格的不同引起顾客不满而失去顾客。

五、竞争导向定价法

所谓竞争导向定价法是指完全根据竞争的需要价格作为定价基础的定价方法。

常见的竞争导向定价法有两种：

（一）随行就市定价法

所谓随行就市定价法，是指企业按照行业的平均现行价格水平来定价。企业采用这种方法定价的理由是：

（1）行业的平均价格具有相当的合理性，可以保证自己获得与竞争者相对一致的利润；

（2）在成本难以衡量的情况下，现行价格反映了实现全行业合理利润的集体智慧；

（3）另行定价，很难预料消费者和竞争者的反应；

（4）按通行价格定价对行业的协调性破坏最小。

（二）密封投标定价法

这种方法也叫招标定价法，主要用于建筑包工、产品设计和大宗商品的购买等方面。企业参加投标是希望中标，企业与竞争者报价水平的比较在很大程度上决定了中标的可能性。因此，企业的投标价格是根据对竞争者报价的估计制定的，而不是根据企业自己的成本费用或市场需求。

第四节 存货决策

存货成本是企业由于储存材料、在产品、产成品等存货而发生的成本，反映供应、生产和储运三大环节的管理效益，从本质上讲存货成本是存货在生产经营过程中停留和转移时所耗资源的货币表现。

一、存货的成本

(一) 采购成本

是指由购买存货而发生的买价（购买价格或发票价格）和运杂费（运输费用和装卸费用）构成的成本，其总额取决于采购数量和单位采购成本。

由于单位采购成本一般不随采购数量的变动而变动，因此，在采购批量决策中，存货的采购成本通常属于无关成本；但当供应商为扩大销售而采用数量折扣等优惠方法时，采购成本就成为与决策相关的成本了。

(二) 订货成本

是指为订购货物而发生的各种成本，包括采购人员的工资、采购部门的一般性费用（如办公费、水电费、折旧费、取暖费等）和采购业务费（如差旅费、邮电费、检验费等）。

订货成本可以分为两大部分：为维持一定的采购能力而发生的、各期金额比较稳定的成本（如折旧费、水电费、办公费等），称为固定订货成本；而随订货次数的变动而正比例变动的成本（如差旅费、检验费等），称为变动订货成本。

(三) 储存成本

是指为储存存货而发生的各种费用，通常包括两大类：

一是付现成本，包括支付给储运公司的仓储费、按存货价值计算的保险费、陈旧报废损失、年度检查费用以及企业自设仓库发生的所有费用；

二是资本成本，即由于投资于存货而不投资于其他可盈利方面所形成的机会成本。

(四) 缺货成本

是指由于存货数量不能及时满足生产和销售的需要而给企业带来的损失。例如，因停工待料而发生的损失，由于商品存货不足而失去的创利额，因采取应急措施补足存货而发生的超额费用等。

二、经济订购批量

所谓订购批量，是指每次订购货物（材料、商品等）的数量。

在某种存货全年需求量已定的情况下，降低订购批量，必然增加订货批次。一方面，使存货的储存成本（变动储存成本）随平均储存量的下降而下降；另一方面，使订货成本（变动订货成本）随订购批次的增加而增加。

反之，减少订购批次必然要增加订购批量，在减少订货成本的同时储存成本将会增加。

可见，存货决策的目的，就是确定使这两种成本合计数最低时的订购批量，即经济订购批量。

$$最佳经济批量 Q = \sqrt{2TF/K}$$

$$最低总成本（TC）= \sqrt{2TFK}$$

式中：T——某种存货全年需要量；
　　　Q——经济订购批量；
　　　F——每批订货成本；
　　　K——单位存货年储存成本；
　　　TC——最低年成本合计。

本 章 小 结

1. 生产决策分析的主要方法包括：(1) 单位限制资源边际贡献法。(2) 差量分析法。(3) 边际贡献分析法。(4) 成本无差别点法。
2. 定价方法包括：(1) 成本导向定价法。(2) 需求导向定价法。(3) 竞争导向定价法。

【本章重要术语】

差量分析法　边际贡献分析法　单位限制资源边际贡献法　定价策略

【延伸阅读】

阿特金森等：《管理会计》，清华大学出版社 2001 年版。

【复习与思考题】

1. 单选题

(1) 有关产品是否进行深加工决策中，深加工前的半成品成本属于（　　）。

　　A. 估算成本　　　　　　B. 重置成本
　　C. 机会成本　　　　　　D. 沉没成本

(2) 将决策分为确定型决策、风险性决策和不确定决策是按（　　）进行的分类。

　　A. 决策本身的重要程度　　B. 决策条件的肯定程度
　　C. 决策规划时期的长短　　D. 决策解决问题的内容

(3) 在价格决策中，某产品的有关资料如下：

销售单价	36	35	34	33	32	31
预计销量	400	440	480	520	540	570
利润增加额	280	200	120	40	-280	-210

则该产品的最优售价为（ ）。

A. 31　　　　B. 32　　　　C. 33　　　　D. 36

（4）企业去年生产某亏损产品的贡献边际 3 000 元，固定成本是 1 000 元，假定今年其他条件不变，但生产该产品的设备可对外出租，一年的增加收入为（ ）元时，应停产该种产品。

A. 2 001　　　B. 3 100　　　C. 1 999　　　D. 2 900

（5）在短期经营决策中，企业不接受特殊价格追加订货的原因是买方出价低于（ ）。

A. 正常价格　　　　　　B. 单位产品成本
C. 单位变动生产成本　　D. 单位固定成本

2. 多选题

（1）（ ）一般属于无关成本的范围。

A. 历史成本　　　　B. 机会成本
C. 联合成本　　　　D. 专属成本
E. 沉没成本

（2）短期经营决策分析主要包括（ ）。

A. 生产经营决策分析　　B. 定价决策分析
C. 销售决策分析　　　　D. 战略决策分析
E. 战术决策分析

（3）生产经营能力具体包括以下几种表现形式（ ）。

A. 最大生产经营能力　　B. 剩余生产经营能力
C. 追加生产经营能力　　D. 最小生产经营能力
E. 正常生产经营能力

（4）下列各项中属于生产经营相关成本的有（ ）。

A. 增量成本　　　　B. 机会成本
C. 专属成本　　　　D. 沉没成本
E. 不可避免成本

（5）当剩余生产能力无法转移时，亏损产品不应停产的条件有（ ）。

A. 该亏损产品的变动成本率大于1
B. 该亏损产品的变动成本率小于1
C. 该亏损产品的贡献边际大于0
D. 该亏损产品的单位贡献边际大于0
E. 该亏损产品的贡献边际率大于0

3. 简答题

(1) 何谓机会成本？

(2) 何谓专属成本？

(3) 简述决策分析的程序。

4. 计算题

已知：某企业常年生产需用的某部件以前一直从市场上采购。采购量在 5 000 件以下时，单价为 8 元；达到或超过 5 000 件时，单价为 7 元。如果追加投入 12 000 元专属成本，就可以自行制造该部件，预计单位变动成本为 5 元。

要求：用成本无差别点法为企业作出自制或外购 A 零件的决策，并说明理由。

第七章
标准成本法

【学习目标】
1. 明确标准成本的含义
2. 理解标准成本的基本原理
3. 掌握标准成本的制定方法
4. 掌握成本差异的计算、分析方法
5. 了解标准成本法的会计账务处理方法

【重点与难点】
1. 标准成本制定的方法
2. 成本差异的计算与分析

【引导案例】 如何确定内部转移价格？

广西柳工机械股份有限公司是一家以生产销售装载机为主的大型机械制造企业，该公司是广西第一家上市公司，涉及铸造、锻压、热处理、机加工、总装等基本生产环节和工模具、机修等辅助生产部门。

公司通过实施标准成本管理体系，成功地运用内部转移价格为控制中枢，标准成本和作业成本相结合的管理会计应用发展模式，为公司的成本核算、成本分析与成本控制奠定了坚实的基础。公司通过对全国各地的装载机销售网络调查，获取各主要厂家各种整机的销售价格和总成、部件、零件的材料成本，计算平均运输费用和增值税销项税额，以及预算年度的期间费用预算分摊额，得出分厂之间、分厂与公司之间半成品和产成品的基准内部转移价格，用基准内部转移价格乘上整机、总成、部件和零件的质量价格系数，得出最终的企业内部转移价格。通过引进市场机制，采用市场倒推的办法制定企业内部转移价格，充分调动了各方面的积极性。

第一节 标准成本法概述

标准成本法也称标准成本会计（standard cost accounting），是指以预先制定的标准成本为基础，用标准成本与实际成本进行比较，核算和分析成本差异的一种产品成本计算方法，也是加强成本控制、评价经济业绩的一种成本控制制度。标准成本法是西方管理会计的重要组成部分。

标准成本法（standard cost method），就是以提高经济效益为中心，以企业生产、技术、经营活动的全过程机器要素为主要内容，制定耗费和支出的定额、规范和目标。

一、标准成本的含义

标准成本法的核心是按标准成本记录和反映产品成本的形成过程和结果，并借以实现对成本的控制。

标准成本是通过精确的调查、分析与技术测定而制定的，用来评价实际成本、衡量工作效率的一种预计成本。

标准成本一词准确地讲有两种含义：

一种含义是指"单位产品的标准成本"，它是根据产品的标准消耗量和标准单价计算出来的，因此，它又被称为"成本标准"。

单位产品标准成本 = 单位产品标准消耗量 × 标准单价

另一种含义是指"实际产量的标准成本"，它是根据实际产品产量和成本标准计算出来的，即：

标准成本 = 实际产量 × 单位产品标准成本

标准成本是目标成本的一种，目标成本是一种预计成本，是指产品、劳务、工程项目等在生产经营活动前，根据预定的目标所预先制定的成本。目标成本一般指单位成本，它一般有计划成本、定额成本、标准成本和估计成本等，而标准成本相对来讲是一种较科学的目标成本。

二、标准成本法的特点

标准成本是用来评价实际成本、衡量工作效率的一种预计成本，具备一定的技术先导性特征，是一种先进的成本控制和管理方法。其特点主要表现在：

（一）标准成本可以发挥事前成本控制的作用

标准成本具有成本预测、成本计划的功能，通过建立成本指标分解体系，对于成本预算中的各类费用有专人控制，建立月度成本计划体系，实行年预算指导下的月度成本计划管理，将预算置于强有力的过程控制之下。成本管理，制订计划是基础，依靠科技进步有效地实施成本控制是关键。科学技术是第一生产力，科技进步是降低成本的根本途径，而科技的潜力又是无穷的，不断将先进的技术应用在日常生产上是企业降低成本消耗提高产品质量实现挖潜增效的有效途径，同时也加强了成本预算的准确性，强化了成本控制的针对性，保证了成本考核的准确性。

（二）标准成本可以加强成本的事中控制

事中控制是进行成本的过程控制和成本核算。成本预算的完成进度要跟踪，尤其是重点控制项目，要制定进度指标，进行事中控制，以便及时检查，协助各生产环节分解指标、落实责任人、制定考核办法。同时通过各种先进的管理手段，及时准确地了解各种成本变动情况，能够适时分析，提出改进措施，提高标准成本的管理效果。

（三）标准成本可以实现事后的成本控制

财务部门定期对企业的成本进行计算考核，确定成本差异，分析差异形成的原因，针对原因对执行部门和制定部门提出改进措施和意见，根据市场变化和成本的完成情况及时调整考核指标，以确保成本控制措施的有效实施。

三、标准成本的作用

（一）有利于加强成本控制，有效实施例外管理

标准成本是衡量实际成本水平的尺度，在标准成本制度下，事前计划、事中控制、事后分析成为一项紧密的工作流程，极大地减少了管理工作的风险性，能够保证管理活动的程序化、科学化运行。经过科学测定确立的标准成本，是日常经营活动的标杆和依据，便于管理者及时对实际成本进行考核、控制，提高了管理者对成本变动的敏感性和管理效率。通过差异分析，能及时发现问题，采取措施加以控制和纠正，从而降低成本水平，提高经济效益。同时以标准成本为基础与实际成本进行比较产生的差异，是企业进行例外管理的必要信息。

（二）有利于简化成本核算，减少日常账务处理

标准成本系统用于产品成本计算的会计系统，原材料、在产品和产成品的成本均以标准成本计价，所产生的差异另行记录，这样在成

例外管理最初由泰勒提出，指最高管理层将日常发生的例行工作规范化、标准化、程序化，授权给下级管理人员处理，而自己主要去处理那些没有或者不能规范化的例外工作，并且保留监督下级人员工作的权力的一种管理制度或原则。实行这种制度，可以节省最高管理层的时间和精力，使他们能集中精力研究和解决重大问题，同时使下属部门有权处理日常工作，提高工作效能。

本计算方面可以大大减少核算的工作量。在需要编制以实际成本为基础的对外财务报表时，可以根据标准成本和成本差异，将存货成本和产品销售成本调整到实际成本，体现了标准成本系统下内部管理和对外财务报告的结合。

（三）有利于激发员工热情，正确评价工作绩效

标准成本是在事前经过科学分析所确定的，它是衡量成本水平的尺度，也是评价和考核工作绩效的基础和依据。由于标准成本制度的建立，标准成本的每个成本项目都采用单独的价格标准和数量标准，在实际生产过程中，通过比较实际成本和标准成本，进行差异分析，可以区分经济责任，正确评价员工绩效，从而调动员工工作的积极性，促使员工主动关心参与成本控制和管理，挖掘潜力，提高效益。

（四）有利于实施预算控制，便于企业经营决策

标准成本本身就是单位成本预算，标准成本资料可以直接作为编制预算的基础，从而为预算编制提供了极大的方便，并提高了预算的有效性。另外，由于标准成本的制定进行了多方面的分析，剔除了许多不合理的因素，比实际成本更为客观，可以帮助企业进行产品的价格决策和预测，从而有利于企业管理者做出正确的决策。

四、标准成本的种类

（一）理想标准成本

理想标准成本是指在最优的生产条件下，利用现有的规模和设备能够达到的最低成本。制定理想标准成本的依据，是理论上的业绩标准、生产要素的理想价格和可能实现的最高生产经营能力利用水平，因此，这种标准是很难成为现实的，即使暂时出现也不可能持久。它的主要用途是提供一个完美无缺的目标，揭示实际成本下降的潜力。因其提出的要求太高，不能作为考核的依据。

（二）正常标准成本

正常标准成本是根据过去一段时期实际成本计算确定的标准成本，它是实际成本的平均值，在剔除生产经营活动中的异常因素的基础上，考虑今后的变动趋势而制定的标准成本。这种标准成本将未来视为历史的延伸，主要以过去若干年的成本的平均水平为依据制定，并结合未来的变动趋势进行调整。因此它是一种经过努力可以达到的标准成本，企业可以以此作为标准成本。但它的应用存在一定的局限

性，只有企业面临的国内外经济形势稳定、生产发展比较平稳的情况下才能使用。

(三) 现实标准成本

现实标准成本是指在效率良好的条件下，根据企业应该发生的生产要素消耗量、预计价格和预计生产经营能力利用程度制定出来的标准成本。在制定这种标准成本时，把生产经营活动中一般难以避免的损耗和低效率等情况也计算在内，使之切合下期的实际情况，成为切实可行的控制标准。从具体数量上看，它应大于理想标准成本，但又小于历史平均水平，因此它是一种经过努力才能达到的既先进又合理，比较切合实际的标准，因而可以调动职工的积极性，在实际工作中应用比较广泛。

第二节 标准成本的制定

制定标准成本时，应充分考虑处在有效作业状态下所需要的材料和人工数量，预期支付的材料和人工费用，以及在正常生产情况下所应分摊的间接费用等因素。标准成本的制定应有销售、生产、计划、采购、物料、人力资源、工艺、车间、会计等有关部门的人员参加，共同商定。标准成本制定的不能高不可攀，避免影响员工的积极性，但也不能标准过低，失去成本管理的意义。标准成本应该是切实可行的，通过努力能够达到的标准。同时企业要定期对标准成本进行评审和维护，以保持标准成本的先进性和稳定性。

产品的标准成本，根据完全成本法的成本构成项目，主要包括直接材料、直接人工和制造费用三个成本项目。在制定其标准成本时，都需要分别确定其价格标准和用量标准，两者乘积即为每一成本项目的标准成本，然后汇总各成本项目的标准成本，就可以得出单位产品的标准成本。

一、直接材料标准成本的制定

直接材料标准成本是由直接材料价格标准和直接材料用量标准两项因素决定的。

材料的价格标准通常采用企业制订的计划价格，它通常是以订货合同的价格为基础，并考虑到未来物价、供求等各种变动因素后按材料种类分别计算的。一般由财务部门和采购部门等共同制定。

材料的用量标准,是指单位产品耗用原料及主要材料的数量,通常也称为材料消耗定额。材料的用量标准应根据企业产品的设计、生产和工艺的现状,结合企业经营管理水平的情况和降低成本任务的要求,考虑材料在使用过程中发生的必要损耗,并按照产品的零部件来制定各种原料及主要材料的消耗定额。

因此,直接材料标准成本可利用下述公式计算:

$$直接材料标准成本 = \sum (单位产品直接材料标准用量 \times 直接材料标准价格)$$

【例7-1】某公司生产甲产品所耗用的直接材料A的标准成本资料如表7-1所示。

表7-1　　　　　　　　甲产品直接材料标准成本

标准	A材料
价格标准	
发票价格(元/千克)	15.00
预计采购费用(元/千克)	1.00
材料价格标准(元/千克)	16.00
用量标准	
图纸用量(千克/件)	10.50
正常损耗(千克/件)	0.50
材料标准用量(千克/件)	11.00
成本标准	
A材料(16.00×11.00元/件)	176.00

二、直接人工标准成本的制定

直接人工标准成本是由直接人工的价格标准和直接人工用量标准两项因素决定的。

直接人工的价格标准就是标准工资率,通常由劳动工资部门根据用工情况制定。当采用计时工资时,标准工资率就是单位工时标准工资率,它是由标准工资总额除以标准总工时来计算的,即:

$$标准工资率 = 标准工资总额 \div 标准总工时$$

人工用量标准就是工时用量标准,也称工时消耗定额,是指企业在现有的生产技术条件、工艺方法和技术水平的基础上,考虑提高劳动生产率的要求,采用一定的方法,按照产品生产加工所经过的程序,确定的单位产品所需耗用的生产工人工时数。在制定工时消耗定额时,还要考虑生产工人必要的休息和生理上所需时间,以及机器设备的停工清理时间,使制定的工时消耗定额既合理又先进,从而达到成本控制的目的。

因此，直接人工的标准成本可按照下面的公式来计算：

单位产品直接人工标准成本＝标准工资率×直接人工标准工时

【例7-2】某公司主要生产甲产品，所需的直接人工的标准成本资料如表7-2所示。

表7-2　　　　　　　　甲产品直接人工标准成本

标准	生产工序
小时工资率	
基本生产工人人数	35
每人平均可用工时（21×8）	168
每月总工时	5 880
每月生产工人工资总额	90 720
每小时工资率	15.00
单位产品工时	
理想作业时间（小时）	9.00
调整设备时间（小时）	0.50
工休时间（小时）	0.30
其他必要时间（小时）	0.20
单位产品工时	10.00
直接人工标准成本	150.00

三、制造费用标准成本的制定

制造费用的标准成本是由制造费用价格标准和制造费用用量标准两项因素决定的。

制造费用价格标准，也就是制造费用的分配率标准。其计算公式为：

制造费用分配率标准＝标准制造费用总额÷标准总工时

制造费用用量标准，就是工时用量标准，其含义与直接人工用量标准相同。其计算公式为：

制造费用标准成本＝工时用量标准×制造费用分配率标准

成本按照其性态，分为变动成本和固定成本。前者随着产量的变动而变动；后者相对固定，不随产量的变动而变动。所以，制定制造费用标准成本时，也应分别制定变动制造费用的标准成本和固定制造费用的标准成本。

【例7-3】某公司主要生产甲产品，其变动制造费用标准成本的制定过程如表7-3所示。

表7-3　　　　　甲产品变动制造费用标准成本

标准	金额
变动制造费用预算	
间接材料	32 600
间接人工	17 200
修理费	3 600
水电费	3 200
其他	2 200
合计	58 800
生产量标准（人工工时）	5 880
变动制造费用标准分配率（元/小时）	10.00
直接人工用量标准（人工工时/件）	10.00
单位产品变动制造费用标准成本（元）	100.00

【例7-4】某公司主要生产甲产品，其固定制造费用标准成本的制定过程如表7-4所示。

表7-4　　　　　甲产品固定制造费用标准成本

标准	金额
固定制造费用预算	
折旧费	18 500
修理费	9 720
办公费	5 200
保险费	1 860
合计	35 280
生产量标准（人工工时）	5 880
固定制造费用标准分配率（元/小时）	6.00
直接人工用量标准（人工工时/件）	10.00
单位产品固定制造费用标准成本（元）	60.00

四、单位产品标准成本

直接材料标准成本、直接人工标准成本和制造费用标准成本一旦确定，企业通常要为每一产品设置一张标准成本卡，并在该卡中分别列明各项成本的用量标准与价格标准，通过直接汇总的方法来得出单位产品的标准成本，并以此作为编制预算、控制和考核成本的依据。

【例7-5】某公司的主要产品是甲产品，其完全标准成本卡如表7-5所示。

表7-5　　　　　　　　　甲产品完全标准成本卡

成本项目	用量标准	价格标准（分配率）	标准成本（元/件）
直接材料（A材料）	11千克/件	16元/千克	176
直接人工	10小时/件	15元/小时	150
变动制造费用	10小时/件	11元/小时	110
固定制造费用	10小时/件	6元/小时	60
单位产品标准产品			496

标准成本产生于20世纪20年代的美国，是泰罗制与会计相结合的产物。第二次世界大战以后，随着管理会计的发展，它在成本预算的控制方面得到广泛的应用，并发展成为包括标准成本的制定、差异的分析、差异的处理等三个组成部分的完整的成本控制系统。它以目标成本（标准成本）为基础，把实际发生的成本与标准成本进行对比，揭示出成本差异，使差异成为向人们发出的一种"信号"；以此为线索，企业可以查明形成差异的原因和责任，并据以采取相应的措施，巩固成绩，克服缺点，实现对成本的有效控制。

第三节　成本差异的计算与分析

标准成本系统中，成本差异是指一定时期生产一定数量的产品所发生的实际成本偏离预定的标准成本所形成的差额。若实际投入成本低于预定标准成本，所形成的差异为有利差异，在有关差异账户的贷方反映，表示成本的节约；反之，若实际投入成本高于预定标准成本，所形成的差异为不利差异，在有关差异账户的借方反映，表示成本的超支。

产品成本受数量和价格两项因素的影响，因此成本差异也由数量差异和价格差异两部分构成。数量差异反映由于直接材料、直接人工和变动制造费用等要素实际用量消耗与标准用量消耗不一致而产生的成本差异；价格差异反映由于直接材料、直接人工和变动制造费用等要素实际价格与标准价格不一致而产生的成本差异。固定制造费用的差异分析较为特殊。

成本差异分析如图7-1所示。

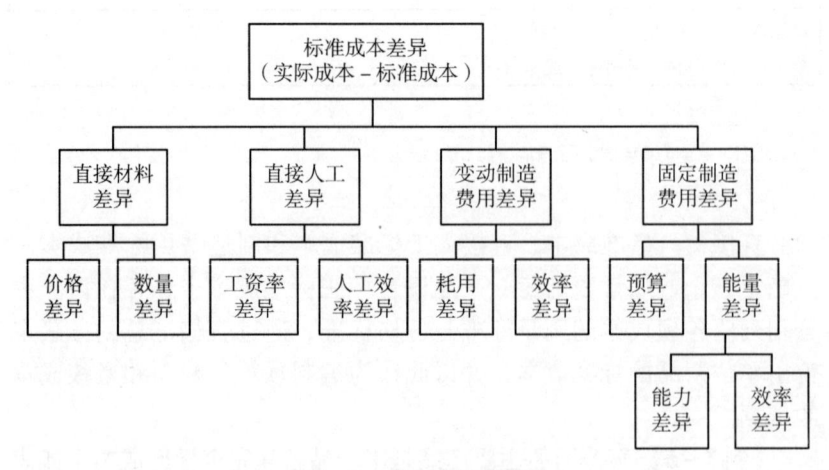

图7-1　成本差异分析图

一、直接材料成本差异的计算与分析

直接材料成本差异是指在实际产量下直接材料实际总成本与预定的标准总成本之间的差额。一般包括直接材料用量差异和直接材料价格差异两部分。

直接材料成本差异 = 实际产量直接材料实际成本
　　　　　　　　－ 实际产量直接材料标准成本

或　　　　 = 直接材料用量差异 + 直接材料价格差异

直接材料用量差异 = 直接材料标准价格 ×（实际产量直接材料实际用量 － 实际产量直接材料标准用量）

直接材料价格差异 =（直接材料实际价格 － 直接材料标准价格）× 实际产量直接材料实际用量

【例 7－6】以〖例 7－1〗资料，该公司本期生产甲产品 600 件，实际耗用 A 材料 6 500 千克，由于近期原材料价格上涨，A 材料的实际价格为 16.20 元/千克。则直接材料的成本差异计算如下：

直接材料成本差异 = 6 500 × 16.20 － 600 × 11 × 16 = 105 300 － 105 600 = －300（元）（有利差异）

其中，

直接材料价格差异 = 6 500 ×（16.20 － 16）= 1 300（元）（不利差异）

直接材料用量差异 = 16 ×（6 500 － 600 × 11）= －1 600（元）（有利差异）

【例 7－6】中直接材料成本差异为有利差异，是直接材料数量有利差异大于直接材料价格不利差异的结果。进一步分析其原因可能是由于技术工人水平提高或采购材料质量提高引起材料消耗数量有所下降。

材料的价格差异一般由客观原因造成，如市场行情的变化。材料的实际价格受到多种因素的影响，比如材料采购的批量、交货方式、材料质量、运输方式、结算方式等，其中任何一方面脱离制定标准成本的预定要求，都会形成价格差异。因此，对差异形成的原因和责任，需根据具体情况作进一步的分析，某些差异可能是由采购工作引起的，如市场行情的变化，则应由采购部门负责；另一些差异可能是由生产环节造成的，比如应生产部门要求，对某种材料进行小批量紧急订货，致使购货价格高于正常采购价格而形成的不利差异，就应该由生产部门负责。

材料用量差异是生产中材料实际耗用量与标准耗用量不同而引起的差异，因而一般应由生产部门负责，但有时也可能是由采购部门的工作所引起的，比如采购部门以较低的价格购入了质量较差的材料或购入了不符合规格的材料，而导致材料耗用量增长所形成的不利差异，就应由采购部门负责。

另外，上述直接材料成本差异的分析是假设当期购入的材料数量与当期生产耗用的材料数量相等，若当期购入的材料与当期生产耗用的材料在数量上不一致，则材料成本差异的计算与分析通常采用两段进行：根据实际购入材料数量计算材料的价格差异，在实际产量下材料耗用量和标准价格的基础上计算材料的数量差异。

【例7-7】以〖例7-1〗资料，该公司本期以每千克16.60元的价格购入A材料7 200千克，实际生产甲产品600件，实际耗用A材料6 500千克。则直接材料的成本差异计算如下：

直接材料价格差异 = 7 200 × (16.20 - 16) = 1 440（元）（不利差异）

直接材料数量差异 = 16 × (6 500 - 600 × 11) = -1 600（有利差异）

二、直接人工成本差异的计算与分析

（一）直接人工效率差异、工资率差异的计算与分析

直接人工成本差异是指直接人工实际成本与直接人工标准成本之间的差额，其中包括直接人工效率差异和直接人工工资率差异。

其中，直接人工效率差异，是指因生产单位产品实际耗用的直接人工小时偏离其预定的标准工时所形成的直接人工成本差异部分，这反映了工人劳动效率的变化。直接人工工资率差异，是指因直接人工实际工资率偏离其预定的标准工资率而形成的直接人工成本差异部分。其计算公式如下：

直接人工工资率差异 = 实际工时 × (实际工资率 - 标准工资率)

直接人工效率差异 = 标准工资率 × (实际工时 - 标准工时)

直接人工成本差异 = 直接人工实际成本 - 直接人工标准成本
　　　　　　　　 = (实际工时 × 实际工资率) - (标准工时 × 标准工资率)

或　直接人工成本差异 = 直接人工工资率差异 + 直接人工效率差异

【例7-8】以〖例7-2〗资料，该公司本期生产甲产品600件，实际耗用直接人工5 850工时，实际支付工资总额为91 260元。则直接人工成本差异计算如下：

实际工资率 = 91 260 ÷ 5 850 = 15.60（元/工时）

直接人工成本差异 = 91 260 - 600 × 10 × 15 = 91 260 - 90 000 =

1 260（元）（不利差异）

其中，

直接人工工资率差异 = 5 850 ×（15.6 - 15）= 3 510（元）（不利差异）

直接人工效率差异 = 15 ×（5 850 - 600 × 10）= - 2 250（元）（有利差异）

【例 7 - 8】中直接人工成本差异为不利差异，是直接人工工资率不利差异大于直接人工效率有利差异的结果，进一步分析可能由于技术工人的技术水平提高导致生产效率的提高，从而产生了直接人工效率有利差异，同时，每小时工资率的提高，又产生了直接人工工资率不利差异。

直接人工工资率差异往往是由于工种的调配、不同工资级别工人实际工时比例的变化、工人工资级别的调整等引起的。直接人工效率差异产生的原因主要是劳动生产率的变化、生产工艺的改变、生产工人配备的合理程度以及劳动的积极性等。

（二）直接人工结构差异分析

在企业产品生产过程中，同一道生产工序内只有一种人工、支付相同的小时工资率，这与实际情况有所不符。实际生产中，同一工序、同一产品的生产可能需要不同等级的人工互相协作来完成，而他们的小时工资率是不一样的，这样，不同技术等级人工的比重变动会对直接人工费用产生影响，主要将产生直接人工工资结构差异和人工产出差异，其计算公式如下：

工资结构差异 = ∑ 实际工时 ×（标准工资率 - 平均标准工资率）

人工产出差异 = 平均标准工资率 ×（∑ 实际工时 - ∑ 标准工时）

【例 7 - 9】该公司本期共生产乙产品 1 200 件，生产乙产品需要铸造和组装两道工序，其中铸造工序的直接人工的标准成本和实际成本相关资料如表 7 - 6 所示。

表 7 - 6　　　　　　　标准成本和实际成本

	标准成本		实际成本	
	总工时	小时工资率	总工时	小时工资率
一级工	1 800 工时	29 元/工时	1 700 工时	31 元/工时
二级工	3 200 工时	24 元/工时	3 500 工时	25 元/工时

直接人工差异计算如下：

直接人工成本差异 =（1 700×31＋3 500×25）－（1 800×29
　　　　　　　　＋3 200×24）
　　　　　　　＝140 200－129 000＝11 200（元）（不利差异）

其中，
直接人工工资率差异＝1 700×(31－29)＋3 500×(25－24)
　　　　　　　　＝3 400＋3 500＝6 900（元）（不利差异）
直接人工效率差异＝29×(1 700－1 800)＋24×(3 500－3 200)
　　　　　　　　＝（－2 900）＋7 200＝4 300（元）（不利差异）
对直接人工效率差异进一步计算：
实际总工时＝1 700＋3 500＝5 200（小时）
标准总工时＝1 800＋3 200＝5 000（小时）
平均标准工资率＝129 000÷5 000＝25.80（元/工时）
工资结构差异＝1 700×（29－25.80）＋3 500×（24－25.80）
　　　　　　＝5 440＋（－6 300）＝－860（元）（有利差异）
人工产出差异＝25.80×(5 200－5 000)＝25.80×200＝5 160
（元）（不利差异）

分析表明，由于总工时的增加，人工成本增加了5 160元；但是，由于工资率较低的二级工占总工时的比重上升，使得平均工资率有所下降，从而产生有利差异860元。这样就较为全面具体地说明了直接人工效率差异产生的原因。

三、变动制造费用差异的计算与分析

变动制造费用差异，是指变动制造费用实际发生额与变动制造费用标准发生额之间的差额，其由变动制造费用耗用差异和变动制造费用效率差异两部分构成。

变动制造费用耗用差异即"价格"差异，是指因变动制造费用实际分配率偏离其标准分配率而形成的差异部分。变动制造费用效率差异即"数量"差异，是指因变动制造费用实际耗用的直接人工小时（或机器工时）偏离预定的标准工时（或标准机器工时）而形成的差异部分。其计算公式如下：

变动制造费用耗用差异＝实际工时×（实际分配率－标准分配率）
变动制造费用效率差异＝标准分配率×（实际工时－标准工时）
变动制造费用差异＝实际变动制造费用－标准变动制造费用
或　变动制造费用差异＝变动制造费用耗用差异＋变动制造费用效率差异

【例7－10】以〖例7－3〗资料，该公司本期生产甲产品600件，实际耗用5 850工时，实际发生的变动制造费用62 010元，平均每工时 10.6 元。则变动制造费用差异计算如下：

变动制造费用差异 = 5 850 × 9.6 - 600 × 10 × 11 = 62 010 - 66 000 = - 3 990（元）（有利差异）

其中，

变动制造费用耗用差异 = 11 × (5 850 - 600 × 10) = - 1 650（元）（有利差异）

变动制造费用效率差异 = 5 850 × (10.6 - 11) = - 2 340（元）（有利差异）

例〖7 - 10〗中变动制造费用有利差异，是变动制造费用耗用有利差异和变动制造费用效率有利差异共同作用的结果。

引起变动制造费用差异的原因是多方面的，比如构成变动制造费用各要素价格与制定的标准价格的偏离，间接材料和人工使用的偏离，动力和设备使用的偏离等。变动制造费用的效率差异是同变动制造费用的分配基础紧密相关的，因此通常负责控制分配基础水平的部门应对变动制造费用的效率差异承担责任。这里，它是与直接人工效率联系在一起的。

四、固定制造费用差异的计算与分析

固定制造费用在一定的生产量水平内，生产量发生变化，固定制造费用总额却不会发生变化，所以其差异计算和分析与变动成本不同。在实际生产经营活动中，往往由于实际耗用的工时（或机器小时）总数与预计的标准有所偏离，或固定制造费用的实际发生数与预算数有所偏离，而导致固定制造费用差异。

固定制造费用差异计算通常使用三差异的分析方式，所谓三差异是指预算差异、能力差异和效率差异。预算差异是规定制造费用实际发生额与其预算额之间的差额；能力差异是因生产能力的实际利用程度偏离预定的标准生产能力所形成的固定制造费用差异；效率差异是因生产单位产品实际耗用工时偏离其标准工时所形成的固定制造费用差异。其计算公式分别如下：

固定制造费用预算差异 = 固定制造费用实际支付数 - 固定制造费用预算数

固定制造费用能力差异 = 固定制造费用标准分配率 × (预算产量预算工时 - 实际产量实际工时)

固定制造费用效率差异 = 固定制造费用标准分配率 × (实际产量实际工时 - 实际产量标准工时)

固定制造费用差异 = 实际固定制造费用 - 标准固定制造费用

或　固定制造费用差异 = 预算差异 + 能力差异 + 效率差异

【例 7-11】 以〚例 7-4〛资料，该公司本期生产甲产品 600 件，实际耗用 5 850 工时，实际发生固定制造费用 35 000 元，预计本公司的生产能力为 6 600 工时，固定制造费用预算数为 39 600 元。则固定制造费用差异计算如下：

固定制造费用差异 = 35 000 − 600 × 6 × 10 = −1 000（元）（有利差异）

其中，

固定制造费用预算差异 = 35 000 − 39 600 = −4 600（元）（有利差异）

固定制造费用能力差异 = 6 × (6 600 − 5 850) = 4 500（元）（不利差异）

固定制造费用效率差异 = 6 × (5 850 − 600 × 10) = −900（元）（有利差异）

从例〚7-11〛可以看出，固定制造费用发生的有利差异 1 000 元被分解为三个部分：有利的预算差异 4 600 元，不利的能力差异 4 500 元，有利的效率差异 900 元。预算差异反映费用项目的变动，能力差异反映生产能力的使用情况，效率差异反映人工效率情况。该企业预算生产能力为 6 600 工时，而实际耗用工时为 5 850 小时，形成了 750 小时生产能力的闲置，由此产生了 4 500 元的不利差异。

第四节　标准成本法的账务处理

在标准成本系统下，产品成本是按标准成本在账户之间转移，所以与实际成本计算相比，产品成本计算和存货的计价简化很多，如实际成本系统下的存货先进先出、加权平均等假设就不必要了，因为所有产品都是按同样的标准成本计算的。但生产过程中发生的实际成本与实际产出产品标准成本之间的差额则另设差异账户记录反映，在期末编制会计报表时需要对成本差异进行处理。

一、成本差异核算账户设置

采用标准成本法时，针对各种成本差异，应分别设置相应的成本差异账户进行核算。

在材料成本差异方面，应设置"材料价格差异"和"材料用量差异"两个账户；在直接人工差异方面，应设置"直接人工工资率差异"和"直接人工效率差异"两个账户；在变动制造费差异方面，应设置"变动制造费开支差异"和"变动制造费效率差异"两个账户;在固定制造费差异方面,应设置"固定制造费开支差异"、"固定制造费能力差异"和"固定制造费效率差异"三个账户,分别核算三种不同的固定制造费差异。各种成本差异类账户的借方核算发生的不利差异,贷方核算发生的有利差异。

二、成本差异的归集

对于日常领用的原材料、发生的直接人工费用和各种变动、固定制造费用应先在"生产成本——直接材料、直接人工"和"制造费用"账户里进行归集,月末计算、分析成本差异后,再将标准成本部分从"生产成本——直接材料、直接人工"和"制造费用"账户转入"生产成本——××产品"账户;将完工产品的标准成本从"生产成本——××产品"账户转入"产成品"账户。

随着产品的销售,再将已售产品的标准成本从"产成品"账户转入"销售成本"账户。对于各种成本差异,应将其从"直接材料"、"直接人工"和"制造费用"账户转入各个相应的成本差异账户。

三、期末成本差异的账务处理

随着产品的出售以及产品成本的结转,期末对所发生的成本差异也应进行结转和处理。成本差异的处理主要有两种方法:递延处理法和直接处理法。

1. 递延处理法

递延处理法是将本期的各种成本差异,按标准成本的比例分配给期末在产品、期末产成品和本期已销售产品。这样分配后,期末资产负债表的在产品和产成品项目反映的都是实际成本,利润表的产品销售成本反映的也是本期已销售产品的实际成本。

这种方法期末差异分配非常复杂,不便于产品成本计算的简化;另外,期末资产负债表的在产品和产成品项目反映的都是实际成本,利润表的产品销售成本反映的也是本期已销售产品的实际成本,这样就不便于本期成本差异的分析和控制。所以,西方企业一般都采用第二种方法。

2. 直接处理法

直接处理法在实际生产中,如果标准成本设置较好,期末差异账户的余额不大;或者当期生产的产品基本都在当期实现了销售,则可以采取简化的方式,即将已发生的差异均转入当期的销售成本,由本期销售的产品负担，不再分配给期末存货，这样期末资产负债表中的存货只反映标准成本。此方法可以避免期末复杂的成本差异分配，使当期经营成果与成本控制的业绩直接挂钩；但当成本标准过于陈旧或实际成本水平波动幅度较大时，就会因差异额过高而导致当期损益失实。由于工作程序简单，在实践中此方法被广泛应用，【例 7 – 12】采用该方法进行账务处理。

【例 7 – 12】根据〖例 7 – 6〗、〖例 7 – 8〗、〖例 7 – 10〗、〖例 7 – 11〗的有关资料，编制会计分录反映成本流动如下：

(1) 生产领用 A 材料

借：生产成本——甲产品　　　　　　　　105 600
　　材料价格差异　　　　　　　　　　　　1 300
　　贷：原材料——A 材料　　　　　　　　105 300
　　　　材料用量差异　　　　　　　　　　1 600

(2) 直接人工成本差异结转

借：生产成本——甲产品　　　　　　　　129 000
　　直接人工工资率差异　　　　　　　　　6 900
　　直接人工效率差异　　　　　　　　　　4 300
　　贷：应付工资　　　　　　　　　　　140 200

(3) 变动制造费用差异结转

借：生产成本——甲产品　　　　　　　　66 000
　　贷：变动制造费用　　　　　　　　　62 010
　　　　变动制造费用效率差异　　　　　2 340
　　　　变动制造费用耗用差异　　　　　1 650

(4) 固定制造费用差异结转

借：生产成本——甲产品　　　　　　　　36 000
　　固定制造费用能力差异　　　　　　　4 500
　　贷：固定制造费用　　　　　　　　　35 000
　　　　固定制造费用预算差异　　　　　4 600
　　　　固定制造费用效率差异　　　　　　900

(5) 结转完工产品成本

假定无期末在产品，本期投产 600 件甲产品全部完工，甲产品标准成本如表 7 – 7 所示，结转产品成本。

借：产成品——甲产品　　　　　　　　　297 600
　　贷：生产成本——甲产品　　　　　　297 600

假定本期完工产品全部销售，月末编制成本差异汇总表如表 7 – 7 所示，并结转销售成本与差异。

表 7-7　　　　　　　　甲产品成本差异汇总表　　　　　　单位：元

差异项目	借方余额（不利差异）	贷方余额（有利差异）
直接材料价格差异	1 300	
直接材料用量差异		1 600
直接人工工资率差异	6 900	
直接人工效率差异	4 300	
变动制造费用耗用差异		1 650
变动制造费用效率差异		2 340
固定制造费用预算差异		4 600
固定制造费用能力差异	4 500	
固定制造费用效率差异		900
合计	17 000	11 090
差异净额	5 910	

结转销售成本
借：销售成本　　　　　　　　　　　　297 600
　　贷：产成品　　　　　　　　　　　　　297 600
结转成本差异
借：销售成本　　　　　　　　　　　　5 910
　　直接材料用量差异　　　　　　　　1 600
　　变动制造费用耗用差异　　　　　　1 650
　　变动制造费用效率差异　　　　　　2 340
　　固定制造费用预算差异　　　　　　4 600
　　固定制造费用效率差异　　　　　　　900
　　贷：直接材料价格差异　　　　　　　　1 300
　　　　直接人工工资率差异　　　　　　　6 900
　　　　直接人工效率差异　　　　　　　　4 300
　　　　固定制造费用能力差异　　　　　　4 500

其中记入"销售成本"账户借方的 5 910 元是各种差异抵轧后的净额，由于是超支，表明销售成本的增加；否则就表现为销售成本的减少。

本 章 小 结

1. 标准成本法的特点：3 个方面
（1）标准成本可以发挥事前成本控制的作用。
（2）标准成本可以加强成本的事中控制。
（3）标准成本可以实现事后的成本控制。
2. 标准成本的作用：4 个方面
（1）有利于加强成本控制，有效实施例外管理。
（2）有利于简化成本核算，减少日常账务处理。

（3）有利于激发员工热情，正确评价工作绩效。
（4）有利于实施预算控制，便于企业经营决策。

3. 标准成本的种类：3 种类型

（1）理想标准成本。
（2）正常标准成本。
（3）现实标准成本。

4. 标准成本的制定：

（1）直接材料标准成本的制定。
（2）直接人工标准成本的制定。
（3）制造费用标准成本的制定。

5. 直接材料成本差异的计算：

（1）直接材料用量差异。
（2）直接材料价格差异。

6. 直接人工成本差异的计算：

（1）直接人工效率差异。
（2）直接人工工资率差异。

7. 变动制造费用差异：

（1）变动制造费用耗用差异。
（2）变动制造费用效率差异。

8. 固定制造费用差异

（1）预算差异。
（2）能力差异。
（3）效率差异。

9. 标准成本法期末成本差异的账务处理：两种方法

（1）递延处理法。
（2）直接处理法。

【本章重要术语】

标准成本法　理想标准成本　正常标准成本　现实标准成本　成本差异

【复习与思考题】

1. 单选题

（1）根据正常的耗用水平、正常的价格和正常的生产经营能力利用程度制定的标准成本是（　　）。

　　A. 平均标准成本　　　　　　B. 理想标准成本
　　C. 正常标准成本　　　　　　D. 现实标准成本

（2）标准成本可以按成本项目分别反映，每个成本项目的标准成本可按下式（　　）计算得到。

　　A. 价格标准×实际用量　　　B. 实际价格×用量标准

C. 实际价格×实际用量　　D. 价格标准×用量标准

（3）计算数量差异要以（　　）为基础。
A. 标准价格　　　　　　B. 实际价格
C. 标准成本　　　　　　D. 实际成本

（4）直接材料用量差异一般应由（　　）负责。
A. 采购部门　　　　　　B. 生产部门
C. 人事部门　　　　　　D. 质量控制部门

（5）直接材料价格差异一般应由（　　）负责。
A. 采购部门　　　　　　B. 生产部门
C. 人事部门　　　　　　D. 质量控制部门

2. 多选题

（1）下列属于价格差异的是（　　）。
A. 直接材料价格差异　　B. 直接人工工资率差异
C. 直接人工效率差异　　D. 变动制造费用效率差异
E. 变动制造费用耗用差异

（2）在标准成本法下应按标准成本登记的账户有（　　）。
A. 生产成本　　　　　　B. 销售费用
C. 原材料　　　　　　　D. 产成品
E. 制造费用

（3）在制定标准成本时，根据要求达到效率的不同，应采取的标准有（　　）。
A. 理想标准成本　　　　B. 正常标准成本
C. 现实标准成本　　　　D. 基本标准成本
E. 完全标准成本

（4）下列差异中，一般应由生产部门承担责任的是（　　）。
A. 直接材料用量差异　　B. 直接人工效率差异
C. 直接材料价格差异　　D. 工资率差异
E. 变动制造费用效率差异

（5）造成直接材料成本差异的原因中，应由采购部门负责的有（　　）。
A. 材料质量　　　　　　B. 材料价格
C. 生产设备状况　　　　D. 供应商选择
E. 采购数量

（6）直接人工成本差异计算包括（　　）。
A.（实际工时－标准工时）×实际工资率
B.（实际工时－标准工时）×标准工资率
C.（实际工资率－标准工资率）×实际工时
D.（实际工资率－标准工资率）×标准工时

3. 简答题

(1) 什么是标准成本法？

(2) 什么是标准成本、标准成本系统？在企业中实施标准成本系统有何意义？

(3) 现实标准成本、理想标准成本和正常标准成本有何差别？

(4) 如何制定直接材料、直接人工和制造费用的标准成本？

(5) 进行差异分析时，为什么需要将差异区分为价格差异和用量差异？

(6) 成本差异的账务处理通常有哪几种方法？各有什么特点？

4. 计算题

(1) 某公司生产 A 产品需使用一种直接材料甲，本期生产 A 产品 1 000 件，耗用甲材料 9 000 千克，甲材料的实际价格为 200 元/千克。假设甲材料计划价格为 210 元/千克。单位 A 产品标准用量为 10 千克。要求：

①计算甲材料的价格差异；

②计算甲材料的用量差异；

③计算甲材料的成本差异。

(2) 某公司生产 B 产品，其直接人工标准成本相关资料如下表所示：

产品名称	直接人工工时定额	直接人工标准工资率
B 产品	2.6 小时	25 元/小时

该公司实际生产 B 产品 10 000 件，实际耗用总工时 25 000 小时，实际应付直接人工工资 680 000 元。要求：

①计算 B 产品标准工资率和直接人工标准成本。

②计算 B 产品直接人工成本差异、直接人工工资率差异和直接人工效率差异。

(3) 某企业生产 C 产品，其变动性制造费用的标准成本为 24 元/件（3 小时/件×8 元/小时）。本期实际产量 1 300 件，发生实际工时 4 100 小时，变动性制造费用 31 160 元。要求：

①计算变动性制造费用的成本差异；

②计算变动性制造费用的效率差异；

③计算变动性制造费用的分配率差异。

(4) 某企业本月生产 D 产品，实际投产 8 000 件，预算产量为 10 400 件，实际固定制造费用为 190 000 元，实际总工时为 13 000 小时。工时标准为 1.5 小时/件，标准费用分配率为 12 元/小时。要求：计算固定制造费用预算差异、能力差异和效率差异。

第八章
作业成本法

【学习目标】
1. 明确作业成本法的含义
2. 理解作业成本法的基本原理
3. 掌握作业成本的计算方法
4. 明确作业成本法与传统成本法的联系与区别

【重点与难点】
1. 作业成本法的概念体系
2. 作业成本的计算

【引导案例】 为什么产品售价比成本还低？

Valport公司是一家专业化很强的电子公司，现在公司的Ⅰ号产品面临着来自其他公司的激烈竞争，竞争对手一直在压低Ⅰ号产品的价格。公司的Ⅰ号产品比其他所有竞争对手的产量都高，市场占有率遥遥领先。公司的总经理一直在思考：为什么其他公司的产品的价格远远低于本公司的价格？不过，让公司总经理高兴的是：公司新开发的Ⅲ号产品虽然工艺复杂，产量远不及公司生产的Ⅰ号产品和Ⅱ号产品的产量，但由于专业化程度非常高，其他竞争对手不想涉足这种产品生产，所以公司几次提高Ⅲ号产品的售价，客户仍是源源不断。

在公司年终总结会上，公司总经理问财务经理：“为什么我们的产品竞争不过其他公司的产品？他们的Ⅰ号产品仅售69美元，比我们的成本还要少1美元？”

"我认为是我们的产品成本计算方法造成的。"财务经理说，"我采用作业成本计算法测算发现，公司采用的传统制造成本计算法高估了产量高工艺简单的Ⅰ号产品成本，并且大大地低估了Ⅲ号产品的成本。"

"好的，"总经理说，"你马上给我提供作业成本计算法的有关数据。"

第一节 作业成本法概述

作业成本法（Activity-based Costing），简称 ABC 法，它是 20 世纪 80 年代由哈佛大学教授卡普兰（Robert S Kaplan）和库珀（Robin Cooper）创建的。作业成本法是一种以作业为基础，对各种主要的间接费用分别计算其分配率并进行成本分配的成本计算方法。其基本思想是：作业耗用资源，产品耗用作业；生产导致作业的发生，作业导致成本的发生。相对于传统成本计算方法，作业成本法可以说是成本计算方法上的一次历史性突破。

一、新制造环境冲击传统成本会计

随着企业 IT 技术的运用，MRP Ⅱ、ERP、CIM、JIT 等系统应用范围不断扩大，企业新制造环境逐渐形成。企业使用计算机管理信息系统来管理经营与生产，最大限度地发挥现有人、财、物及技术资源的作用，最大限度地实现企业经济效益，已成为制造业企业的一致选择。从最早的物料需求计划 MRP（Material Requirements Planning）、制造资源计划 MRP Ⅱ（Manufacturing Resource Planning）到近年来出现的企业资源规划 ERP（Enterprise Resource Planning）等，被越来越多的企业采用。目前流行的 MRP Ⅱ 有助于管理当局进行及时、有效的投资与生产经营决策；ERP 则是建立在信息技术基础上，以系统化的管理思想，为企业决策层及员工提供决策运行手段的管理平台。

不仅是 MRP Ⅱ 和 ERP，促成新制造环境形成的新系统还包括：弹性制造系统（FMS）、电脑整合制造系统（CIM）和适时生产系统（JIT）等。FMS 是指使用机器人及电脑控制的材料处置系统，来结合各种独立的电脑程式机器工具进行生产，它有益于产品制造程序的弹性化。CIM 则是指以电脑为核心，结合电脑辅助设计、电脑辅助工程及电脑辅助制造系统等所有新科技的系统，以形成自动化的制造程序，实现工厂无人化管理，可减少人工成本、节省时间并提高工作效率。JIT 是根据需要来安排生产和采购，以消除企业制造周期中的浪费和损失的管理系统。在 JIT 下企业的供、产、销各个环节在时间上必须周密衔接，材料应适时到达现场，前一生产程序的半成品应适时送达后一生产程序，产成品要适时供给顾客，力争使生产经营各个环节无库存储备。

面对新制造环境的冲击，企业如果继续使用传统的成本会计技术与方法，至少会造成两大方面的后果，包括：

1. 产品成本计算不准

因为在新制造环境下，机器和电脑辅助生产系统在某些工作上已经取代了人工，人工成本比重从传统制造环境下的 20% ~ 40% 降到了现在的不足 5%。但同时制造费用剧增并呈多样化，其分摊标准如果只用人工小时已难以正确反映各种产品的成本。

2. 成本控制可能产生负功能行为

传统成本会计中将预算与实际业绩编成差异报告，即将实际发生的成本与标准成本相比较。但在新制造环境下，这一控制系统将产生负功能的行为，例如为获得有利的效率差异，可能导致企业片面追求大量生产，造成存货的增加；另外，为获得有利价格差异，采购部门可能购买低质量的原材料，或进行大宗采购，造成质量问题或材料库存积压等等。

二、作业成本法的产生与发展

为解决新制造环境下传统成本会计的难题，作业成本法作为新的成本核算方法应运而生。传统成本法是一种通用的解决方案，不考虑企业的目标，但新兴的作业成本从一开始就考虑企业的实施目标和范围，结合企业的实际情况实施，并把成本核算与成本信息分析和应用结合起来，直至采取改善行动，为企业提供一个整体的解决方案。

作业成本法（Activity – Based Costing），是一种通过对所有作业活动进行追踪动态反映，计量作业和成本对象的成本，评价作业业绩和资源的利用情况的成本计算和管理方法。它以作业为中心，根据作业对资源耗费的情况将资源的成本分配到作业中，然后根据产品和服务所耗用的作业量，最终将成本分配到产品与服务。

对作业成本的研究最早可追溯到 20 世纪 40 年代，最早提出的概念是"作业会计"（Activity – Based Accounting 或 Activity Accounting）。美国会计学家埃里克·科勒（Eric Kohler）于 1941 年在《会计论坛》杂志发表论文首次对作业、作业账户设置等问题进行了讨论，并提出"每项作业都设置一个账户"，"作业就是一个组织单位对一项工程、一个大型建设项目、一项规划以及一项重要经营的各个具体活动所做出的贡献"。随后的乔治·斯托布斯（George. J. Staubus）认为，"作业会计"是一种和决策有用性目标相联系的会计，研究作业会计首先应明确"作业"、"成本"和"会计目标—决策有用性"三个概念。1971 年斯托布斯在具有重大影响的《作业成本计算和投入产出会计》一书中，对"作业""成本""作业成本计算"等概念做了全面阐述，引发了 80 年代以后西方会计学者对传统的成本会计系统的全面反思。

1988年，哈佛大学的罗宾·库珀（Robin Cooper）在夏季号《成本管理》杂志上发表了《一论ABC的兴起：什么是ABC系统?》，库珀认为产品成本就是制造和运送产品所需全部作业的成本的总和，成本计算的最基本对象是作业；ABC赖以存在的基础是作业消耗资源、产品消耗作业。接着库珀又连续发表了《二论ABC的兴起：何时需要ABC系统?》、《三论ABC的兴起：需要多少成本动因并如何选择?》和《四论ABC的兴起：ABC系统看起来到底像什么?》。他还与罗伯特·卡普兰（Robert S Kaplan）合作在《哈佛商业评论》上发表了《计量成本的正确性：制定正确的决策》等论文，对作业成本法的现实意义、运作程序、成本动因选择、成本库的建立等重要问题进行了全面深入的分析，奠定了作业成本法研究的基石。此后在英、美等国家对作业成本的研究日益兴起，研究作业成本法的文章纷纷出现，作业成本理论日趋完善，在冶金、电信、制药、电子设备和IT等行业的应用也逐步开展了起来。

作业成本法认为生产过程应该描述为：生产导致作业发生，产品耗用作业，作业耗用资源，从而导致成本发生。这与传统的制造成本法中产品耗用成本的理念是不同的。这样，作业成本法就以作业成本的核算追踪了产品形成和成本积累的过程，对成本形成的"前因后果"进行追本溯源：从"前因"上讲，由于成本由作业引起，对成本的分析应该是对价值链的分析，而价值链贯穿于企业经营的所有环节，所以成本分析首先从市场需求和产品设计环节开始；从"后果"上讲，要搞清楚作业的完成实际耗费了多少资源，这些资源是如何实现价值转移的，最终向客户（即市场）转移了多少价值、收取了多少价值，成本分析才算结束。由此出发，作业成本计算法使成本的研究更加深入，成本信息更加详细化、更具有可控性。

三、作业成本法的作用

（一）扩展了成本习性的概念，促进了完全成本法的复兴

作业成本法用成本动因解释成本习性，把成本划分为短期变动成本、长期变动成本和固定成本三类。成本动因的引入提高了决策的科学性，在当今高新技术的制造环境下，作业成本法的迅猛发展有利地促进了完全成本法的复兴。

（二）优化了产品组合，提高了企业战略决策的水平

产品组合决策，是利用整个企业的"生产价值"来决定产品获

利能力及优先生产次序，在作业成本法中，管理人员可以很容易地计算出直接归属产品的成本。

（三）使企业产品成本计算更正确，定价策略更灵活

采用作业成本法计算产品成本，先将成本按各个作业进行归集，除了直接材料、直接人工可直接归集于产品外，制造费用应分别按各项作业活动归集到同质的成本库中，然后分别选择合理的作业分配标准，将成本库中的制造费用分摊于产品中。管理当局可以对那些产品规格特殊且无明显市价规则，价格弹性也很低的产品提高其价格水平。

（四）改进了预算控制和成本控制

作业成本法的应用，首先要求把对成本的控制落实到每一项作业上，再以作业为核心，进行作业分析，以成本动因为基础进行成本控制，从而有效、持续地降低成本，改进了预算控制。其次，以适时生产系统和全面质量管理为重点的作业管理不再把标准成本法看作是成本控制的重要工具。

（五）改进了责任中心的业绩评价

资源通过作业形成产出价值，以作业中心为基础设置责任中心，控制了资源消耗，充分发挥了资源在提供给顾客价值过程中的作用。

总之，作业成本法一方面把资源的消耗（成本）与作业联系起来，进而把作业和产品联系起来；另一方面又把企业内部系列作业提供顾客的累计价值和企业的收入联系起来。而提供给顾客最终价值的形成过程（由价值链体现）和通过作业成本法所计算的相应资源消耗（体现在作业链中），又都纳入贯彻始终的作业管理体系，以促进企业生产经营各个环节的协调一致，共同为实现企业经营目标——"股东价值的最大化"做出最大贡献。

四、作业成本计算步骤

作业成本法最初作为一种正确分配制造费用、计算产品制造成本的方法被提出，其基本思想是在资源和产品之间引入一个中介——作业，基本原则是作业消耗资源，产品消耗作业；生产导致作业的发生，作业导致成本的发生。

根据这一原则，作业成本计算按以下两个步骤进行：

第一步，确认作业、主要作业、作业中心，按同质作业设置作业成本库；以资源动因为基础将间接费用分配到作业成本库；

作业是基于一定目的，以人为主体，消耗了一定资源的特定范围内的工作，是构成产品生产、服务程序的组成部分。实际工作中可能出现的作业类型一般有：启动准备、购货订单、材料采购、物料处理、设备维修、质量控制、生产计划、工程处理、动力消耗、存货移动、装运发货、管理协调等。

作业引发资源的耗用，而资源动因是作业消耗资源的原因或方式，因此，间接费用应当根据资源动因归集到代表不同作业的作业成本库中。

由于生产经营的范围扩大、复杂性提高，构成产品生产、服务程序的作业也大量增加，为每项作业单独设置成本库往往并不可行。于是，将有共同资源动因的作业确认为同质作业，将同质作业引发的成本归集到同质作业成本库中以合并分配。按同质作业成本库归集间接费用不但提高了作业成本计算的可操作性，而且减少了工作量，降低了信息成本。

第二步，以作业动因为基础将作业成本库的成本分配到最终产品。

> 作业动因是指作业贡献于最终产品的方式与原因，是表示成本对象或者其他作业对于作业需求的强度和频率的最恰当的单一数量度量标准，它用来把作业成本分配到成本对象或者其他作业，它反映了产品消耗作业的情况。如购货作业动因是发送购货单数量。

产品消耗作业，产品的产量、生产批次及种类等决定作业的耗用量，作业动因是各项作业被最终产品消耗的方式和原因。例如，启动准备作业的作业动因是启动准备次数，质量检验作业的作业动因是检验小时。明确了作业动因，就可以将归集在各个作业成本库中的间费用按各最终产品消耗的作业动因量的比例进行分配，计算出产品的各项作业成本，进而确定最终产品的成本。

综上所述，作业成本法区别于传统成本计算法的主要特点是：

其一，以作业为基本的成本计算对象，并将其作为汇总其他成本（如产品成本、责任中心成本）的基石。

其二，注重间接费用的归集与分配，设置多样化作业成本库，并采用多样化成本动因作为成本分配标准，使成本归集明细化，从而提高成本的可归属性。

其三，关注成本发生的前因后果。

产品的技术层次、项目种类、复杂程度不同，其耗用的间接费用也不同，但传统成本计算法认为所有产品都根据其产量均衡地消耗企业的所有费用。因此，在传统成本法下，产量高、复杂程度低的产品的成本往往高于其实际发生成本；产量低、复杂程度高的产品的成本往往低于其实际发生成本。

作业成本计算以作业为联系资源和产品的中介，以多样化成本动因为依据，将资源追踪到作业，将作业成本追踪到产品，提供了适应现代制造环境的相对准确的成本信息。作业成本计算以财务为导向，从分类账中获得主要成本（如间接费用）项目，进而将成本追踪到作业成本库，再将作业成本库的成本分配到各产品，侧重于对历史成本费用进行分析，是成本分配观的体现。

五、作业成本法的概念体系

作业成本法不同于传统成本计算方法，在作业成本法下必须明确以下基本概念：

（一）资源

资源是成本的源泉，一个企业的资源包括直接人工、直接材料、生产维持成本（如采购人员的工资成本）、间接制造费用以及生产过程以外的成本（如广告费用）。资源按一定的相关性进入作业，作业是工作的各个单位。例如，在一个顾客服务部门，作业包括处理顾客订单、解决产品问题以及提供顾客报告三项作业。

（二）作业

作业是工作的各个单位。作业的类型和数量会随着企业的不同而不同。作业应具备三个基本属性：

一是作业是投入产出因果连动的实体，即其本质是交易；二是作业贯穿于动态经营的全过程，构成包容企业外部与内部的价值链；三是作业应该是一种可量化的基准，因为成本体系是为成本计算而设计的，计算成本必须有一定的客观基准。

（三）作业链与价值链

作业链是指企业为了满足顾客需要而建立的一系列有序的作业集合体。一个企业的作业链可包括研究与开发→设计→生产→营销→配送→售后服务。价值链是与作业链紧密关联的。按作业成本法的原理，产品消耗作业，作业消耗资源，作用链是一项作业转移到另一项作业的过程，同时也伴随着价值量的转移，最终产品是全部作业的集合，也是全部作业的价值集合。在作业成本法中，依据是否会增加顾客价值，人们将作业分为增值作业和不增值作业。前者是指能增加顾客价值的作业，也就是说这种作业的增减变动会导致顾客价值的增减变动；后者是指不会增加顾客价值的作业，也就是说，这种作业的增加或减少不会影响顾客价值的大小。

（四）成本动因

成本动因，是指导致成本发生的各种因素。作业成本法将成本动因分为两类，即资源动因和作业动因。

> 价值链是哈佛大学商学院教授迈克尔·波特于1985年提出的概念，波特认为，每一个企业都是在设计、生产、销售、发送和辅助其产品的过程中进行各种活动的集合体。所有这些活动可以用一个价值链来表明。企业的价值创造是通过一系列活动构成的，这些活动可分为基本活动和辅助活动两类，基本活动包括内部后勤、生产作业、外部后勤、市场和销售、服务等；而辅助活动则包括采购、技术开发、人力资源管理和企业基础设施等。这些互不相同但又相互关联的生产经营活动，构成了一个创造价值的动态过程，即价值链。

1. 资源动因

按照作业成本计算的规则：作业决定着资源的耗用量，资源耗用量的高低与最终产品没有直接关系。专家们将这种资源消耗量与作业间的关系称作资源动因，资源动因联系着资源和作业，它把明细分类账上的资源成本分配到作业。例如假定质量检验部门有两大资源消耗——100 000 元的工资及奖金和 20 000 元的原料，并且质量检验部门设有"外购材料的检验""在产品的检验"和"产成品的检验"三项作业。会计部门通过估计各作业消耗的人力把工资和奖金分配到各作业。这个估计的人力就是工资和奖金的资源动因。假定，人力的估计是由分配到每一作业的人数以及每一人在该作业上所花费的时间来决定的，如果某部门 1/5 的人员把他们 50% 的时间花费在对外购材料进行检验，那么人力的 10%（1/5×50%）的工资和奖金，也就是 10 000 元（100 000×10%）就应分配到"检验外购材料"的作业。资源动因作为一种分配基础，它反映了作业对资源的耗费情况，是将资源成本分配到作业的标准。

2. 作业动因

作业动因是分配作业成本到产品或劳务的标准。它们计量了每类产品消耗作业的频率，反映了产品对作业消耗的逻辑关系。例如，当"检验外购材料"被定义为一个作业时，则"检验小时"或"检验次数"就可成为一个作业动因。如果检验外购材料 A 所花的时间占总数的 30%，则作业"检验外购材料"成本的 30% 就应归集到外购材料 A。

3. 资源动因与作业动因的区别和联系

从前面的介绍我们可以看出，资源动因连接着资源和作业，而作业动因连接着作业和产品。把资源分配到作业用的动因是资源动因；把作业成本分配到产品用的动因是作业动因。比如说，工资是企业的一种资源，把工资分配到作业"质量检验"的依据是质量检验部门的员工数，这个员工数就是资源动因；把作业"质量检验"的全部成本按产品检验的次数分配到产品，则检验的次数就是作业动因。

（五）成本库与成本库分配率

1. 成本库（作业中心）

在一个企业内发生的作业成本是多种多样的，而每一项作业都会耗用资源并导致成本的发生。成本库（作业中心）是一个共享职能中心，它是为了实现企业内部的"资源"共享，将相似的或者相近的作业职能合并形成的集合体。理想的成本归集方法是将每一项作业所耗用的资源成本归属至产品，这种归集成本的方法准确度较高，根据成本效益原则，它可能会使成本归集本身的成本大于其效益，甚至花费很多的人力和物力也很难得到准确的成本数据，因而是不可取的。现实的做法是，将性质相类似的作业归集在一个同质成本库中，从而避免了计算和归属每一项作业可能发生的巨额成本。

2. 成本库分配率

作业成本法为每一个间接成本项目确定合理的成本动因后，将具有相同性质的成本动因组成若干个成本库，而一个成本库所汇集的可追溯成本则可按成本库分配率在各产品之间进行分配。计算公式如下：

某成本库分配率＝该成本库归集的可追溯成本/该成本动因耗用总数

某产品应分摊的间接费用＝该产品成本库的作业量×成本库分配率

成本库即作业中心，相同或相似的作业职能合并后称为作业中心。作业中心中的各项工作有一个核心职能，作业都与这个核心职能紧密联系。单个作业中心不能完全为外部客户提供一项产品或服务，而需要多个作业中心共同协作，才能提供一项完整的产品。

第二节　作业成本法与传统成本法的比较

作业成本法将传统的以产品为中心的控制转化为以作业为中心的控制，改进了责任会计、标准成本制度以及弹性预算，提供了有助于业绩计量和考核、预算制定的数据和信息，与传统成本法对比，两者既有着密切的联系，也有着本质的区别。

一、作业成本法与传统成本法的联系

（一）两种方法的目的相同，都是为了确定产品成本

传统的成本计算方法是通过计算分配率来计算产品成本；作业成本法是先对间接费用进行分配，建立成本库，再根据产品消耗作业的数量，把作业成本计入产品成本中，以此来计算产品成本。

（二）两种成本计算方法中对直接费用的处理基本相同

产品成本的组成项目可分为直接材料、直接人工和制造费用等内容，两种成本计算方法下对于直接材料、直接人工等直接费用的核算与处理完全相同，只是对于间接费用—制造费用的分配，作业成本法是按作业分配，而传统成本法是按人工工时或机器工时等单一分配率进行分配。

二、作业成本法与传统成本法的区别

（一）理论基础不同

传统成本法是按照耗费的生产时间或其他标准，把间接费用平均分配到每一种产品成本中，其优点是简单明了，不足是忽视了实际生产过程中产品消耗与费用的配比问题；作业成本法的理论基础是产品的成本与创造价值的过程不是孤立的，分配间接费用应该从成本、费用的来源着手，把间接费用的分配与产生成本费用的原因挂起钩来，即产品消耗作业，作业消耗资源，生产成本费用应当根据其发生的原因，汇集到作业，并计算出作业成本，再按照产品生产所消耗的作业量，将作业成本科学计入到产品中去，它是对传统成本计算方法的伟大创新。

（二）产生环境不同

传统成本核算方法的产生背景是在第一次工业革命时期，机器工业时代提倡的是规模经济、大批量生产和流水作业的生产模式，这种核算方法适应了当时的生产条件和管理水平。但是在今天这个日新月异的时代下，高新技术越来越多地运用到了企业生产中去，企业生产方式不得不根据消费者的消费行为发生改变而改变，逐步形成多样化、个性化生产，正是由于环境的变化才产生了作业成本法。

（三）对间接成本费用的分配方法不同

传统成本法是企业汇集本单位所发生的费用，然后按照数量（或产量、工时）等确定分配率，最后按分配率将间接费用分配到各种产品中去；作业成本法是汇集每个作业中心消耗的各种资源，然后将各个作业中心的成本按各自的作业动因单独计算其分配率，最后把该作业的成本分配到每一种产品中，使得作业成本法与标准成本控制系统能够有机地结合在一起，解决了传统成本法下产品成本信息失真的问题，为企业提供科学合理的成本分配，更好地为管理者提供正确的信息，制定合理的发展战略。在传统成本法的计算下，间接成本费用的分配标准是人工工时或者机器工时，它一次性把间接成本分配下去，忽视了各个作业量之间的不平等问题，导致成本核算不够准确。在作业成本法下，间接成本按照产量基础分配给各个作业单位，这样才能保证间接成本分配更加准确、科学，提高了信息质量，同时也克服了传统成本法下产品成本的信息失真问题，有利于企业管理层决策正确性的提升，进而使企业整体业绩得到提高（见表8-1）。

表 8-1　　　　　　　　　成本费用的分配

成本计算方法	费用分配方法	分配路径	特点
传统成本法	制造费用以直接人工工时或机器工时为分配依据	间接成本的分配路径是"资源—部门—产品"	如企业生产多样性明显、生产量小、技术要求高的产品成本分配偏低，而生产量大、技术要求低的产品成本分配偏高
作业成本法	(1) 确认发生制造费用的一个或多个作业环节，如维修机器作业、搬运作业、质量检验作业等； (2) 根据作业量的大小，将制造费用成本分配到各作业中； (3) 依据相应的成本动因，如维修工时、搬运数量、检查次数等将各作业中心的成本分配到成本对象	间接费用的分配路径是"资源—作业—产品"	制造费用按照成本动因直接分配，避免了传统成本计算法下的成本扭曲

总体思路：在对直接费用的分配上，两者无区别；在对间接费用（主要是制造费用）的分配上，两者存在不同。

（四）成本核算对象不同

传统的成本核算对象仅局限于"产品"层次，通常是最终产品；而作业成本法则更注重生产经营过程中形成成本的前因后果，成本核算对象不仅仅集中于产品生产过程中，将成本划分范围扩大，更加准确计算产品成本，具体不同如下：一是适用对象方面。传统成本法的适用对象是批量生产，劳动密集型企业，直接成本所占比重大，间接成本与工时、产量相关；作业成本法的适用对象是技术密集型企业和多品种、小批量生产企业，间接成本比重大且与工时、产量不相关。二是成本归集对象不同。传统成本法是按产品生产部门或成本中心归集成本；作业成本法是按消耗资源的作业归集成本。三是成本分配动因不同。传统成本法是按单一的人工工时分配成本到产品；作业成本法是基于不同的成本动因将成本分配到产品。

【例 8-1】某企业生产 A、B 两种产品，其中 A 产品技术工艺过程较为复杂，生产批量较小；B 产品技术工艺过程较为简单，生产批量较大。其他有关资料见表 8-2。

表8-2　　　　　　　　　　　生产成本明细表

项目	A产品	B产品
产量（件）	30 000	60 000
直接人工工时（工时）	45 000	39 000
单位产品直接人工成本（元/件）	6	5
单位产品直接材料成本（元/件）	8	11
制造费用总额（元）	462 000	

要求：

（1）采用传统成本计算方法计算A、B两种产品应分配的制造费用及单位成本。

（2）假设经作业分析，该企业根据各项作业的成本动因性质设立了机器调整准备、质量检验、设备维修、生产订单、材料订单、生产协调等六个作业成本库；各作业成本库的可追溯成本、成本动因、作业量以及作业成本分配率等有关资料见表8-3。

表8-3　　　　　　　　　　　作业参数表

作业成本库（作业中心）	可追溯成本（元）	成本动因	作业量 A产品	作业量 B产品	合计
机器调整准备	86 000	准备次数	60	20	80
质量检验	66 000	检验次数	25	15	40
设备维修	86 000	维修工时	32	18	50
生产订单	98 000	订单份数	15	10	25
材料订单	78 000	订单份数	25	5	30
生产协调	48 000	协调次数	7	3	10
合计	462 000				

采用作业成本计算法计算A、B两种产品应分配的制造费用及单位成本。

（3）针对两种成本方法计算A、B两种产品应分配的制造费用及单位成本的差异进行原因分析。

计算分析如下：

（1）传统成本计算法下A、B产品应分配的制造费用及单位成本
制造费用分配率 = 462 000 ÷ 84 000 = 5.5（元/工时）
A产品应分配制造费用 = 45 000 × 5.5 = 247 500（元）
B产品应分配制造费用 = 39 000 × 5.5 = 214 500（元）

A 产品单位产品应分配制造费用 = 247 500 ÷ 30 000 = 8.25（元）
B 产品单位产品应分配制造费用 = 214 500 ÷ 60 000 = 3.58（元）
A 产品单位成本 = 8 + 6 + 8.25 = 22.25（元）
B 产品单位成本 = 11 + 5 + 3.58 = 19.58（元）

（2）作业成本计算法下 A、B 产品应分配的制造费用及单位成本

$$某作业中心成本分配率 = \frac{该作业中心的可追溯成本}{该作业中心成本动因耗用总数}$$

表 8 - 4　　　　　　　　作业成本计算表

作业成本库（作业中心）	成本动因分配率	A 产品 作业量	A 产品 作业成本	B 产品 作业量	B 产品 作业成本	作业成本（制造费用）合计
机器调整准备	1 075	60	64 500	20	21 500	86 000
质量检验	1 650	25	41 250	15	24 750	66 000
设备维修	1 720	32	55 040	18	30 960	86 000
生产订单	3 920	15	58 800	10	39 200	98 000
材料订单	2 600	25	65 000	5	13 000	78 000
生产协调	4 800	7	33 600	3	14 400	48 000
合计			318 190		143 810	462 000

A 产品单位产品应分配制造费用 = 318 190 ÷ 30 000 = 10.61（元）
B 产品单位产品应分配制造费用 = 143 810 ÷ 60 000 = 2.40（元）
A 产品单位成本 = 8 + 6 + 10.61 = 24.61（元）
B 产品单位成本 = 11 + 5 + 2.40 = 18.40（元）

（3）两种成本计算法差异分析

表 8 - 5　　　　　　　　成本差异比较表　　　　　　　　单位：元

比较		A 产品	B 产品
单位总成本	作业成本计算法	24.61	18.40
	传统成本计算法	22.25	19.58
	绝对差	-2.36	1.18
	相对差	-9.59%	6.41%
单位制造费用	作业成本计算法	10.61	2.4
	传统成本计算法	8.25	3.58
	绝对差	-2.36	1.18
	相对差	-22.24%	49.17%

传统成本计算法和作业成本计算法下 A、B 产品应分配的制造费用之所以会产生较大的差异，其原因就在于这两种成本计算方法在间接费用归集的方法和分配基础的选择上有重大差别。也就是说，在传统成本计算法下是以数量为基础来分配制造费用，而且一般是以工时消耗这一单一标准对所有产品分配制造费用；而在作业成本计算法下是以作业量为基础来分配制造费用，即为不同的作业耗费选择相应的成本动因来向产品分配制造费用，从而使成本计算的准确性大大提高。

在传统成本计算法下，批量较小、技术上较复杂的 A 产品成本，在很大程度上被低估；批量大、技术上较为简单的 B 产品成本，在很大程度上被高估。说明，在传统成本法下，批量越大、技术越简单的产品，成本信息被高估的可能性越大；反之，成本信息被低估的可能性越大。

第三节 作业成本的计算（举例）

【例 8-2】吉祥服装有限公司的生产分为三个步骤进行，原来按逐步结转分步法计算产品成本。第一个生产步骤是备料（备料车间，包括布匹的整理、选配）；第二个生产步骤为缝纫（缝纫车间，包括裁剪、机器缝纫、手工锁扣眼、手工钉扣、检验等，其中机器缝纫分为：缝前后片、上领、上袖等项作业）；第三个生产步骤为包装（包装车间，包括熨烫、配号、包装等）。假定该公司首先在缝纫车间试行作业成本法，该车间只生产男式西服和女式西服两种产品，缝纫车间试行作业成本法计算产品成本的过程如下：

（一）缝纫车间生产过程作业认定

表 8-6　　　　　　　　　　作业清单

序号	作业名称	作业描述
1	样板制作	用料的设计和裁剪样板的制作
2	领用材料	根据每批产品材料耗用量，领用材料并从仓库运到车间
3	生产准备	每批产品投产前的生产线和设备调整
4	裁剪布料	将布料裁剪成裁片
5	机器缝前后片	用缝纫机将衣服的前后片缝制在一起
6	机器上领	使用缝纫机上衣领
7	机器上袖	使用软件上衣袖

续表

序号	作业名称	作业描述
8	手工锁扣眼	用手工锁扣眼
9	手工钉扣	用手工钉纽扣
10	检验	对产品质量进行全面检验
11	车间管理	组织和管理车间生产

（二）建立同质组和成本库

经过对作业清单中各项作业的分析，该公司确定以下作业同质组和成本库：

1. 样板制作作业——作业1

经分析，样板制作作业是一项重要作业，且无法与其他作业合并，决定为该项作业单独建立一个成本库。

该车间生产的男式西服分 M、L、XL 三个型号，女式西服分 S、M、ML、L 四个型号，每种型号的产品每个月都需生产。每种型号的产品平均每月需消耗一套样板，该项作业耗用的资源主要是人工工时、计算机系统使用时间、消耗性材料等。

无论是男式西服还是女式西服，都是按照产品的型号制作样板，而且，每一型号男式西服、女式西服的样板制作所耗用的成本等大致相同。因此，该项作业属于产品水准的作业，每月男式西服和女式西服耗用该项作业的比例是 3:4（即3种型号与4种型号之比）。

2. 生产准备作业——作业2

材料发放作业、生产准备作业和裁剪作业属于产品投产前或投产前期的作业，而且每批产品投产都必然发生一次。

该三项作业同属于批次水准的作业，而且对不同产品的消耗比例相同，因而可以将该三项作业合并为一项作业，即生产准备作业；并使用同一个作业动因，即产品投产的批次数；建立一个成本库，可称为生产准备成本库。

该项作业耗用的资源是：人工、运输设备、裁剪设备、仪器仪表、能源和机物料消耗。

3. 机器缝纫作业——作业3

机器缝前后片、上领、上袖三项作业都同样使用缝纫机，该三项作业同属于单位水准作业。

同时，根据历史资料分析，男式西服、女式西服耗用该三项作业（按工时计算）的比率大致相同。因此，也可将该三项作业合并为一个同质组，建立一个成本库。该项作业机械化、自动化程度较高，设备折旧在该成本库中所占比重较大；而耗用人工工时较少，职工薪酬所占比重较小，同时职工薪酬及其他间接成本（机物料消耗、动力用电、缝纫线等）与机器开动时间高度相关，因此，使用机器工时作为作业动因。

4. 手工钉扣、锁扣眼作业——作业 4

手工钉扣和锁扣眼均是劳动密集型作业，耗用工时较多，成本中职工薪酬含量较高。该两项作业同属于单位水准作业，且男式西服、女式西服两种产品的消耗比率大致相同。因此，可以纳入一个同质组，建立一个成本库。由于人工工时成本是该项作业的主要成本，其他成本如耗用的缝纫线等材料的成本与人工工时相关，因此，采用人工工时为作业动因。

5. 检验作业——作业 5

检验作业是一项独立的作业，单独设置成本库。该项作业耗费的主要是人工工时，其成本主要是人工薪酬和少量的物料消耗。由于每批产品（无论是男式西服还是女式西服）产量不同，而且需要逐件进行检验，所以，检验每批产品的时间长短会不一样。因此，该项作业不宜采用业务动因，而更适合采用持续动因。据此，对检验作业以检验的时间作为作业动因。

6. 车间管理作业——作业 6

车间管理是一项维持性作业，难以划清被哪种产品所消耗。该项作业所耗资源的成本主要是：管理人员的薪酬、厂房折旧、照明、取暖费用等。鉴于该项作业是一项维持性作业，且耗用成本不高，故采用分摊的办法，按照承受能力原则，以各种产品的本月完工产品产量作为分配基础，分配该项作业成本。

（三）作业成本与作业动因相关性的检查

按照作业成本法的程序，确定成本库和作业动因后，对成本库成本与成本动因之间是否存在明显的因果关系，应利用可决系数和相关系数两项指标进行相关性测试。

（四）设置成本计算科目及有关明细科目

由于该企业目前仅在缝纫车间试行作业成本法，因而，并未改变整个企业的成本计算系统。只需对缝纫车间在成本计算中使用的有关会计科目进行调整，设置适应作业成本法所必需的会计科目及明细科目即可。

首先，重新设置"生产成本"科目。在该科目下按男式西服和女式西服两种产品设置成本计算单（格式见表 8-9、表 8-10），在计算单内需按"直接材料""直接人工""作业成本"设置专栏。

其次，设置"作业成本"科目，取代原来的"制造费用"科目。在该科目下，按作业成本库名称设置明细科目，具体包括"样板制作""生产准备""机器缝纫""手工钉扣、锁扣眼""检验"和"车间管理"6个明细科目。在每个明细科目内,按作业耗用资源成本的名称设置专栏,具体包括:"机物料消耗""职工薪酬""固定资产折旧""燃料和动力""办公费""水电费""取暖费"等。作业成本明细账格式见表8-7。

表8-7 作业成本——样板制作作业(作业1)明细账

20×7年1月　　　　　　　　　　　　　　　　单位:元

项目	职工薪酬	折旧	动力费	维修费	机物料消耗	合计
根据凭证记录的费用发生额	—	—	—	—	—	—
本月发生额合计	98 600	28 500	15 600	6 300	9 200	158 200
根据作业成本分配表结转到生产成本	98 600	28 500	15 600	6 300	9 200	158 200
月末余额	0	0	0	0	0	0

(五) 作业成本的计算

1. 根据当期发生的成本登记有关成本计算账户的总账和明细账

按照作业成本法程序,产品成本计算的第一阶段的主要工作是归集和计算作业成本,并计算作业成本分配率;同时,还需将产品耗用的直接材料等直接成本归集到有关成本计算单内。

(1)"生产成本"账户的登记。根据材料分配表,可以将男式西服和女式西服耗用的原材料成本直接登记到"生产成本"账户及男式西服、女式西服成本计算单中的"本月发生成本——直接材料成本"栏内(见表8-9、表8-10)。20×7年1月男式西服发生的直接材料成本为1 568 000元,女式西服发生的直接材料成本为1 365 000元;由于该缝纫车间实行的是计时工资,人工成本属于间接成本,并已将人工成本全部分配到各有关作业中,所以没有直接人工成本发生。

(2)"作业成本"账户的登记。根据职工薪酬发票表、固定资产折旧计算表、燃料和动力分配表、材料分配表等登记"作业成本"账户及其所属明细账户。

2. 根据作业成本明细账编制作业成本分配表,计算作业成本分配率,结转作业成本(见表8-8)。

表8-8　　　　　　　　　　　作业成本分配表

20×7年1月　　　　　　　　　　　　　单位：元

项目		作业1	作业2	作业3	作业4	作业5	作业6	合计
本月作业发生额		158 200	62 000	728 000	32 800	31 200	19 200	1 031 400
作业动因	产品型号（型号数）	7						
	生产准备次数（次）		10					
	机器工时（小时）			5 600				
	人工工时（小时）				1 640			
	检验时间（小时）					260		
	实际产量×预计单价						3 840	
分配率		22 600	6 200	130	20	120	5	
男式西服耗用作业动因		3	4	3 000	935	140	1 980	
女式西服耗用作业动因		4	6	2 600	705	120	1 860	
男式西服分配作业成本		67 800	24 800	390 000	18 700	16 800	9 900	528 000
女式西服分配作业成本		90 400	37 200	338 000	14 100	14 400	9 300	503 400

3. 计算产品成本和单位成本

表8-9　　　　　　　　　　　成本计算单

产品名称：男式西服　　　　　20×7年1月　　　　　　　　　单位：元

项目	产量（件）	直接材料成本	直接人工成本	作业成本	合计
月初在产品成本		125 000		56 800	181 800
本月发生成本		1 586 000		528 000	2 114 000
合计		1 711 000		584 800	2 295 800
完工产品成本	1 980	1 544 400		514 800	2 059 200
单位产品成本		780		260	1 040
月末在产品成本		166 600		70 000	236 600

表8-10　　　　　　　　　　　成本计算单

产品名称：女式西服　　　　　20×7年1月　　　　　　　　　单位：元

项目	产量（件）	直接材料成本	直接人工成本	作业成本	合计
月初在产品成本		154 800		67 200	222 000
本月发生成本		1 365 000		503 400	1 868 400
合计		1 519 800		570 600	2 090 400
完工产品成本	1 860	1 339 200		427 800	1 767 000
单位产品成本		720		230	950
月末在产品成本		180 600		142 800	323 400

本章小结

1. 作业成本法的作用：5方面

（1）扩展了成本习性的概念，促进了完全成本法的复兴。

（2）优化了产品组合，提高了企业战略决策的水平。

（3）使企业产品成本计算更正确，定价策略更灵活。

（4）改进了预算控制和成本控制。

（5）改进了责任中心的业绩评价。

2. 作业成本计算步骤

（1）确认作业、主要作业、作业中心，按同质作业设置作业成本库；以资源动因为基础将间接费用分配到作业成本库。

（2）以作业动因为基础将作业成本库的成本分配到最终产品。

3. 作业成本法的概念体系

（1）资源。

（2）作业。

（3）作业链与价值链。

（4）成本动因。

（5）成本库与成本库分配率。

4. 作业成本法与传统成本法的比较

（1）作业成本法与传统成本法的联系。

①两种方法的目的相同，都是为了确定产品成本。

②两种成本计算方法中对直接费用的处理基本相同。

（2）作业成本法与传统成本法的区别。

①理论基础不同。

②产生环境不同。

③对间接成本费用的分配方法不同。

④成本核算对象不同。

【本章重要术语】

作业成本法　作业　作业链　成本动因　成本库（作业中心）

【复习与思考题】

1. 单选题

（1）作业成本法是把企业消耗的资源按（　　）分配到作业以及把作业收集的作业成本按照（　　）分配到成本对象的核算方法。

A. 资源动因、作业动因　　B. 资源动因、成本动因

C. 成本动因、作业动因　　D. 作业动因、资源动因

（2）作业成本法适用于具有以下特征的企业（　　）。

A. 间接生产费用比重较小　　B. 作业环节较少

C. 生产准备成本较高　　　　D. 产品品种较少

(3) 作业成本法的缺陷有（　　）。

A. 实施成本较高

B. 实施效果较差

C. 成本决策相关性较弱

D. 间接费用的分配与产出量相关性较弱

(4) 作业成本法与传统成本法的区别之一是作业成本法（　　）。

A. 存在较多的同质成本库

B. 存在较少的同质成本库

C. 间接费用分配基础不一定是成本动因

D. 成本决策相关性较弱

(5) 在作业成本法下通常难以找到合适的成本动因来将（　　）作业所消耗的资源分配至产品。

A. 车间管理　　　　　　　　B. 直接人工

C. 质量检验　　　　　　　　D. 机器调试

2. 多选题

(1) 作业成本法的作用体现在（　　）。

A. 促进了完全成本法的复兴

B. 提高了企业战略决策的水平

C. 改进了责任中心的业绩评价

D. 使企业产品成本计算更正确

E. 提高了成本计算效率

(2) 作业成本法与传统成本法的联系包括（　　）。

A. 目的相同　　　　　　　　B. 理论基础相同

C. 对直接费用的处理基本相同　　D. 产生环境相同

E. 对间接成本费用的分配方法相同

(3) 作业成本法适用于具有以下特征的企业（　　）。

A. 间接生产费用比重较大　　B. 企业规模大、产品品种多

C. 作业环节多且易辨认　　　D. 生产准备成本较高

E. 计算机技术较高

(4) 作业成本法区别于传统成本计算法的主要特点是（　　）。

A. 以作业为基本的成本计算对象

B. 按作业的执行方式分配间接费用

C. 采用多样化成本动因作为成本分配标准

D. 关注成本发生的前因后果

E. 注重间接费用的归集与分配

(5) 作业成本法下必须明确的基本概念包括（　　）。

A. 资源　　　　　　　　　　B. 作业

C. 作业链与价值链　　　　　D. 成本库（作业中心）

E. 成本动因

（6）成本动因的选择应遵循以下原则（　　）。

A. 因果关系　　　　　　B. 受益性
C. 合理性　　　　　　　D. 全面性
E. 灵活性

3. 简答题

（1）什么是作业成本法？
（2）作业成本法的作用有哪些？
（3）作业成本法与传统成本法有何联系与区别？
（4）什么是资源、作业、作业链与价值链、成本动因？

4. 计算题

某企业生产甲、乙两种产品，其中甲产品技术工艺过程较为复杂，生产批量较小；乙产品技术工艺过程较为简单，生产批量较大。其他有关资料见下表。

项目	甲产品	乙产品	合计
产品产量（件）	1 000	5 000	
生产工时（小时）	300	900	1 200
直接材料（元）	140 000	260 000	400 000
直接人工（元）	8 000	19 000	27 000
制造费用（元）			228 000
成本合计（元）			655 000

根据该企业的生产工艺流程和各项作业的成本动因性质，企业设立了材料采购、材料处理、设备调试、设备运行、质量检验、产品分类包装6个作业成本库。各项作业资源耗费及成本动因如下表所示。

作业中心	材料采购	材料处理	设备调试	设备运行	质量检验	产品分类包装
成本动因	材料重量	材料移动次数	调试次数	机器小时	检验时间	分类次数
可追溯成本	29 000	13 000	15 000	156 000	7 000	8 000
作业量	145 000	52	5	1 300	70	50
其中：甲产品	38 000	21	3	900	26	18
乙产品	107 000	31	2	400	44	32

分别采用作业成本法和传统成本法计算甲、乙产品的成本。

第九章 全面预算

【学习目标】
1. 明确全面预算的含义
2. 理解全面预算的特性和作用
3. 明确全面预算的构成
4. 掌握全面预算编制的基本方法

【重点与难点】
1. 全面预算的构成
2. 全面预算编制的方法

【引导案例】全面预算助力企业发展

被誉为"齐鲁之翼"的山东航空集团是国有大型一类航空运输企业集团，是以运输业为龙头，上下游产业相配套发展的具有多种产业结构布局的综合性企业集团。

2005年初，山航从全面预算管理入手，着眼于未来集团信息化统一平台的建设，根据企业特点及需求，满足集团及下属企业全面预算管理的需要，建立了全面预算管理体系。通过全面预算管理体系，优化企业资源配置，全方位地调动各个层面员工的积极性，促进企业建立、健全内部约束机制，规范企业财务管理行为，在战略上实行集中控制，整合所有资源，在战术上实行分布式经营，做到既降低经营风险，又发挥规模经济优势，实现了财务部门对整个生产经营活动的动态监控，加强了财务部门与其他部门之间的联系和沟通。财务部门依据即时会计资料及时掌握动态经济信息，系统分析各部门预算项目的完成情况和存在的问题，并提出纠偏的建议和措施，报经集团领导批准后，协同职能部门按规定的流程对各部门的预算执行情况进行全面考核，并把企业中的各种经济活动统一到企业整体发展目标上来，在集团内部形成上下一致的合力，推动整个集团的高效运转。

第一节　全面预算概述

一、全面预算的含义

预算是一种系统的方法，用来分配企业的人、财、物等资源，以实现企业既定的战略目标。企业可以通过预算来监控战略目标的实施进度，有助于控制开支，并预测企业的现金流量与经营成果。

全面预算反映的是企业未来某一特定期间（一般不超过一年或一个经营周期）的全部生产、经营活动的财务计划，它以实现企业的目标利润为目的，以销售预测为起点，进而对生产经营各环节及现金收支等各个方面进行预测，并在这些预测的基础上，编制出一套预计资产负债表、预计利润表、预计现金流量表等预计财务报表及其附表，以反映企业在未来期间的财务状况和经营成果。

全面预算管理作为对现代企业成熟与发展起过重大推动作用的管理系统，是企业内部管理控制的一种主要方法。这一方法自20世纪20年代在美国的通用电气、杜邦、通用汽车公司产生之后，很快就成了大型工商企业的标准作业程序。从最初的计划、协调，发展到现在的兼具控制、激励、评价等诸多功能的一种综合贯彻企业经营战略的管理工具，全面预算管理在企业内部控制中日益发挥核心作用。正如著名管理学家戴维·奥利所说的，全面预算管理是为数不多的几个能把企业的所有关键问题融合于一个体系之中的管理控制方法之一。

二、全面预算的特点

（一）以企业战略为导向

企业的经营管理活动以企业战略为导向，而战略的执行则通过预算提供保证。一方面，要通过预算保证战略实施所必需资源得以落实，并通过预算对战略的执行进行控制；另一方面，预算的编制又必须以企业战略为依据和导向，从而发挥预算对战略的支持和保障作用。

（二）以作业为基础

作业是企业生产经营过程中既相互联系又各自独立的活动，可以作为企业划分控制和管理的单元。作业是成本的动因，也是竞争优势的来源。因此，企业根据战略要求合理地确定作业之间的关系，对于降低成本，增强竞争优势具有重要意义。预算作为管理工具，以作业为基础，按照作业和作业量来确定资源的消耗，可以使成本预算更好地发挥作用。

（三）建立有效的激励机制

全面预算实际上是一个细化的全面、科学、合理的业绩评价体系，将企业的长期战略与短期行动联系起来，突破了传统的以财务为核心的计量评价体系，很好地平衡了财务绩效指标与非财务绩效指标、企业内外群体之间的关系，使企业各流程的业绩得到全面、科学、合理的评价，激励企业内部各部门、各环节不断加强管理，提高企业效益。

（四）动态的管理体系

全面预算在考评预算执行的同时，根据环境的变化及时调整管理目标和业绩考核指标，对预算执行进行动态管理和控制，从而使预算能够准确而及时地反映企业的战略方针。

（五）全员、全程、全面管控

全员是指预算过程的全员参与与发动，"预算目标"要层层分解，使人人肩上有指标，让每一个参与者学会算账，建立"先算后干"的成本效益意识。全程是指预算管理不能仅停留在预算指标的设定、预算的编制与自下达上，通过预算的执行与监控、预算的分析与调整、预算的考核与评价，真正发挥预算管理对经营活动的全过程管理。全面是集企业生产预算、成本费用预算、资本投资预算、现金流量预算等于一体的综合预算体系，预算内容涉及企业生产经营的各环节、各方面。

三、全面预算的作用

（一）提升战略管理能力

战略目标通过全面预算加以固化与量化，使战略目标在企业内部的实施得到有力的保证，预算的执行与企业战略目标的实现成为同一过程，进一步加强对预算执行情况的有效监控，确保最大限度地实现企业战略目标。

（二）有效的监控与考核

预算的编制过程向企业各部门提供了设定合理业绩指标的全面信息，同时预算执行结果是业绩考核的重要依据。通过预算监控可以发现未能预知的机遇和挑战，这些信息通过预算汇报体系反映到决策机构，可以帮助企业动态地调整战略规划，提升企业战略管理的应变能力。将预算与执行情况进行对比和分析，可以为经营者提供有效的监控手段。

（三）合理配置企业资源

预算编制过程和预算指标数据直接体现了企业各部门使用资源的效率以及对各种资源的需求，因此是调度与分配企业资源的起点。通过全面预算的编制和平衡，企业可以对有限的资源进行最佳的安排使用，避免资源浪费和低效使用。

（四）有效控制经营风险

全面预算可以初步揭示企业下一年度的经营情况，企业管理层可以及时发现企业潜在的问题及风险，并预先采取相应的防范措施，从而达到规避与化解风险的目的。

（五）有效促进开源节流

全面预算管理和考核、奖惩制度共同作用，可以激励并约束相关主体追求尽量高的收入增长和尽量低的成本费用。编制全面预算过程中相关人员要对企业环境变化做出理性分析，从而保证企业的收入增长和成本节约计划切实可行。预算执行的监控过程关注收入和成本这两个关键指标的实现和变化趋势，这迫使预算执行主体对市场变化和成本节约造成的影响作出迅速有效的反应，提升企业的应变能力。

第二节 全面预算的构成及编制程序

一、全面预算的构成

（一）业务预算

业务预算，又称营业预算或经营预算，是反映企业预算期间日常供应、生产、销售、管理等实质性经营活动的预算。

（二）专项预算

专项预算是为企业不经常发生的长期投资项目或一次性专项业务所编制的预算，它包括资本支出预算和一次性专门预算。

（三）财务预算

财务预算是反映企业预算期内预计的现金收支、经营成果和预算期末财务状况的预算，它包括现金预算、预计利润表和预计资产负债表。

二、全面预算的编制方法

全面预算制定流程实质是一个自上而下地下达目标任务和自下而上地确认业务目标的交互过程。

（一）业务预算的编制

1. 销售预算

销售预算是安排预算期销售规模的预算。它是编制全面预算的关键和起点，其他预算均以销售预算为基础。通常销售预算是在销售预测的基础上，根据企业年度目标利润确定的销售量和销售额来编制。

$$销售收入 = 销售量 \times 销售单价$$

2. 生产预算

生产预算是安排预算期生产规模的预算，它是按"以销定产"的原则，在销售预算的基础上编制的。

生产预算需要根据预计的销售量和预计的期初、期末产成品存货量，按产品分别计算出每一个产品的预计生产量，计算方法为：

$$预计生产量 = 预计销售量 + 预计期末产成品存货量 - 预计期初产成品存货量$$

生产预算反映的是在满足销售需求和期末产成品存货量的基础上，企业应生产的产品数量，编制生产预算时，不仅要考虑企业的销售能力，同时还要考虑预算期初和期末的存货量，因为一般企业通常都会保持一定的存货储备量，以应付生产和销售的不确定性。

3. 直接材料预算

直接材料预算，又称直接材料采购预算，是用来确定预算期材料采购数量和采购成本的预算。它是以生产预算为基础编制的。

$$预计直接材料采购量 = 预计生产量 \times 单位产品耗用量 + 预计期末材料存货 - 预计期初材料存货$$

根据计算所得到的预计直接材料采购量，不仅可以安排预算期内的采购计划，同时也可得到直接材料的预算额：

$$直接材料预算额 = 直接材料预计采购量 \times 直接材料单价$$

4. 直接人工预算

直接人工预算是用来确定预算期内直接人工工时的消耗水平和人工成本水平的预算。直接人工预算的编制也是以生产预算为基础的，其主要内容包括预计的生产量、单位产品工时、总工时、每工时人工成本（小时工资率）和人工总成本。

$$直接人工预算额 = 预计生产量 \times 单位产品直接人工工时 \times 小时工资率$$

5. 制造费用预算

制造费用是指生产成本中除了直接材料、直接人工以外的间接生产费用项目。其编制依据是预算期的生产业务量（如直接人工小时数或机器小时数）、基期制造费用的实际开支水平、上级管理部门下达的成本降低率以及预算期间各费用明细项目的性质等。

不同性态的制造费用，其预算的编制方法也完全不同。因此，在编制制造费用预算时，通常是将两类费用分别进行编制的。

变动制造费用与生产量之间存在着线性关系，因此其计算方法为：

$$变动制造费用预算额 = 预计生产人工总工时 \times 单位产品预定分配率$$

固定制造费用与生产量之间不存在线性关系，其预算通常都是根据上年的实际水平，经过适当的调整而取得的。此外，固定资产折旧作为一项固定制造费用，由于其不涉及现金的支出，因此在编制现金支出预算时，需要将其从固定制造费用中扣除。

6. 产品成本预算

产品成本预算是生产预算、直接材料预算、直接人工预算、制造费用预算的汇总，它既是这些预算的继续，也是编制预计利润表和预计资产负债表的根据之一。

其预算方法为：先确定产成品的单位成本，然后将产成品的单位成本乘以预计的期末产成品数量即可：

$$期末产成品存货 = 产成品的单位成本 \times 预计的期末产成品数量$$

7. 销售成本预算

销售成本预算是在生产预算的基础上，按产品对其单位成本进行归集，计算出产品的单位成本，然后便可以得到销售成本的预算：

$$销售成本预算 = 产成品单位成本 \times 预计销售量$$

8. 销售费用及管理费用预算

销售及管理费用预算包括销售费用及管理费用两部分，是为产品销售活动和一般企业管理活动及有关的经营活动编制的费用预算。

（二）专项预算的编制

专项预算是为企业不经常发生的长期投资项目和一次性专门业务所编制的预算，它包括资本支出预算和一次性专门业务预算两种类型。

1. 资本支出预算

资本支出预算是企业在投资项目可行性研究的基础上编制的反映长期投资项目投资的时间、规模、收益以及资金筹措方式等内容的预算。

2. 一次性专门业务预算

一次性专门业务预算是为财务部门在日常理财活动中发生的一次性业务而编制的预算。

（三）财务预算的编制

1. 现金预算

现金预算是为了反映企业在预算期间预计的现金收支的详细情况而编制的预算。

现金预算的内容包括四部分：

（1）现金收入：企业销售商品、提供劳务等收取的现金。

（2）现金支出：企业购买商品、接受劳务、支付费用、缴纳税金等支付的现金。

（3）现金余缺与现金融通：现金余缺是现金收入合计与现金支出合计的差额。差额为正，说明收入大于支出，现金有多余，可用于偿还借款或用于短期投资；差额为负，说明支出大于收入，现金不足，需要向银行取得新的借款。

（4）期末现金余额：会计期末为保证企业生产经营对现金的需要而应保留的现金余额。

2. 预计利润表

预计利润表是反映预算期间预计的全部经营活动的最终财务成果的预算，又称"利润预算"，是控制企业经营活动和财务收支的主要依据。

3. 预计资产负债表

预计资产负债表是为反映企业在预算期期末预计的财务状况而编制的预算。

三、全面预算编制的程序

（1）由预算委员会拟定企业预算总方针，并下发到各有关部门。

要求结合内外经营环境的变化，滚动修订企业发展的战略目标与实现节奏，下达企业一定时期的总体期望目标及规划指标，并从集团（预算委员会）→分子公司（预算组）→部门→基层人员，层层分解目标。

（2）组织各生产业务部门按具体目标要求编制本部门预算草案。最基层业务及成本控制人员自行草编预算，制订实现目标的行动计划和方案，符合历史数据与未来变化趋势，使预算能较为可靠、较为符合实际，各部门汇总部门预算，并初步协调，层层质询本部门预算，编制出销售、生产、财务等预算。从基层人员→部门→分子公司（预算组）→集团（预算委员会），自下而上层层确定目标。

（3）由预算委员会平衡与协商调整各部门的预算草案，并进行预算的汇总与分析。各分子公司预算小组，审查、质询、平衡各职能预算，汇总出本单位全面预算，经总经理批准，上报集团预算委员会。集团预算委员会，审查、质询、平衡各一级利润中心及一级资源中心预算，汇总出全集团全面预算，经总裁批准，审议机构通过或驳回修改预算。主要预算指标报告给董事会或上级主管单位，讨论通过或者驳回修改。

（4）审议预算并上报企业管理当局最后通过企业的综合预算和部门预算。

（5）将批准后的预算，下达给各级各部门执行。

四、推行全面预算管理应注意的问题

预算管理是企业对未来整体经营规划的总体安排，是一项重要的管理工具，能帮助管理者进行计划、协调、控制和业绩评价。推行全面预算管理是发达国家成功企业多年积累的经验之一，对企业建立现代企业制度，提高管理水平，增强竞争力有着十分重要的意义。

（一）预算编制宜采用自上而下、自下而上、上下结合的动态性编制方法

全面预算编制的整个过程应进行沟通和综合平衡，拟订整个组织的预算方案，预算方案再反馈回各部门征求意见，经过自下而上、自上而下的多次反复，形成最终预算，经企业最高决策层审批后，成为正式预算，逐级下达各部门执行。

（二）预算内容要以营业收入、成本费用、现金流量为重点

营业收入预算是全面预算管理的中枢环节，它上承市场调查与预

利润中心指既对成本承担责任，又对收入和利润承担责任的企业所属单位。由于利润等于收入减成本和费用，所以利润中心实际上是对利润负责的责任中心。这类责任中心往往处于企业中较高的层次，一般指有产品或劳务生产经营决策权的部门，能通过生产经营决策，对本单位的盈利施加影响，为企业增加经济效益，如分厂、分公司或具有独立经营权的各部门等。

测，下启企业在整个预算期的经营活动计划。营业收入预算是否得当，关系到整个预算的合理性和可行性。成本费用预算是预算支出的重点，在收入一定的情况下，成本费用是决定企业经济效益高低的关键因素；制造成本和期间费用的控制也是企业管理的基本功，可以反映出企业管理的水平。现金流量预算则是企业在预算期内全部经营活动和谐运行的保证，否则整个预算管理将是"无米之炊"。在企业预算管理中，特别是对资本性支出项目的预算管理，要坚决贯彻"量入为出，量力而行"的原则。这里的"入"一方面要从过去自有资金的狭义范围拓宽到举债经营，另一方面，又要考虑企业的偿债能力，杜绝没有资金来源或负债风险过大的资本预算。

(三) 预算管理工作要建立单位、部门主要负责人责任制

开展全面预算管理，是企业强化经营管理，增强竞争力，提高经济效益的一项长期任务。因此，要把全面预算管理作为加强内部基础管理的首要工作内容，成立预算管理组织机构，并确定预算管理的第一责任人为各单位、部门的主要负责人，切实加强领导，明确责任，落实措施。

(四) 推行全面预算管理必须切实抓好"四个结合"

第一，要与实行现金收支两条线管理相结合。预算控制以成本控制为基础，现金流量控制为核心。只有通过控制现金流量才能确保收入项目资金的及时回笼及各项费用的合理支出；只有严格实行现金收支两条线管理，充分发挥企业内部财务结算中心的功能，才能确保资金运用权力的高度集中，形成资金合力，降低财务风险，保证企业生产、建设、投资等资金的合理需求，提高资金使用效率。

第二，要同深化目标成本管理相结合。全面预算管理直接涉及企业的中心目标——利润，因此，必须进一步深化目标成本管理，从实际情况出发，找准影响企业经济效益的关键问题，瞄准国内外先进水平，制定降低成本、节流增效的规划、目标和措施，积极依靠全员降成本和科技降成本，加强成本、费用指标的控制，以确保企业利润目标的完成。

第三，要同落实管理制度、提高预算的控制和约束力相结合。预算管理的本质要求是一切经济活动都围绕企业目标的实现而开展，在预算执行过程中落实经营策略，强化企业管理。因此，必须围绕实现企业预算，落实管理制度，提高预算的控制力和约束力。预算一经确定，在企业内部即具有"法律效力"，企业各部门在生产营销及相关的各项活动中，要严格执行，切实围绕预算开展经济活动。企业的执行机构按照预算的具体要求，按"以月保季，以季保年"的原则，

编制季、月滚动预算，并建立每周资金调度会、每月预算执行情况分析会等例会制度。按照预算方案跟踪实施预算控制管理，重点围绕资金管理和成本管理两大主题，严格执行预算政策，及时反映和监督预算执行情况，适时实施必要的制约手段，把企业管理的方法策略全部融会贯通于执行预算的过程中，最终形成全员和全方位的预算管理局面。

第四，要同企业经营者和职工的经济利益相结合。全面预算管理是一项全员参与、全面覆盖和全程跟踪、控制的系统工程，为了确保预算各项主要指标的全面完成，必须制定严格的预算考核办法，依据各责任部门对预算的执行结果，实施绩效考核。可实行月度预考核、季度兑现、年度清算的办法，并做到清算结果奖惩坚决到位。把预算执行情况与经营者、职工的经济利益挂钩，奖惩分明，从而使经营者、职工与企业形成责、权、利相统一的责任共同体，最大限度地调动经营者、职工的积极性和创造性。

第三节 全面预算的编制方法

一、固定预算

固定预算是一种最基本的全面预算编制方法，它根据预算期内正常的、可实现的某一固定业务量水平作为唯一基础编制预算。该方法所涉及的各项预定指标均为固定数据，因此，也称静态预算。

【例 9-1】假定祥宇公司在计划年度（20×6 年）只生产和销售一种产品，销售单价为 360 元，每季的商品销售在当季收到货款的占 40%，其余部分在下季收讫。基期（20×5 年）末的应收账款余额为 150 000 元。该公司计划年度的分季销售预算，如表 9-1 所示。

表 9-1　　　　　　　　祥宇公司销售预算

20×6 年度　　　　　　　　　　　　　　　单位：元

摘要	第一季度	第二季度	第三季度	第四季度	全年
预计销售量（件）	1 000	1 500	2 000	1 500	6 000
销售单价（元）	420	420	420	420	420
预计销售额	420 000	630 000	840 000	630 000	2 520 000

续表

	摘要	第一季度	第二季度	第三季度	第四季度	全年
预计现金收入	期初应收账款	150 000				150 000
	第一季度销售收入	168 000	252 000			420 000
	第二季度销售收入		252 000	378 000		630 000
	第三季度销售收入			336 000	504 000	840 000
	第四季度销售收入				252 000	252 000
	现金收入合计	318 000	504 000	714 000	756 000	2 292 000

【例9-2】依〖例9-1〗资料，假定祥宇公司各季度的期末存货按下一季度销售量的10%计算，各季度期初存货和上一季度期末存货相等。现根据销售预算中的资料，结合期初和期末存货水平，编制计划年度的分季生产预算，如表9-2所示。

表9-2　　　　　　　　　　祥宇公司生产预算

20×6年度　　　　　　　　　　　　　单位：件

摘要	第一季度	第二季度	第三季度	第四季度	全年
预计销售需求量	1 000	1 500	2 000	1 500	6 000
预计期末存货量	150	200	150	110*	110*
预计需求量合计	1 150	1 700	2 150	1 610	6 110
计划期初存货量	100	150	200	150	100
预计生产量	1 050	1 550	1 950	1 460	6 010

注：*为估计数。

【例9-3】依〖例9-2〗，假定祥宇公司单位产品的材料消耗定额为2千克，计划单价为5元/千克。每季度的购料款当季付50%，其余在下一季度付讫。各季度的期末存料按下一季度生产需要量的20%计算，各季度期初存料与上一季度期末存料相等，期初应付购料款为48 000元。编制材料采购预算，如表9-3所示。

表9-3　　　　　　　　　　祥宇公司采购预算

20×6年度　　　　　　　　　　　　　单位：元

摘要	第一季度	第二季度	第三季度	第四季度	全年
预计生产量（件）	1 050	1 550	1 950	1 460	6 010
材料消耗定额（千克）	2	2	2	2	2
预计生产需求量（千克）	2 100	3 100	3 900	2 920	12 020
期末存料量（千克）	620	780	584	460*	460*
预计需求量（千克）	2 720	3 880	4 484	3 380	12 480
期初存料量（千克）	420	620	780	584	420

续表

摘要		第一季度	第二季度	第三季度	第四季度	全年
预计购料量（千克）		2 300	3 260	3 704	2 796	12 060
材料计划单价（元）		40	40	40	40	40
预计购料金额（元）		92 000	130 400	148 160	111 840	482 400
预计现金支出	期初应付账款	48 000				48 000
	第一季度采购材料	46 000	46 000			92 000
	第二季度采购材料		65 200	65 200		130 400
	第三季度采购材料			74 080	74 080	148 160
	第四季度采购材料				55 920	111 840
	现金支出合计	94 000	111 200	139 280	130 000	474 480

注：＊为估计数。

【例9－4】依〖例9－3〗，假定祥宇公司在计划期间内所需直接人工只有一个工种，单位产品的工时定额为5工时，单位工时的工资率为16元，根据计划期生产预算的预计产量，编制直接人工预算，如表9－4所示。

表9－4　　　　　　　祥宇公司直接人工预算

20×6年度　　　　　　　　　　　单位：元

摘要	第一季度	第二季度	第三季度	第四季度	全年
预计生产量（件）	1 050	1 550	1 950	1 460	6 010
单位产品工时	5	5	5	5	5
直接人工小时	5 250	7 750	9 750	7 300	30 050
单位工时工资率	16	16	16	16	16
预计直接人工成本	84 000	124 000	156 000	116 800	480 800

【例9－5】依〖例9－4〗，假定祥宇公司制造费用的变动部分，按计划年度所需直接人工小时总数进行规划，固定部分则根据基期的实际开支数，按成本降低率3%进行计算，编制如下的四季度支出相等的制造费用预算，如表9－5所示。

表9－5　　　　　　　祥宇公司制造费用预算

20×6年度　　　　　　　　　　　单位：元

	成本明细项目	金额	费用分配率计算
变动费用	间接人工	60 000	变动费用分配率＝变动费用预算合计÷预计产量工时总额 ＝300 500÷30 050 ＝10元/工时
	间接材料	90 000	
	维护费	40 000	
	水电费	75 000	
	其他费用	35 500	
	合计	300 500	

续表

成本明细项目		金额	费用分配率计算
固定费用	维护费	120 000	固定费用分配率＝固定费用预算合计÷预计产量工时总额 ＝360 600÷30 050 ＝12元/工时
	折旧费	150 000	
	管理费	50 000	
	保险费	30 000	
	其他费用	10 600	
	合计	360 600	
预计现金支出	变动费用支出总额		300 500
	固定费用总额　　　360 600		
	减：折旧费　　　　150 000		210 600
	制造费用全年现金支出总额		511 100
	制造费用每季度现金支出总额		127 775（511 100÷4＝127 775）

【例9-6】依〖例9-5〗，假定祥宇公司计算单位生产成本采用变动成本法，单位产品成本只包括直接材料、直接人工和变动制造费用。至于固定制造费用则纳入利润表内列为"期间成本"，由当期收入来补偿。根据前面几种预算表中有关料、工、费三大项目的价格标准和用量标准，以及计划期末存货量等资料，编制单位生产成本预算，如表9-6所示。

表9-6　　　　　　　祥宇公司单位生产成本预算

20×6年度　　　　　　　　　　　　　　　单位：元

成本项目	价格标准	用量标准	合计
直接材料	40元/千克	2千克	80
直接人工	16元/工时	5工时	90
变动制造费用	10元/工时	5工时	50
单位变动生产成本（或标准成本）			220
单位固定制造费用	12元/工时	5工时	60
期末存货预算	期末存货数量		110件
	单位生产成本（完全成本）		280元
	期末存货金额		30 800元

【例9-7】依〖例9-6〗，假定祥宇公司负责销售及管理费用的部门根据计划期间的具体情况，合并编制"销售及管理费用预算"，如表9-7所示。

表9-7 祥宇公司销售和管理费用预算

20×6年度   单位：元

费用项目		金额
变动费用	运输费用	180 000
	保管费用	60 000
	保险费用	30 000
	合计	270 000
固定费用	广告费用	90 000
	管理人员工资	170 000
	办公费用	37 000
	维修费用	36 000
	折旧费用	100 000
	合计	433 000
销售和管理费用总额		703 000
预计现金支出	销售和管理费用全年现金支出总额	603 000

【例9-8】依〖例9-7〗，假定祥宇公司根据业务预算编制现金预算，公司期初现金余额206 800元，期末现金余额不低于200 000元，第二季度购置设备80 000元。编制"现金预算"，如表9-8所示。

表9-8 祥宇公司现金预算

20×6年度   单位：元

季度	1	2	3	4	全年
期初现金余额	206 800	263 275	266 050	298 745	206 800
加：现金收入					
销售现金收入（表9-1）	318 000	504 000	714 000	756 000	2 292 000
可动用现金合计	524 800	767 275	980 050	1 054 745	2 498 800
减：现金支出					
直接材料（表9-3）	94 000	111 200	139 280	13 000	357 480
直接人工（表9-4）	84 000	124 000	156 000	116 800	480 800
制造费用（表9-5）	127 775	127 775	127 775	127 775	511 100
销售和管理费用（表9-7）	150 750	150 750	150 750	150 750	603 000
设备购置		80 000			80 000
支付所得税				28 000	28 000
现金余绌	68 275	173 550	406 245	618 420	438 420
现金融通					
短期投资				200 000	200 000
向银行借款	200 000	100 000			300 000
归还银行借款			100 000	200 000	300 000
支付利息	5 000	7 500	7 500	5 000	25 000
期末现金余额	263 275	266 050	298 745	213 420	213 420

【例9-9】 依〖例9-8〗假定祥宇公司预算期初的资产负债表如表9-9所示。

表9-9　　　　　　　　　　祥宇公司资产负债表
20×5年度　　　　　　　　　　单位：元

项目	金额	项目	金额
现金	206 800	短期借款	
应收账款	150 000	应付账款	48 000
原材料存货	16 800	负债合计	48 000
产成品存货	28 000		
流动资产合计	401 600		
固定资产原价	1 680 000	实收资本	1 200 000
累计折旧	286 000	盈余公积	268 000
固定资产净值	1 394 000	未分配利润	279 600
非流动资产合计	1 394 000	所有者权益合计	1 747 600
资产总计	1 795 600	负债和所有者权益总计	1 795 600

根据表9-1~表9-9资料，编制祥宇公司20×6年度预计利润表及20×6年12月31日预计资产负债表如表9-10、表9-11所示。

表9-10　　　　　　　　　　祥宇公司预计利润表
20×6年度　　　　　　　　　　单位：元

项目	金额
销售收入（表9-1）	2 520 000
减：销售成本	1 680 000
销售毛利	840 000
减：销售及管理费用（表9-7）	703 000
营业净利润	137 000
减：利息费用（表9-8）	25 000
利润总额	112 000
减：所得税费用	28 000
净利润	84 000

表9-11　　　　　　　　　　祥宇公司预计资产负债表
20×6年度　　　　　　　　　　单位：元

项目	金额	项目	金额
现金	213 420	短期借款	
交易性金融资产	200 000	应付账款	55 920
应收账款	378 000	其他流动负债	177 100
原材料存货	18 400	负债合计	233 020

续表

项目	金额	项目	金额
产成品存货	30 800		
流动资产合计	840 620		
固定资产原价	1 760 000	实收资本	1 200 000
累计折旧	536 000	盈余公积	276 400
固定资产净值	1 224 000	未分配利润	355 200
非流动资产合计	1 224 000	所有者权益合计	1 831 600
资产总计	2 064 620	负债和所有者权益总计	2 064 620

固定预算编制方法的优点是比较简便；缺点是实际业务的发展与预算业务预测的差距很大时，就无法分析、考核业绩，发挥不出预算管理的优势。因此，固定预算方法适宜业务或财务活动比较稳定的企业和非营利性组织，而且多用于生产预算、成本和费用预算、利润预算等。

二、弹性预算

弹性预算就是在变动成本法下，充分考虑到预算期各预定指标可能发生的变化，而编制出的能适应各预定指标不同变化情况的预算，从而使得预算对企业在预算期的实际情况更加具有针对性，这种预算方法也称作动态预算。

【例 9–10】A 公司预算期产品销售单价为 200 元，单位变动成本为 80 元，固定成本总额为 46 600 元。公司充分考虑预算期产品销售量的变化，分别编制出销售量为 1 550 件、1 650 件、1 750 件、1 850 件和 1 950 件时的利润预算表（见表 9–12）。

表 9–12　　　　　　　　A 公司弹性利润预算表

20×6 年度　　　　　　　　　　单位：元

项目	弹性指标				
销售量（件）	1 550	1 650	1 750	1 850	1 950
销售收入（元）	310 000	330 000	350 000	370 000	390 000
减：变动成本（元）	124 000	132 000	140 000	148 000	156 000
边际贡献（元）	186 000	198 000	210 000	222 000	234 000
减：固定成本（元）	46 600	46 600	46 600	46 600	46 600
营业净利润（元）	139 400	151 400	163 400	175 400	187 400

弹性预算编制方法的优点在于：一方面能够适应不同经营活动情况的变化，扩大了预算的范围，更好地发挥预算的控制作用，避免了在实际情况发生变化时，对预算作频繁的修改；另一方面能够使预算对实际执行情况的评价与考核建立在更加客观可比的基础上。其缺点是编制预算时需要确定业务量与相关指标的依存关系，编制的工作量较大。

三、零基预算

零基预算：对于任何一个预算期，任何一种费用项目的开支数，不是从原有的基础出发，即根本不考虑基期的费用开支水平，而是一切以零为起点，从根本上考虑各个费用项目的必要性及其开支的规模。

零基预算主要用于对各项费用的预算。

零基预算的编制步骤：

（1）确定预算期的生产经营目标，如利润目标、销售目标，或生产目标等，以便各部门据此制订出各项固定费用的支出方案。

（2）对预算期各项费用的支出方案进行成本效益分析及综合评价，权衡轻重缓急，划分成不同等级并排出先后顺序。

（3）按照已排出的等级和顺序，并根据企业预算期可用于费用开支的资金数额分配资金，落实预算。

零基预算与传统预算方法相比，避免了原来不合理的费用开支对预算期费用预算的影响，因而具有能够充分合理、有效地配置资源，减少资金的浪费的优点，特别适用于那些较难分辨其产出的服务性部门。

零基预算的不足在于业绩差的经理人员会认为零基预算是对他的一种威胁，因此拒绝接受；工作量较大，费用较昂贵；评级和资源分配具有主观性，易于引起部门间的矛盾；易于引起人们注重短期利益而忽视长期利益。

四、概率预算

概率预算是为了反映企业在实际经营过程中各预定指标可能发生的变化而编制出的预算。它不仅考虑了各因素可能发生变化的水平范围，而且还考虑到在此范围内有关数据可能出现的概率情况。因此在预算的编制过程中，不仅要对有关变量的相应数值进行加工，而且还需对有关变量可预期的概率进行分析。它是按固定的业务量来编制预算，这种预算方法的优点是比较简便；缺点是实际业务的发展与预算业务预测的差距很大时，就无法分析、考核业绩，发挥不出预算管理的优势。因此，固定预算方法适宜业务或财务活动比较稳定的企业和非营利性组织，而且多用于生产预算、成本和费用预算、利润预算等。

用该方法编制出来的预算由于在其形成过程中，把各种可预计到的可能性都考虑进去了，因而比较接近客观实际情况，同时还能帮助企业管理当局对各种经营情况及其结果出现的可能性做到心中有数，有备无患。

五、滚动预算

滚动预算又称连续预算或永续预算，是指按照"远略近详"的原则，根据上一期的预算完成情况，调整和具体编制下一期预算，并将编制预算的时期逐期连续滚动向前推移，使预算总是保持一定的时间幅度。滚动预算与一般预算的重要区别在于其预算期不是固定在某一期间（一般预算的预算期通常是一年，并且保持与会计年度相一致）。

滚动预算的预算期一般也是一年，但是每执行完一个月（或一个季度）后，就要将这个月（或季度）的经营成果与预算数相对比，从中找出差异及原因，并据此对剩余期间的预算进行调整，同时自动增加一个月（或季度）的预算，使新的预算期仍旧保持为一年。

滚动预算的方式：

1. 逐月滚动方式

以月份为预算的编制与滚动单位，每月调整一次预算。

2. 逐季滚动方式

以季度为预算的编制与滚动单位，每季度调整一次预算。

3. 混合滚动的方式

同时以月和季为预算编制和滚动的单位，长计划短安排，"远略近详"。

20×6 年度			
第一季度	第二季度	第三季度	第四季度

第一次调整：

20×6 年度			20×7 年度
第二季度	第三季度	第四季度	第一季度

第二次调整：

20×6 年度		20×7 年度	
第三季度	第四季度	第一季度	第二季度

滚动预算编制的优点是透明度高、及时性强、连续性好、完整性和稳定性突出。缺点是预算的自动延伸工作比较耗时，工作量大。

本 章 小 结

1. 全面预算的特点：5 个方面
（1） 以企业战略为导向。
（2） 以作业为基础。
（3） 建立有效的激励机制。
（4） 动态的管理体系。
（5） 全员、全程、全面管控。
2. 全面预算的作用：5 个方面
（1） 提升战略管理能力。
（2） 有效的监控与考核。
（3） 合理配置企业资源。
（4） 有效控制经营风险。
（5） 有效促进开源节流。
3. 全面预算的构成：3 项内容
（1） 业务预算。
（2） 专项预算。
（3） 财务预算。
4. 全面预算编制的方法：5 种方法
（1） 固定预算。
（2） 弹性预算。
（3） 零基预算。
（4） 概率预算。
（5） 滚动预算。

【本章重要术语】

全面预算　业务预算　专项预算　财务预算　固定预算　弹性预算　概率预算　滚动预算

【复习与思考题】

1. 单选题

(1) 生产预算包括（　　）。
A. 产品产量预算　　　　B. 直接材料预算
C. 直接人工预算　　　　D. 制造费用预算

(2) 下列预算中，在编制时需以生产预算为基础的是（　　）。
A. 变动制造费用预算　　B. 销售费用预算
C. 产品成本预算　　　　D. 直接人工预算

(3) 直接材料预算的主要编制基础是（　　）。
A. 销售预算　　　　　　B. 现金预算
C. 生产预算　　　　　　D. 产品成本预算

(4) 为适应多种业务量水平而编制的预算是（　　）。
A. 业务预算　　　　　　B. 零基预算
C. 滚动预算　　　　　　D. 弹性预算

(5) 下列与生产预算编制没有直接联系的预算是（　　）。
A. 直接材料采购预算　　B. 变动制造费用预算
C. 销售及管理费用预算　D. 直接人工预算

(6) 在全面预算的编制工作中，唯一用业务量来计量的是（　　）。
A. 销售预算　　　　　　B. 生产预算
C. 成本预算　　　　　　D. 现金预算

(7) 下列各项中，其预算期可以不与会计年度挂钩的预算方法是（　　）。
A. 弹性预算　　　　　　B. 零基预算
C. 滚动预算　　　　　　D. 固定预算

2. 多选题

(1) 产品成本预算，是（　　）预算的汇总。
A. 生产　　　　　　　　B. 直接材料
C. 直接人工　　　　　　D. 制造费用
E. 销售费用

(2) 与生产预算有直接联系的预算是（　　）。
A. 直接材料预算　　　　B. 变动性制造费用预算
C. 管理费用预算　　　　D. 直接人工预算
E. 销售费用预算

(3) 下列各项中，属于业务预算的有（　　）。
A. 资本支出预算　　　　B. 生产预算
C. 管理费用预算　　　　D. 销售预算
E. 现金预算

(4) 下列关于业务预算编制的说法中，正确的有（　　）。

A. 销售预算是整个预算的编制起点
B. 生产预算中不涉及现金收支
C. 产品成本预算是直接材料预算、直接人工预算和制造费用预算的汇总
D. 销售和管理费用预算以销售预算为基础
E. 由于人工工资都需使用现金支付，所以直接人工预算一般无须另外预计现金支出

(5) 销售预算的主要内容有（　　）。

A. 销售收入　　　　　　B. 销售费用
C. 销售数量　　　　　　D. 销售单价
E. 销售时间

(6) 影响预计生产量的因素有（　　）。

A. 预计销售量　　　　　B. 预计期末存货
C. 预计期初存货　　　　D. 预计材料采购量
E. 预计生产费用

3. 简答题

(1) 什么是全面预算？
(2) 全面预算有哪些特点？
(3) 全面预算有何作用？
(4) 全面预算的构成内容包括哪些？
(5) 如何编制全面预算？
(6) 全面预算的编制程序包括哪些？
(7) 什么是固定预算、弹性预算、零基预算、概率预算、滚动预算？

4. 计算题

(1) 假定某企业预算期第一季度 A 产品各月的预计销售量分别为 1 200 件、1 500 件和 1 500 件，其单价为 50 元/件；销售款当月可收回 60%，次月收回 30%，第三个月收回 10%；预算期期初应收账款余额为 2 200 元，其中包括上年 11 月份销售的应收账款 5 000 元和 12 月份销售的应收账款 22 000 元。要求：

①计算上年 11 月份和 12 月份的销售总额；
②编制预算年度第一季度的分月销售预算及预计现金收入；
③预计预算年度第一季度末的应收账款是多少？

(2) 某公司生产经营甲产品，预计全年 1~4 季度的产品生产量分为 1 200 件、1 300 件、1 500 件、1 400 件，每件产品需要材料 10 千克，预计期末材料存货量为下一季度生产耗用量的 10%，本年第四季度材料库存量 1 600 千克，单位材料的购买价格为 20 元。供应

商要求的付款条件是当季度付款60%，下季度付款40%。年初有应付账款100 000元。要求：编制直接材料预算并预计现金支出。

（3）某企业拟编制12月份的现金收支计划，有关资料如下：

①预计月初现金余额为70 000元；

②预计月初应收账款余额为40 000元，当月可收回其中的80%；

③预计当月的销售收入为500 000元，当月的收款比例为50%；

④预计当月需采购材料80 000元，当月付款比例为70%；

⑤月初应付账款余额50 000元，需在当月全部付清；

⑥预计当月需以现金支付工资84 000元；

⑦预计当月发生制造费用等间接费用192 000元（其中固定资产折旧32 000元），其他经营性现金支出9 000元；

⑧预计当月购买设备需支付现金100 000元。

该企业要求12月末的现金余额不低于50 000元。现金不足时可向银行借款，借款金额为10 000元的整数倍，现金多余时可购买有价证券。

要求：根据上述资料，预计该企业12月份的现金收入、现金支出、现金余缺、需筹措或运用的现金数额、月末现金余额。

第十章
业绩考核与评价

【学习目标】
1. 了解业绩的含义
2. 掌握基于利润的业绩考核与评价方法
3. 掌握基于责任中心的业绩考核与评价方法
4. 掌握基于 EVA 的业绩考核与评价方法
5. 掌握基于平衡计分卡的业绩考核与评价方法

【重点与难点】
1. 基于 EVA 的业绩考核与评价方法
2. 基于责任中心的业绩考核与评价方法

【引导案例】

1999 年 9 月，泰达股份（000652）正式推出了《激励机制实施细则》（以下简称《细则》），这是我国 A 股市场上市公司实施股权激励措施的第一部"成文法"。早在 1998 年底，作为大股东的泰达集团和天津市政府、开发区领导就怎样在企业激发管理层及员工的积极性进行过探讨，并得到开发区领导的鼓励与支持。根据《细则》，泰达股份将在每年年度财务报告公布后，根据年度业绩考核结果对有关人员实施奖惩。公司将提取年度利润的 2%，作为公司董事会成员、公司管理人员以及有重大贡献的业务骨干的激励基金。基金只能用于为激励对象购买泰达股份的流通股票并作相应冻结；而处罚所形成的资金，则要求受罚人员在 6 个月之内以现金清偿。由公司监事会、财务顾问、法律顾问组成相对独立的激励管理委员会负责奖惩。

这种奖惩方式，能够最大限度地将激励对象的利益和公司的稳步增长长期紧密地结合在一起；而保持激励管理委员会工作的独立性和成员的广泛性，可以保证奖惩的严肃性、公正性和公开性。泰达股份每年根据经营业绩考核激励对象，达到考核标准的给予相应的激励，达不到考核标准的给予相应的处罚。其中最重要的考核指标之一是公司每年业绩的 15% 的增长率。

泰达股份认为，公司奖励给个人的是奖金，而购买公司流通股票的行为属于个人行为，这种股权激励机制与我国《公司法》对回购条款的限制不相抵触。按 1998 年度净利润的 2% 计提，公司可提取 260 万元的激励基金（含税）。1999～2004 年，经过 6 年的时间，泰达股份的高管手中的股票越来越多，表 10-1 是公司 1999 年以来的总股本和高管资料。

表 10-1　　公司 1999 年以来的总股本和高管资料

历史变更时间	2004.7.6	2003.4.28	2002.6.26	2001.3.26	1999.11.29
总股本（万股）	105 398.13	81 075.49	45 041.94	30 027.96	26 515.49
高管持股（万股）	103.61	95.84	68.30	0.00	5.53

泰达股份每年根据经营业绩考核激励对象，最重要的考核指标之一是公司每年业绩的 15% 的增长率。通过本案例的分析，请回答下列问题：

(1) 天津泰达的《激励机制实施细则》在财务管理目标上的特点。

(2) 天津泰达的《激励机制实施细则》有什么特点？

(3) 从天津泰达近几年的主要业绩指标，评价实施财务管理目标和股权激励措施的效果。

第一节　业绩评价概述

一、业绩评价内涵

业绩评价，是指运用数理统计和运筹学的方法，通过建立综合评价指标体系，对照相应的评价标准，定量分析与定性分析相结合，对企业一定经营期间的盈利能力、资产质量、债务风险以及经营增长等经营业绩和努力程度等各方面进行的综合评判。

科学地评价企业业绩，可以为出资人行使经营者的选择权提供重要依据；可以有效地加强对企业经营者的监管和约束；可以为有效激励企业经营者提供可靠依据；还可以为政府有关部门、债权人、企业职工等利益相关方提供有效的信息支持。

二、业绩评价的内容

(一) 财务业绩定量评价

财务业绩定量评价,是指对企业一定期间的盈利能力、资产质量、债务风险和经营增长四个方面进行定量对比分析和评判。

(1) 企业盈利能力分析与评判主要通过资本及资产报酬水平、成本费用控制水平和经营现金流量状况等方面的财务指标,综合反映企业的投入产出水平以及盈利质量和现金保障状况。

(2) 企业资产质量分析与评判主要通过资产周转速度、资产运行状态、资产结构以及资产有效性等方面的财务指标,综合反映企业所占用经济资源的利用效率、资产管理水平和资产的安全性。

(3) 企业债务风险分析与评判主要通过债务负担水平、资产负债结构、或有负债情况、现金偿债能力等方面的财务指标,综合反映企业的债务水平、偿债能力及其面临的债务风险。

(4) 企业经营增长分析与评判主要通过销售增长、资本积累、效益变化以及技术投入等方面的财务指标,综合反映企业的经营增长水平及发展后劲。

(二) 管理业绩定性评价

管理业绩定性评价,是指在企业财务业绩定量评价的基础上,通过采取专家评议的方式,对企业一定期间的经营管理水平进行定性分析和综合评判。

三、业绩评价的作用

通过业绩评价,可以达到以下目的:

(一) 支持战略

每个组织都有各自的战略,不同的战略限定了不同的决策范围,管理人员不能在公司的战略之外进行决策。因此,在既定的战略下,管理人员需要用业绩评价结果来确定两个问题:(1) 该战略对企业的成长与机会是否合适;(2) 员工是否正在有效率地完成这一战略。

(二) 资源配置

业绩指标作为一个信号,向员工传达了管理人员认为哪些环节是最重要的,哪些环节是最值得注意的这类信息。管理人员用业绩指标来指引员工工作时，如果能使员工、管理人员及其他利益相关者之间的目标相一致，就能有效进行资源配置。

（三）经营监督

由于每个企业都有不同的业务流程，需要能反馈出业务运行不好的系统，因此，在日常运作中，经常要用业绩指标进行经营监督。

（四）决策支持

管理人员用业绩计量作为制定决策的信息来源，在制定决策时，业绩计量最普遍的用处在于决定投资于何种项目，包括资本性投资及改良性投资。业绩指标能够识别持续生产出低质量的产品、亟须改良的流程、过度的浪费及污染环境的流程。它还可以显示出哪种业务能收回投资，可以用来投放剩余资金。

（五）决策评价

业绩指标还有一个虽不常用但很重要的用途，就是对过去的决策是否科学有效进行评价。一个学习型组织将计量过去的各类投资决策的业绩，以确定所采纳的决策流程是否给组织带来正的产出。这种情况下，最合适的业绩评价指标是那些能揭示公司是否实现了期望投资收益的指标。

对决策制定过程进行业绩计量与反馈，可以使公司与管理人员从中发现并评价其决策质量。如果管理人员预先知道他们的决定要经历这么一个过程，他们在制定决策时就会更加谨慎，做出更切合实际的假设。

（六）员工评价

业绩指标对员工过去的表现进行计量与反馈，以作为对员工加薪晋级的参考依据。员工通常认为如果他的业绩指标的得分越高，对他的评价就越高，晋级加薪的可能性就越大。

> 学习型组织是一个能熟练地创造、获取和传递知识的组织，同时也要善于修正自身的行为，以适应新的知识和见解。当今世界上所有的企业，不论遵循什么理论进行管理，主要有两种类型，一类是等级权力控制型，另一类是非等级权力控制型，即学习型企业。

第二节 基于利润指标的业绩评价

以企业为主体的业绩考核与评价最初以考核利润为目标，后来以考核净资产利润率为目标，往往追求企业利润最大化或股东财富最大化。这种评价标准主要用于企业所有者对企业最高管理层进行的业绩评价，此外也可以用于企业上级管理层对下级管理层的业绩评价。

一、基于利润的业绩评价

由于利润在一定程度上体现了企业经济效益的高低，因而追求利润最大化往往可以给企业利益相关者带来好处。

基于利润的业绩考核与评价指标根据考核的需要确定，主要包括：营业利润率、成本费用利润率、投资报酬率、净资产收益率和资产报酬率等，而针对上市公司则经常采用每股收益、每股股利等指标。

（一）常用指标

1. 营业利润率

企业一定时期营业利润与营业收入的比率。计算公式：

$$营业利润率 = (营业利润/营业收入) \times 100\%$$

营业利润率越高，表明市场竞争力越强，发展潜力越大，盈利能力越强。在实务中，也经常使用销售毛利率、销售净利率等指标来分析企业经营业务的获利水平。其计算公式分别为：

$$销售毛利率 = (销售毛利额/销售收入) \times 100\%$$

$$销售净利率 = (净利润/销售收入) \times 100\%$$

2. 成本费用利润率

企业一定时期利润总额与成本费用总额的比率。计算公式：

$$成本费用利润率 = (利润总额/成本费用总额) \times 100\%$$

成本费用利润率越高，表明企业为取得利润而付出的代价越小，成本费用控制得越好，盈利能力越强。

3. 投资报酬率

投资中心获得的营业利润与平均营业资产的比率，表明企业资产的综合利用效果。计算公式：

$$投资报酬率 = (营业利润/平均营业资产) \times 100\%$$

一般情况下，投资报酬率越高，表明企业的投资效益越好。

4. 净资产收益率

企业一定时期净利润与平均净资产的比率，反映企业自有资本的收益水平。计算公式：

$$净资产收益率 = (净利润/平均净资产) \times 100\%$$

一般认为，净资产收益率越高，企业自有资本获取收益的能力越强，运营效益越好，对企业投资人、债权人利益的保障程度越高。

5. 总资产净利率

一定时期企业净利润与平均资产总额之间的比率。计算公式：

$$总资产净利率 = (净利润/平均资产总额) \times 100\%$$

在市场经济条件下，各行业间竞争比较激烈，企业的总资产净利率越高，说明总资产利用效果越好；反之越差。

（二）基于利润的业绩评价的缺点

（1）依赖的是历史信息，无法体现企业未来的发展状况计算都是从财务报表中截取的数据，反映的是历史信息，使得指标的相关性和可靠性受到一定程度的限制，历史数据仅能反映过去某段时间的结果，缺乏对未来发展状况的体现。

（2）仅反映财务数据，无法全面反映企业的经营状况以利润为导向的评价指标仅仅反映了财务数据，而单凭财务数据往往无法了解管理层主观努力的效果和公司内部的经营状况。

财务数据本身也可能或多或少受到会计准则的规定和管理层进行盈余管理的影响，所以仅仅依赖财务数据往往无法做出准确的判断。

（3）可能造成短期行为，无法全面反映企业的长远利益基于利润的业绩考核与评价并没有考虑货币的时间价值，因此，管理层会集中精力将政策变现，不由自主地激励了短期行为。

为了达到利润考核的目的，很可能导致管理层为了降低成本而不进行技术改造及设备更新、不开发新产品、不处理积压商品、不进行正常的设备维修和保养，从而为公司的长远发展埋下祸根。

（4）未能有效考虑风险，无法正确反映企业目标基于利润的业绩考核与评价往往使财务人员不顾风险的大小而去追求最大利润。例如，同样投入100万元，本年获利都是10万元，但其中一个企业获利已全部转化为现金，另一个企业则全部表现为应收账款，若不考虑风险大小，同样不能准确判断哪一个更符合企业目标。

二、杜邦财务分析体系

（一）杜邦分析法

杜邦分析法是利用各主要财务比率指标间的内在联系，对企业财务状况及经济效益进行综合系统地分析评价的方法。

该体系是以净资产收益率为起点，以总资产净利率和权益乘数为核心，重点揭示企业盈利能力及权益乘数对净资产收益率的影响，以及各相关指标间的相互影响和作用关系。

（二）杜邦分析法的优点

将有关指标和报表结合起来，采用适当的标准进行综合性的分析评价，既能全面体现企业整体财务状况，又能指出指标与指标之间及

杜邦财务分析体系，因其最初由美国杜邦公司成功应用，所以得名。如果只用一个指标来衡量企业的优劣，权益净利率是个不错的选择（权益净利率=净利润/股东权益）。也就是股东每投入1元资本在某一年里能赚取的利润，这个数值当然越高越好。那么，如何提高权益净利率呢？常规想法，无非是提高净利润或者减少净资产，但这都太过笼统，不宜付诸实践。在这种情况下，杜邦公司开创性的提出了一种全新的思路，那就是寻找权益净利率的驱动因素。通过简单的因式分解，就得到了传统的杜邦公式，即权益净利率=销售净利率×总资产周转率×权益乘数。三个驱动因素中，销售净利率是利润表的总结，代表了企业的盈利能力；总资产周转次数是资产负债表的概括，反映了企业的营运能力；权益乘数是资产负债表的概括，代表了企业的财务状况。

指标与报表之间的内在联系。其分析关系式为:

净资产收益率 = 销售净利率 × 总资产周转率 × 权益乘数

将净资产收益率(权益净利率)分解如图 10-1 所示。

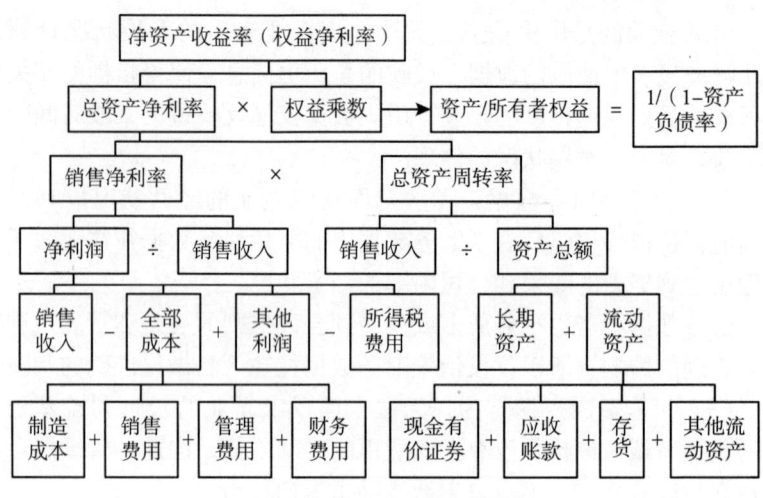

图 10-1 杜邦分析体系

(三) 运用杜邦分析法的关键

1. 净资产收益率是一个综合性最强的财务分析指标,是杜邦分析体系的起点

财务管理的目标之一是使股东财富最大化,是企业所有者、经营者都十分关心的。而净资产收益率高低的决定因素主要有:销售净利率、总资产周转率和权益乘数。将净资产收益率指标发生升降变化的原因具体化。

2. 销售净利率反映了企业净利润与销售收入的关系,它的高低取决于销售收入与成本总额的高低

要想提高销售净利率,一是要扩大销售收入,二是要降低成本费用。扩大销售收入既有利于提高销售净利率,又有利于提高总资产周转率。降低成本费用是提高销售净利率的一个重要因素,从图 10-1 可以看出成本费用的基本结构是否合理,从而找出降低成本费用的途径和加强成本费用控制的办法。

例如,如果企业财务费用支出过高,就要进一步分析其负债比率是否过高;如果管理费用过高,就要进一步分析其资产周转情况等。

提高销售净利率的另一途径是提高其他利润。为了详细地了解企业成本费用的发生情况,在具体列示成本总额时,还可根据重要性原则,将那些影响较大的费用单独列示,以便为寻求降低成本的途径提

股东财富最大化的这种观点认为,企业主要是由股东出资形成的,股东创办企业的目的是扩大财富,他们是企业的所有者,理所当然地,企业的发展应该追求股东财富最大化。在股份制经济条件下,股东财富由其所拥有的股票数量和股票市场价格两方面决定,在股票数量一定的前提下,当股票价格达到最高时,则股东财富也达到最大,所以股东财富又可以表现为股票价格最大化。它更适用于上市公司,非上市公司难以使用。

供依据。

3. 影响总资产周转率的一个重要因素是资产总额

资产总额由流动资产与长期资产组成，它们的结构合理与否将直接影响资产的周转速度。

一般来说，流动资产直接体现企业的偿债能力和变现能力，而长期资产则体现了企业的经营规模、发展潜力。两者之间应该有一个合理的比例关系。

如果发现某项资产比重过大，影响资金周转，就应深入分析其原因。

例如，企业持有的货币资金超过业务需要，就会影响企业的盈利能力；如果企业有过多的存货和应收账款，则既会影响盈利能力，又会影响偿债能力。因此，还应进一步分析各项资产的占用数额和周转速度。

4. 权益乘数主要受资产负债率指标的影响

资产负债率越高，权益乘数就越高，说明企业的负债程度比较高，给企业带来了较多的杠杆利益，同时，也带来了较大的风险。

第三节 责任中心的业绩考核

随着经济的国际化和市场竞争的日趋激烈，企业的规模越来越大，世界各国相继出现了各种集团型企业。如大型股份制公司、跨国公司等。这些公司规模庞大，管理层次繁多，组织机构复杂，分支机构遍布世界各地，在这种情况下，传统的集中管理模式已经无法满足迅速发展的企业现状而逐渐被现代分权管理模式所代替。实行分权管理，就是在企业内部划分为若干个责任中心，并将管理权随同相应的经济责任下放给这些责任中心的责任人，使其能对日常的经营活动及时作出有效的决策，以适应企业管理的需要。实行分权管理，可以有效地调动各级管理人员的工作积极性和创造性，提高工作效率和工作质量；也可以为培养经理人员和选拔上层领导提供各种机会。另外，实行分权管理也会使各责任中心可能以牺牲企业整体利益或长远利益为代价，来使自己的业绩达到最大，同时，各分权机构的设立，会相应地增加各种行政管理费用的开支，可能引发浪费现象的发生。为了发挥分权管理的优点，抑制其缺点，就必须加强企业内部控制，建立起以各责任中心为主体的责、权、利相结合的企业内部控制系统。对责任中心的业绩考核正是顺应这种管理要求而不断发展和完善起来的一种行之有效的企业内部控制制度。

一、责任中心业绩考核的内涵

责任中心是指具有一定的管理权限,并承担相应经济责任的企业内部责任单位。在企业内部,凡是可以划清管理范围,明确经济责任,且能够单独进行业绩考核的内部单位,无论其内部单位大小,都可以成为企业的一个责任中心。责任中心按其责任权限范围及业务活动的特点不同,可以分为成本中心、利润中心和投资中心三大类。对各责任中心的业绩考核就是根据各责任中心在某一特定会计期间的实际执行数据,参考相应的责任预算,通过定期编制业绩报告的方式,对各个责任中心的特定会计期间的工作成果进行全面分析,作出一个公正客观的评价,并按实际工作成果的好坏进行奖惩,做到功过分明,奖惩有据,最大限度地调动各个责任中心的工作积极性,促使其相互协调并卓有成效地开展各项活动。业绩考核是财务管理的一项基本职能或工具,是进行有效财务控制的一种手段。财务控制的最终效率主要取决于是否有切实可行的考核制度,以及是否严格执行这一制度。严格的考核制度应包括建立考核机构、制定统一考核办法、确定考核程序、审核考核数据、依照制度进行考核和执行考核结果等方面的内容。

正确认识业绩考核的含义,有助于我们正确、适当地使用这个奇妙的管理杠杆,提高管理水平和效率。当前,在很多企业里,考核存在被滥用的现象,每个部门都要制定一套自己的考核办法进行考核,考核仿佛成了万能的钥匙和法宝,若哪个部门没有自己的考核,仿佛自己的管理就是跟不上似的。这与责任中心简明、清晰、易懂的业绩考核原则相背。事实上,考核作为一种管理工具、一种控制手段,要想发挥其作用,必须科学、系统、适当地使用才行。否则,就会使业绩考核的作用难以发挥,甚至滋生本来就难以避免的部门"本位主义"、"小集体主义"等现象。

> 责任中心就是将企业营责任中心体分割成拥有独自产品或市场的几个绩效责任单位,然后将总合的管理责任授权给予这些单位之后,将他们单位处于市场竞争环境之下,通过客观性的利润计算,实施必要的业绩衡量与奖惩,以期达成企业设定的经营成果的一种管理制度。

二、责任中心的种类

责任中心可划分为成本中心、利润中心和投资中心。

(一) 成本中心

1. 成本中心的含义

成本中心是指只对成本或费用负责的责任中心。成本中心的范围最广,只要有成本费用发生的地方,都可以建立成本中心,从而在企业形成逐级控制、层层负责的成本中心体系。

2. 成本中心的类型

成本中心包括技术性成本中心和酌量性成本中心。技术性成本是指发生的数额通过技术分析可以相对可靠地估算出来的成本，如产品生产过程中发生的直接材料、直接人工、间接制造费用等。技术性成本在投入量与产出量之间有着密切联系，可以通过弹性预算予以控制。

酌量性成本是否发生以及发生数额的多少是由管理人员的决策所决定的，主要包括各种管理费用和某些间接成本项目，如研究开发费用、广告宣传费用、职工培训费等。酌量性成本在投入量与产出量之间没有直接关系，其控制应着重于预算总额的审批上。

3. 成本中心的特点

成本中心具有只考虑成本费用、只对可控成本承担责任、只对责任成本进行考核和控制的特点。其中，可控成本具备三个条件，即可以预计、可以计量和可以控制。

4. 成本中心的考核指标

成本中心的考核指标包括成本（费用）变动额和成本（费用）变动率两项指标。

成本(费用)变动额 = 实际责任成本(费用) − 预算责任成本(费用)

成本(费用)变动率 = 成本(费用)变动额/预算责任成本(费用)×100%

（二）利润中心

1. 利润中心的含义

利润中心是指既对成本负责又对收入和利润负责的责任中心，它有独立或相对独立的收入和生产经营决策权。

2. 利润中心的类型

利润中心的类型包括自然利润中心和人为利润中心两种。自然利润中心具有全面的产品销售权、价格制定权、材料采购权及生产决策权。人为利润中心也有部分的经营权，能自主决定本利润中心的产品品种（含劳务）、产品产量、作业方法、人员调配、资金使用等。一般地说，只要能够制定出合理的内部转移价格，就可以将企业大多数生产半成品或提供劳务的成本中心改造成人为利润中心。

3. 利润中心的成本计算

在共同成本难以合理分摊或无须共同分摊的情况下，人为利润中心通常只计算可控成本，而不分担不可控成本；在共同成本易于合理分摊或者不存在共同成本分摊的情况下，自然利润中心不仅计算可控成本，也应计算不可控成本。

4. 利润中心的考核指标

（1）当利润中心不计算共同成本或不可控成本时，其考核指标是利润中心边际贡献总额，该指标等于利润中心销售收入总额与可控成本总额（或变动成本总额）的差额。（2）当利润中心计算共同成本或不可控成本，并采取变动成本法计算成本时，其考核指标包括：利润中心边际贡献总额；利润中心负责人可控利润总额；利润中心可控利润总额。

（三）投资中心

1. 投资中心的含义

投资中心是指既对成本、收入和利润负责，又对投资效果负责的责任中心。投资中心是最高层次的责任中心，它拥有最大的决策权，也承担最大的责任。投资中心必然是利润中心，但利润中心并不都是投资中心。利润中心没有投资决策权，而且在考核利润时也不考虑所占用的资产。

2. 投资中心的考核指标

除考核利润指标外，投资中心主要考核能集中反映利润与投资额之间关系的指标，包括投资利润率和剩余收益。

（1）投资利润率。投资利润率又称投资收益率，是指投资中心所获得的利润与投资额之间的比率，可用于评价和考核由投资中心掌握、使用的全部净资产的盈利能力。其计算公式为：

$$投资利润率 = 利润 \div 投资额 \times 100\%$$

或　投资利润率 = 资本周转率 × 销售成本率 × 成本费用利润率

其中，投资额是指投资中心的总资产扣除对外负债后的余额，即投资中心的净资产。

为了评价和考核由投资中心掌握、使用的全部资产的总体盈利能力，还可以使用总资产息税前利润率指标。其计算公式为：

$$总资产息税前利润率 = 息税前利润 \div 总资产 \times 100\%$$

投资利润率指标的优点有：能反映投资中心的综合盈利能力；具有横向可比性；可以作为选择投资机会的依据；可以正确引导投资中心的经营管理行为，使其长期化。该指标的最大局限性在于会造成投资中心与整个企业利益的不一致。

（2）剩余收益。剩余收益是指投资中心获得的利润，扣减其投资额（或净资产占用额）按规定（或预期）的最低收益率计算的投资收益后的余额。

其计算公式为：

$$剩余收益 = 利润 - 投资额(或净资产占用额) \times 规定或预期的最低投资收益率$$

或　$$剩余收益 = 息税前利润 - 总资产占用额 \times 规定或预期的总资产息税前利润率$$

剩余收益指标能够反映投入产出的关系，能避免本位主义，使个别投资中心的利益与整个企业的利益统一起来。

三、内部转移价格的制定

（一）内部转移价格的含义

内部转移价格，又称"调拨价格"。就是指企业内各部门之间由于相互提供产品、半成品或劳务而引起的相互结算、相互转账所需要的一种计价标准。转移价格广泛地应用在企业决策制定、成本计算、业绩评价等方面。它与公司经营战略和公司的内部控制、管理制度相关。一般由进货价格、流通费用和利润构成。

其特点是只反映企业集团或公司内部各利润中心之间的经济联系，一般不直接与消费者发生联系；不作为各种差、比价的依据和计算基础。内部转移价格是"封闭市场价格"的一种形式，而"封闭市场价格"是指买卖双方在一定的约束条件下形成的价格。

（二）内部转移价格制定的原则

1. 全局性原则

采用内部转移价格的各单位从属于一个企业，企业总利益是一致的。制定内部转移价格，只是为了分清各单位的责任，有效的考核评价各单位的业绩。在这种情况下，企业制定内部转移价格，要从全局出发，使局部利益和整体利益协调统一，力争使企业整体利益最大化。

2. 公平性原则

内部转移价格的制定应公平合理，防止某些单位因价格上的缺陷而获得一些额外的利益或损失。在商品经济条件下，商品交换是按等价原则进行的，高质高价、低质低价。如果制定的内部转移价格不合理，就会影响到单位的生产经营积极性。

3. 自主性原则

高层管理者不应干预各个单位经理（厂长）自主决策。在企业整体利益最大化的前提下，各单位有一定的自主权，如生产权、技术权、人事权和理财权等，制定的内部转移价格必须被各方所接受。

4. 重要性原则

钢铁企业需要制定的内部转移价格的对象成百上千，甚至更多。如果事无巨细，都制定一个详细、准确的价格，不但不必要，而且很难实施。因此，制定内部转移价格，可对那些价高量大，耗用频繁的对象，尽可能地科学计算，从严定价；对一些价低量小，不常耗用的对象，可以从简定价。

(三) 内部转移价格制定的要求

内部转移价格就是指企业内各部门之间由于相互提供产品、半成品或劳务而引起的相互结算、相互转账所需要的一种计价标准。转移价格广泛地应用在企业决策制定、成本计算、业绩评价等方面。它与公司经营战略和公司的内部控制、管理制度相关。

内部转移价格系统在企业中能够协调部门经理的自主权与整个企业的集中决策，促进行为的一致性；能够与会计中的业绩评价方法相一致，进行有效的业绩考核；能够较为客观地反映各部门的责任和业绩；能够加强企业的经济核算，提高企业的经营管理水平，增强企业整体竞争能力。

企业要充分发挥内部转移价格的作用，应注意以下几点：

（1）目标一致性。采用内部转移价格的各部门同属一个企业，总的利益是一致的。制定内部转移价格，只是为了分清各部门的责任，有效的考核评价各部门的业绩，根本目的仍是为了企业的整体利益。各部门经理应都选择能使公司总体利润最大的行动取向。制定内部转移价格的目标，就是为了通过建立有效的激励机制，使自主的部门经理作出有利于组织整体目标的决策。

（2）准确的业绩评价。没有任何一个部门经理可以以牺牲其他部门的利益为代价而获利。内部转移价格的制定应避免主观随意性，客观公正地反映各部门的业绩，进行准确的考核和相应的激励，来调动各部门的工作积极性，促使各部门服从整体利益，并以最大努力来完成目标。

（3）保持各部门的自主性。高层管理者不应干预各个部门经理的决策自由。在整体利益最大化的前提下，各部门有一定的作出决策的自主权。公司高层直接干涉分部制定具体的转移价格并不可取，但是，由它制定一些通用的指导方法是适宜的。

(四) 内部转移价格的形式

目前，制定内部转移价格的方法根据不同的计价基础，大致上可以分为三大类：

1. 以市场为基础的转让定价

在存在完全竞争的市场条件下，一般采用市场价格。采用市场价格法可以解决各部门间可能产生的冲突，生产部门有权选择其产品是内部转移还是卖给外部市场，而采购部门也有权自主决定。

如果与市场价格偏离，将会使整个公司的利润下降。市场价格比较客观，能够体现责任会计的基本要求，但市场价格容易波动，在我国现阶段，信息处理能力较低，市场价格的准确性与可靠性受影响，甚至有些产品无市场价格作为参考，市场价格作为内部转移价格有很大的限制。

2. 成本为基础的转让定价

它包括完全成本法、成本加成法、变动成本加固定费用等方法。这里的成本，不是采取公司的实际成本而是标准成本，以避免把转出部门经营管理中的低效率和浪费转嫁给转入部门。这种方法应用简单，以现成的数据为基础，但标准成本的制定会有偏差，不能促进企业控制生产成本，容易忽视竞争性的供需关系。

3. 协商价格

还有一类是位于市场定价和成本定价之间，即采用协商价格。协商价格是以外部市场价格为起点，参考独立企业之间或企业与无关联的第三方之间发生类似交易时的价格，共同协商确定一个双方都愿意接受的价格作为内部转移价格。协商价格在各部门中心独立自主制定价格的基础上，充分考虑了企业的整体利益和供需双方的利益。

这种方法运用恰当，将会发挥很大的作用。但在实际操作中，由于存在质量、数量、商标、品牌甚至市场的经济水平的差别使得与市场价格直接对比很困难。

同时它还有一些缺点，主要有三个方面：一是由于一个部门经理通常拥有许多秘密信息，可能利用其他部门经理获利；二是业绩指标可能由于部门经理的协商谈判技巧而扭曲；三是协商会花费相当多的时间和资源。

（五）几种常用的内部转移价格

1. 市场价格

以市场价格定价相当于在企业内部引入市场机制，能够较为客观地评价各个利润（投资）中心的经营成果。对于"出售"部门：按市场价格转移半成品是其形成部门利润的必要条件。对于"购入"部门：易于计量其对企业整体利润所做的贡献，同时，也有助于半成品和劳务的内部转移或外购的决策。

优点："购入"的责任中心可以同向外界购入相比较，如内部转移价格高于现行的市价，它可舍内而求外，不必为此而支付更多的代价；"出售"的责任中心也是如此，应使它不能从内部单位化向外界出售得到更多的收入。这是正确评价各个利润中心经营成果的一个重要条件。换言之，也就是在企业内部引进市场机制，使其中每个利润中心实质上都成为独立机构，各自经营，促使其更好地发挥生产经营主动性，最终再通过利润指标来评价与考核它们的经营成果。

2. 以"成本"作为内部转移价格

从企业整体的决策角度来说，转移价格的制定应根据卖方的生产能力利用情况。如果卖方的生产能力没有充分利用（闲置），可以按变动成本转移；无闲置生产能力的卖方应以市场价格制定转移价格。

以变动成本作为转移价格的主要问题是：（1）这种转移价格会使"购买"部门过分有利；（2）由于对责任中心只计算变动成本，因而不能利用投资利润率和剩余收益对该中心负责人进行业绩评价，因而只能限用于成本中心；（3）如果简单地将一个责任中心的变动成本转移给另一个责任中心，将不利于激励成本中心经理控制成本。为此，可以采用"变动成本加一笔补偿"的办法来制定转移价格。

可供选择的成本定价有：以变动成本为基础的转移价格、以完全成本为基础的转移价格、以实际成本或标准成本为基础的转移价格。（1）以完全成本为基础的转移价格。这种方法缺点在于采用完全成本制定转移价格不一定会使公司利润最大化。优点是这些成本信息可从公司记录中找到；它使卖方获得贡献毛益等于完全成本超过变动成本的差额，这会在一定程度上鼓励卖方进行内部转移；与变动成本相比，如果转移的产品需要开发、设计工作，而这些成本被包含在间接费用中，在这种情况下，使用完全成本能够合理地计量到这些间接费用。（2）成本加成制定转移价格。这里的成本可以是变动成本，也可以是完全成本。在半成品无外界市场，或者无法及时取得中间产品的市场价格时，一般普遍采用成本加成的价格替代市场价格。（3）实际成本或标准成本。如果以实际成本作为转移定价的基础，卖方部门任何差异或低效率都会传递给买方部门。分离这些差异对买方部门是个复杂的问题。因此，在以成本为基础的转移定价方法中，常常采用标准成本作为转移价格定价的基础。

3. 双重内部转移价格

所谓双重的内部转移价格，是指对产品（半成品）的供应和耗用单位分别采用不同的内部转移价格作为计价基础。采用双重内部转移价格的原因：（1）必要性：当转移价格的定价在交易过程中没有给卖方部门带来利润时，转移价格的定价将起不到鼓励卖方部门从事内部交易的作用。因此，为了较好地满足买卖双方在不同方面的需要，激励双方在生产经营方面充分发挥其主动性和积极性，可以采用双重的内部转移价格来取代单一的内部转移价格。（2）可能性：转移价格主要运用于业绩评价和考核，因而双方采用的价格无须一致，当然，在计算企业的总成果时，应扣除由双重内部转移价格之差所形成的"内部利润"。

采用双重内部转移价格的具体办法：（1）将以内部交易为主的卖方部门设计为一个成本中心。由于成本中心的经理一般只对成本，而不对收入负责。因此，转移价格定价不影响对部门经理的业绩评价。而买方部门则作为一个利润中心。（2）一个既有内部往来又有外部客户的供应中心，当经理有定价权时，确定为利润中心，当经理无定价权时，将其内部交易确定为成本中心。这样，评价外部交易的业绩时，可以把这个中心看作利润中心，评价内部交易的业绩时，则将其看作成本中心。

采取双重转移价格定价方法的优点：能够使卖方部门获利而买方部门仅负担成本，或者卖方部门以成本加一定的利润作为内部转移价格，而买方部门只支付该产品的成本部分，差额可以记录在一个专门的集中核算的账户中。这种方法为买方部门留下成本数据，且通过转移价格向卖方部门提供了利润，这就会鼓励内部交易活动。

4. 协商转移价格

以正常的市场价格基础，定期进行协商，确定一个双方可以接受的价格，称为协商的市场价格。协商的转移价格可以使部门经理如同独立公司的经理那样从事管理，从而保留了部门经理的自主权。其缺点是：（1）在协商过程中可能会浪费经理人员的大量精力，而衡量业绩的最终价格也许取决于经理的协商能力，而不是从对公司最有利的角度考虑，从而达不到目标的一致性。（2）采用协商的转移价格可能发生公司的最高管理当局直接干预转移价格的定价情况。这将使部门经理丧失自主权，削弱分权管理的优势。不过，当转移价格的定价问题不经常发生时，直接干预的好处也许会超过其成本。

第四节　基于 EVA 的业绩评价

一、EVA 的含义

经济增加值（EVA）又称经济附加值，是美国思腾思特咨询公司于 1982 年提出并实施的一套以经济增加值理念为基础的财务管理系统、决策机制及激励报酬制度。它是基于税后净营业利润和产生这些利润所需资本投入的总成本（即资本成本）的一种企业绩效财务评价方法。

企业的价值是将企业在未来经营期限内所创造的经济收益按照与企业风险程度相适应的折现率进行贴现之后获得的现值之和。一个成功的企业需要善于发现价值并创造价值，进行价值创造评价的关键在于判断投入的资本是否由于企业的经营活动增加了价值，税后净营业利润扣除所有资本成本后的结余才是真正的价值创造，这就是 EVA。

与传统的会计盈余理念不同，EVA 指标从股东的角度重新定义企业利润，综合考量资本的使用效率，更为真实、全面地反映企业的经营业绩和为股东创造价值的能力，它全面考虑了企业资金成本的因素，能真正反映出企业的增值能力。EVA 的引入是企业发展观念、企业管理、企业文化、企业核心价值观取向等全方位的深刻变革，目的是要引导企业实现全面协调可持续发展，兼顾近期效益和长远发展，突出主业与核心业务，增强经营风险和投资风险防范意识，培育企业核心竞争力，树立资本成本意识。

二、EVA 的基本理念

管理大师彼得·德鲁克 1995 年在《哈佛商业评论》刊登的文章中指出，经济增加值的基础是我们长期以来一直熟知的、我们称为利润的东西，也就是说企业为股东剩下的金钱，从根本上说是利润。只要一家公司的利润低于资金成本，公司就处于亏损状态，尽管公司仍要缴纳所得税，好像公司真的盈利了一样。EVA 的基本理念是企业获得的收益至少要能补偿股东所承担的风险，也就是说，股东必须赚取至少等于资本市场上类似风险投资同样的收益。EVA 强调的是一种"经济收益"，通过对投资资金"机会成本"的测算，突出强调企业是否创造价值，关键在于分析企业对股东资本的回报是否超过了资本的"机会成本"。

相对于消耗的资源来说，企业对国民经济的贡献太少。在创造财富之前，企业一直在消耗财富。许多公司往往只关心常规的会计利润。会计利润扣除了债务利息，但完全没有考虑股东资金的成本。同样，大多数业务经理只关注经营利润，而经营利润甚至没有扣除债务利息。只有股东资金的成本像其他所有成本一样被扣除后，剩下的才是真正的利润。

1. 传统业绩评价指标存在两个重要的缺陷

（1）评价指标的计算没有扣除公司权益资本的成本，导致成本的计算不完全，因此无法准确判断企业为股东创造的财富数量；

（2）评价指标对企业资本和利润的反映存在部分扭曲，传统业绩评价指标都是根据会计报表信息直接计算出来的，而会计报表的编制受到各国会计制度的约束，因而会计报表不能准确反映企业的经营状况和经营业绩。

2. EVA 具有以下几个突出特点

（1）经济增加值度量的是资本利润，而不是通常的企业利润。EVA 从资本提供者角度出发，度量资本在一段时期内的净收益。只有净收益高于资本的社会平均收益（资本维持"保值"需要的最低收益），资本才能增值。而传统的企业利润所衡量的是企业一段时间内产出和消耗的差异，而不关注资本的投入规模、投入时间、投入成本和投资风险等重要因素。

（2）经济增加值度量的是资本的社会利润，而不是个别利润。不同的投资者在不同的环境下，对资本具有不同的获利要求。EVA剔除掉资本的"个性"特征，对同一风险水平的资本的最低收益要求并不因持有人和具体环境的不同而不同。因此，EVA度量的是资本的社会利润，而不是具体资本在具体环境中的个别利润，这使EVA度量有了统一的标尺，并体现了企业对所有投资的平等性。

（3）经济增加值度量的是资本的超额收益，而不是利润总额。为了留住逐利的资本，企业的利润率不应低于相同风险的其他企业一般能够达到的水平，这个"最低限度的可以接受的利润"就是资本的正常利润。EVA度量的正是高出正常利润的那部分利润，而不是通常的利润总额。这反映了资本追逐超额收益的天性。

三、经济增加值的实质内涵

可以用"4M"来归纳：应用唯一的评价指标（measurement）；实施以EVA为衡量标准的管理体系（management）；设计基于EVA的激励机制（motivation）；建立有助于EVA运行的理念体系（mindset）。

（一）评价指标（measurement）

在经济增加值的计算过程中，首先对传统收入概念进行了一系列调整，从而消除了会计工作产生的异常状况，并使其尽量与真实状况相吻合。经济增加值通过将所有的资本成本纳入核算，表明了在一定时期内企业所创造财富的价值量。由于引入了可接受的最低投资回报的概念，股东得到的回报应当比期望得到的还要多，否则这个企业或项目就没有存在的必要。例如：会计准则要求公司把研发费用计入当期成本，而经济增加值则建议把研发费用资本化并在适当的时期内分期摊销，反映了研发的长期经济效益，从而鼓励企业经营者进行新产品的开发。另外，资本化后的研发费用还要支付相应的资本费用，所以说经济增加值的调整是双向的，可以使业绩评价更趋于合理。

（二）管理体系（management）

由于经济增加值是全部生产力的度量指标体系，所以经济增加值能够取代其他财务和经营指标体系，并与决策程序相统一，形成完整的企业管理体系。经济增加值指标体系真正的作用在于将其广泛地应用到企业管理中，包括企业的制度、工作程序和方法及一系列管理决策。建立在经济增加值基础上的管理体系密切关注股东财富的创造，并以此指导公司决策的制定和营运管理，使企业经营更加符合股东利益，使企业经营计划的运行更加有效。

（三）激励制度（motivation）

经济增加值通过其奖励计划，使企业管理者在为股东着想的同时，也像股东一样得到报酬。经济增加值奖励计划的主要特征：一是只对经济增加值的增加提供奖励；二是不设临界值和上限；三是按照计划目标设奖；四是设立奖金库；五是不通过谈判，而是通过公式确定业绩指标。这样的奖励计划实际上使管理者更关注公司业绩的改进。经济增加值帮助管理者将两个最基本的财务原则（企业价值最大化或者股东财富最大化，企业的价值依赖于投资者预期的未来利润能否超过资本成本）列入他们的决策当中。过去用奖金与利润挂钩的激励办法忽略了资本成本的概念，而利用经济增加值设计激励计划，便于经理人员更关注资产及其收益，并能够像投资者一样去思考和工作。

（四）理念体系（mindset）

大多数企业利用一系列评价指标体系来评价企业的财务状况，例如，用营业收入和市场份额的增长评价战略计划；用边际毛利润或现金流来评价产品或生产线的获利能力；用资产报酬与目标利润比较来评价业务部门的经营业绩；财务部门则通常用投资利润率，而不是将实际的投资利润率与期望的投资利润率相比较，来评价企业的经营业绩；部门经理的奖金一般是基于利润计划是否实现，一年兑现一次。这些不统一的标准、目标和术语导致了计划、战略实施以及决策的混乱。经济增加值的引入给企业带来了一种新的观念，在经济增加值的引导下，企业所有营运功能都从同一基点出发，即提高企业的经济增加值，各部门会自动加强合作。

四、EVA 业绩评价系统模式基本框架

EVA 理论只是提供了一套通用的理论模型和思维方法，其具体应用必须与企业的实际相结合，运用 EVA 对企业进行业绩评价时，需要制订科学、系统的方案。制订方案时需要全面深入考虑指标调整、权重设计、结果测算等一系列相关问题，进一步完善目标确定原则、计分细则等有关制度，同时还应考虑行业特点和企业的实际情

况,增强 EVA 业绩评价的针对性、适用性和可操作性。

由于目前国内没有 EVA 考核与应用的标杆企业,在早期的 EVA 实践中,部分国内企业也是全盘照搬外国公司的 EVA 运作模式,或者在企业已有的管理模式中吸取个别 EVA 要素,前者均未能达到预期的效果,后者则脱离了 EVA 的基本规范。因此,在 EVA 理论指导下,全面考虑适应中国人文经济环境和现代企业管理理论,解决企业健康发展问题的 EVA 应用方法体系,构建支持这一方法体系有效运用的可操作性业绩评价系统模式就显得尤其重要和迫切。

如图 10-2 所示,这一业绩评价模式是以企业战略目标与核心价值为龙头,由四个依次递进的层次结构,即以 EVA 评价指标为核心,以 EVA 指标体系为基础,以 EVA 业绩评价系统为拓展,以 EVA 业绩评价系统为目标。之所以以 EVA 评价指标为核心,是因为 EVA 指标与股东价值具有密切的关系,是反映股东价值的脊梁指标之一,能够反映经营者对于企业股东价值创造的贡献。在衡量经营者创造股东价值的贡献程度时,应采用 EVA 的增量形式。

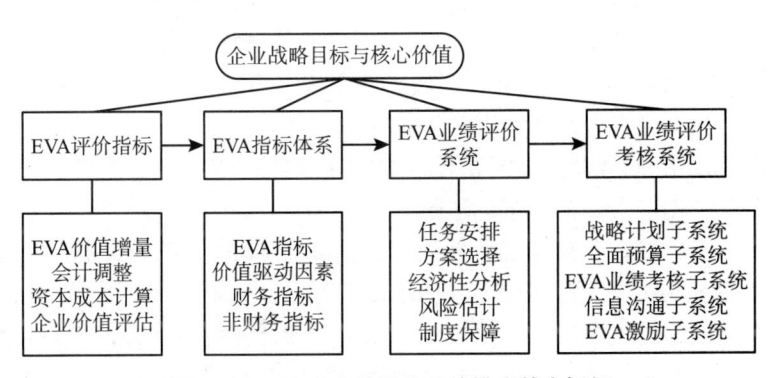

图 10-2 EVA 业绩评价系统模式基本框架

围绕 EVA 业绩评价系统,引入管理控制理念,可以构建 EVA 评价系统模式。EVA 的指标需要进一步分解,从而建立起与企业的价值驱动因素的联系,在此基础上形成 EVA 业绩评价指标系统,包括五个子系统,即战略计划子系统、全面预算子系统、EVA 业绩考核子系统、信息沟通子系统、EVA 激励子系统。企业要实施基于 EVA 的价值管理,应该以价值创造为核心确定企业的战略目标和制定企业的战略 EVA 业绩评价系统,在战略计划的基础上企业可以进一步明确战略评价目标、构建评价指标体系,设置评价标准和选择评价方法,进而形成 EVA 业绩评价子系统。

五、企业 EVA 业绩评价的应用

EVA 用最简单的公式和最通俗的语言，诠释了一个复杂的经济概念，即股东投资的目的主要是为了实现价值增值，而增值的标志是企业税后净营业利润大于资本成本。可以通过 EVA 对企业经营业绩和价值创造情况进行分析，建立基于价值创造的战略规划管理，引导企业在日常经营活动中进行科学决策、谨慎投资，进一步优化自身资源配置，提高管理效率和水平，提升企业自主创新能力。以 EVA 为导向，企业可将战略规划与价值管理有机结合，关注经营效率和资本使用效率的提升，充分发挥主动性，实现企业价值的长期持续增长。

第一，在具体实施 EVA 之前，企业必须理念先行，深入理解 EVA 的内涵并对其进行整合和挖掘。因为每个企业的情况都是不同的，不存在一种能适应所有企业的方法，但理念是不变的，每一个企业都应该遵守，这是实施 EVA 的前提条件。

第二，EVA 的实施必须从企业最高层开始，遵循"自上而下"的顺序宣传与培训 EVA 相关知识，董事会与管理高层要不断强化 EVA 的管理意识，将注重利润转换为提升股东价值作为企业经营的核心。只有管理者从根本上认识到 EVA 指标的优势，了解 EVA 的实践方式，明确 EVA 提高的路径，才能在经营过程中充分发挥员工的主动性、创造力，为股东创造财富。

第三，对企业自身现状梳理，进行综合诊断分析。在制订相关 EVA 考核方案之前，分析企业的战略定位、战略规划、运营理念、管理上面临的主要挑战、阶段性重点工作和行业竞争优势；收集和整理企业及下属机构的财务数据及会计政策，并对现有的财务结果和会计科目、会计政策进行检查，初步测算企业和下属机构的历史和未来预测的 EVA 数据，将结果与相关管理层进行沟通，确保数据真实反映主体现状；收集对标企业及行业信息，将测算结果与自身历史业绩及对企业报表，为制定 EVA 业绩评价体系打下基础。

第四，切实把 EVA 考核融入企业经营管理全过程，考核不仅仅停留在 EVA 指标本身，而要从动因和关键环节入手，即抓住价值驱动因素、把准投资方向、有效降低成本、加速资金周转、清理无效资产，尤其要加强对应收账款和存货的控制和管理。

第五，将价值创造与绩效激励挂钩，建立 EVA 奖金计划，实现以长期价值创造为核心的激励制度，使员工的利益与股东的利益一致，引导员工能够像股东那样思考和做事，在为股东创造价值的同时增加自己的回报，充分调动员工积极性。在报酬激励方案中，奖金计划必须达到风险、费用及激励间的均衡，以保证计划本身的公平合

企业经营效率是指企业经营活动过程中投入资源与产出之间的对比关系。反映企业投入的指标主要有总资产、净资产等，反映企业产出的指标主要有销售收入、利润总额、净利润等。其中企业经营效率的高低可以用企业资产盈利率的大小来表述。

理。而EVA则成为联系、管理和沟通等各方面要素的杠杆,它是企业进行各种经营活动,包括企业战略决策规划,内部运营管理,与投资者、董事会沟通的核心。

第六,进一步细化EVA考核实施方案,在确定EVA指标权重、会计调整项、资本成本率时要结合企业实际、提高针对性。会计调整是一个行为导向,主要内容是影响经营者决策判断和鼓励企业长期发展的重要因素,数据基本来源于会计报表。在资本成本率的设定上,要根据企业的资本结构和所处行业风险程度进行科学设定。按照企业业务类型和实际情况,制订和完善企业内部的EVA业绩评价方案、制定考核办法,签订内部责任书,将EVA目标层层分解,进一步完善"考核层层落实,责任层层传递,激励层层连接"的保值增值责任体系。

六、经济增加值的基本模型

公司每年创造的经济增加值 = 税后净营业利润 - 全部资本成本
其中,税后净营业利润 = 息税前利润 × (1 - 所得税税率)
$$= EBIT \times (1 - T)$$
其中,资本成本包括:债务资本的成本、股权资本的成本。
例:EVA计算举例

项目	A公司	B公司
息税前利润	5 500	6 000
所得税税率	30%	30%
税后营业利润	3 850	4 200
占用资金总额	28 000	42 000
负债资本	16 800	16 800
股权资本	11 200	25 200
负债资本成本	10%	9%
股权资本成本	16%	14%
加权资本成本	12.4%	12%
资本成本总额	28 000 × 12.4% = 3 472	42 000 × 12% = 5 040
经济增加值	378 = 3 850 - 3 472	-840 = 4 200 - 5 040

注:表中金额栏的单位为万元。

七、经济增加值的调整

以传统的会计方法作为基础对一些项目进行调整,增加或扣除某些项目,以消除根据会计准则编制的财务报表对公司真实情况的扭曲。这种调整使经济增加值比会计利润更加接近企业的经济现实。从经济学的观点来看，凡是对公司未来利润有贡献的现金支出（如研发费用）都应算作投资，而不是费用。从会计学的角度来看，净利润是基于稳健性原则的要求计算的，因而将许多能为公司带来长期利益的投资（如研发费用）作为当期的费用来考虑。在经济增加值的计算中，将这些费用项目调整回来，以反映公司的真实获利情况和公司进行经营的长期资本投入。典型的调整项目包括：（1）研究与开发费用。会计准则要求：研究阶段的支出在发生时计入当期损益，开发阶段的支出满足特定条件的确认为无形资产，其他的开发阶段支出也应计入当期损益。经济增加值要求：将研究和开发支出都作为投资（资产）并在一个合理的期限内进行摊销。（2）战略性投资。会计准则要求：将投资的利息（或部分利息）计入当期财务费用。经济增加值要求：将投资的利息（或部分利息）在一个专门账户中资本化并在开始生产时逐步摊销。（3）为建立品牌、进入新市场或扩大市场份额发生的费用。会计准则要求：作为费用立即从利润中扣除。经济增加值要求：把争取客户的营销费用资本化并在适当的期限内摊销。（4）折旧费用。会计准则要求：大多使用直线折旧法处理。经济增加值要求：对某些大量使用长期设备的公司，按照更接近经济现实的"沉淀资金折旧法"处理。这是一种类似租赁资产的费用分摊方法，在前几年折旧较少，而后几年由于技术老化和物理损耗同时发挥作用需提取较多折旧的方法。（5）重组费用。会计准则要求：将其作为过去投资的损失看待，立即确认为当期费用。经济增加值要求：将重组视为增加股东财富的机遇，重组应作为投资处理。

调整后的税后净营业利润（NOPAT）扣除企业全部资本经济价值的机会成本后的余额：

经济增加值 = 调整后的税后净营业利润 − 加权平均资本成本
× 全部资本的经济价值 = （资产收益率 − 加权平均资本成本）
× 全部资本的经济价值

式中全部资本的经济价值包括：权益资本、债务资本。

通过调整三个变量来提高经济增加值：企业可以通过增加税后净营业利润；减少资本占用；降低加权平均资本成本。经济增加值是超过资本成本的那部分价值，突出反映了股东价值的增量；企业不能单纯追求经营规模，更要注重自身价值的创造。经济增加值可以反映管理行为是否增加了股东财富及增加股东财富的数量。经济增加值大于零，意味着从税后净营业利润中减去整个公司的资本成本后，股东投资得到的净回报，为股东创造价值，否则就形成价值毁灭。经济增加值的数值越大，表明管理者的业绩越好。企业经济增加值持续增长意味着公司市场价值的不断增加和股东财富的增长,从而实现股东财富最大化的财务目标。经济增加值管理在于寻找价值创造(使经济增加值增加)的有效途径。

八、经济增加值的缺点

管理者为了自身利益,可能只关心任期内的经济增加值,而股东财富最大化更依赖未来经济增加值。仅仅以实现的经济增加值作为业绩评定指标,管理者从自身利益出发,会对保持或扩大市场份额、降低单位产品成本以及进行必要的研发项目投资缺乏积极性,而这些举措正是保证企业未来经济增加值持续增长的关键因素。预防经济增加值缺点的措施:市场份额、单位产品成本、研发项目投资是企业价值的驱动因素,是衡量企业业绩的超前指标。在管理者的经营业绩评价及报酬确定时,不但要考虑当前的经济增加值指标,还要考虑上述超前指标,这样才能激励管理者将自己的决策行为与股东的利益保持一致。

使用经济增加值指标体系时注意事项:(1)资本成本确定方法纷繁众多,难以统一。在经济增加值的计算过程中,资本成本是具有决定性的因素,思腾思特公司常用资本资产定价模型来计算权益资本成本,其他的计算方法还包括套利定价模型以及期权定价模型。企业在使用这些估计方法时,要充分考虑到各期选择方法的可比性和一致性,以保持经济增加值绩效考核体系的连贯性和客观性。(2)减少会计调整主观判断的影响。在计算经济增加值时,需要对税后净营业利润进行调整,才能使经济增加值指标体系比一般的会计利润更能够反映企业的真实经营绩效。应该针对不同公司的不同状况,对公司进行会计调整,尽量避免主观判断对经济增加值计算的影响,以保证经过调整后的会计利润更真实可靠,而不是调整过度。(3)经济增加值无法解释企业内在的成长机会。经济增加值受到的另外一个怀疑来自经济增加值在计算过程中对会计利润反映的信息所进行的调整。这些调整可能一方面使经济增加值比其他指标更接近企业真正创造的财富,另一方面也降低了经济增加值指标与股票市场的相关性,使得 EVA 无法解释企业内在的成长机会。(4)对管理者的考核与评价的偏差。经济增加值进行会计调整可能会对管理层的各期业绩造成歪曲,在调整偏差存在的情况下,从绩效考核体系出发的薪酬激励制度对管理者所作的补偿与激励可能还存在有待改进的地方。

资本资产定价模型(Capital Asset Pricing Model,CAPM)是基于风险资产期望收益均衡基础上的预测模型之一,CAPM 阐述了在投资者都采用马科维茨的理论进行投资管理的条件下市场均衡状态的形成,把资产的预期收益与预期风险之间的理论关系用一个简单的线性关系表达出来,即认为一个资产的预期收益率与衡量该资产风险的一个尺度 β 值之间存在正相关关系。应该说,作为一种阐述风险资产均衡价格决定的理论,单一指数模型,或以之为基础的 CAPM 不仅大大简化了投资组合选择的运算过程,使马科维茨的投资组合选择理论朝现实世界的应用迈进了一大步,而且也使得证券理论从以往的定性分析转入定量分析,从规范性转入实证性,进而对证券投资的理论研究和实际操作,甚至整个金融理论与实践的发展都产生了巨大影响,成为现代金融学的理论基础。

第五节 基于平衡计分卡的业绩评价

一、平衡计分卡的含义

科莱斯平衡记分卡（Careersmart Balanced Score Card），源自哈佛大学教授罗伯特·卡普兰（Robert Kaplan）与诺朗顿研究院（Nolan Norton Institute）的执行长戴维·诺顿（David Norton）于1990年所从事的未来组织绩效衡量方法的一种绩效评价体系，当时该计划的目的，在于找出超越传统以财务量度为主的绩效评价模式，以使组织的策略能够转变为行动；经过将近20年的发展，平衡计分卡已经发展为集团战略管理的工具，在集团战略规划与执行管理方面发挥非常重要的作用。根据解释，平衡计分卡主要是通过图、卡、表来实现战略的规划，平衡计分卡发展经历三代发展。设计平衡计分卡的目的就是要建立"实现战略制导"的绩效管理系统，从而保证企业战略得到有效的执行。因此，人们通常称平衡计分卡是加强企业战略执行力的最有效的战略管理工具。

二、发展历程

（一）平衡计分卡的萌芽时期（1987~1989年）

在罗伯特·卡普兰和戴维·诺顿研究平衡计分卡之前，Analog-Device（以下简称ADI）公司最早于1987年就进行了平衡计分卡实践尝试。ADI是一家半导体公司，主要生产模拟、数字及数模混合信号处理装置，其产品广泛应用于通信、计算机、工业自动化领域。同其他大多数公司一样，ADI每五年进行一次战略方案调整，在制订新的战略方案的同时检讨原方案的执行情况。但是，如同管理者们经常遇到的战略问题一样，"制订战略方案"被当作一项"任务"完成后，形成的文件便被束之高阁，并不能在公司的日常生产经营工作中得以执行。

在1987年，ADI公司又开始了公司战略方案的调整。与以前所不同的是，这次的战略方案制订，公司决策层意识到战略不仅要注重制定过程的本身，还要注意战略的实施。他们希望通过面对面与公司员工的交流与沟通，使他们充分理解并认同公司战略。同时公司高层还希望将战略紧密落实到日常管理中来推动战略的执行。此次 ADI 公司的战略文件在形式上发生了重大的变化,他们摒弃了以往那种长达几十页甚至几百页的战略文件,将全部的战略文档资料精简到几页纸的长度。在制定战略的过程中,ADI 公司首先确定了公司的重要利益相关者为股东、员工、客户、供应商和社区,然后 ADI 公司在公司的使命、价值观与愿景下,根据上述利益相关者的"利益"分别设定了战略目标并明晰了 3 个重点的战略重点。为了确保战略目标特别是 3 个战略重点目标的实现,ADI 推行了一个名为"质量提高"的子项目,(Quality Improvement Process,QIP)。在该项目进行的同时,ADI 公司继续将战略目标实现的关键成功要素转化为年度经营绩效计划,由此衍生出了世界上第一张平衡计分卡的雏形:ADI 公司第一张"平衡计分卡"在 ADI 公司实施全面质量管理的过程中,公司为了推行作业成本法(ABC)特地邀请了一部分管理学者参与,哈佛商学院的教授罗伯特·卡普兰就是其中的一位,他本人是这样描述他是如何发现 ADI 公司计分卡过程的:"在参观和整理案例的过程中,也将一家公司高层用来评价公司整体绩效的计分卡加以文本化。这个计分卡除了传统的财务指标外,还包括客户服务指标(主要涉及供货时间、及时交货)、内部生产流程(产量、质量和成本)和新产品发展(革新)"。在帮助 ADI 公司推行 ABC 的过程中,Kaplan 发现了 ADI 的平衡计分卡,并认识到它的重要价值。尽管 Kaplan 与 Nolan – Norton 在后期又做了学术上的深化,并把它推广到全球的企业中,但是 ADI 公司对平衡计分卡的贡献仍是不能回避和忽视的。

(二) 平衡计分卡的理论研究时期 (1990~1993 年)

在罗伯特·卡普兰发现 ADI 公司的第一张平衡计分卡后面的日子里,他与复兴全球战略集团(Nolan – Norton)总裁 David P. Norton 开始了平衡计分卡的理论研究。

平衡计分卡的研究课题首先是从公司绩效考核开始的。1990 年美国的 Nolan – Norton 专门设立了一个为期一年的新的公司绩效考核模式开发,Nolan – Norton 的执行总裁 David P. Norton 任该项目的项目经理,罗伯特·卡普兰担任学术顾问,参加此次项目开发的还有通用电气公司、杜邦、惠普等 12 家著名的公司。项目小组重点对 ADI 公司的记分卡进行了深入的研究并将其在公司绩效考核方面扩展、深化,并将研究出的成果命名为"平衡计分卡"(Balanced Score card)。该小组的最终研究报告详细地阐述了平衡计分卡对公司绩效考核的重大贡献意义,并建立了平衡计分卡的四个考核维度:财务、顾客、内部运营与学习发展。

1992 年初,卡普兰和诺顿将平衡计分卡的研究结果在《哈佛

企业愿景简称愿景(Vision),由台湾中山大学企管系杨硕英 1994 年所创,企业愿景是指企业战略家对企业前景和发展方向一个高度概括的描述。由企业核心理念(核心价值观、核心目的)和对未来的展望(未来 10~30 年的远大目标和对目标的生动描述)构成。企业愿景由组织内部的成员所制定,借由团队讨论,获得组织一致的共识,形成大家愿意全力以赴的未来方向。企业愿景管理,就是结合个人价值观与组织目的,通过开发愿景、瞄准愿景、落实愿景的三部曲,建立团队,迈向组织成功,促使组织力量极大化发挥。

商业评论》上进行了总结,这是他们所公开发表的第一篇关于平衡计分卡的论文。论文的名称为《平衡计分卡——驱动绩效指标》,在论文中卡普兰和诺顿详细地阐述了1990年参加最初研究项目采用平衡计分卡进行公司绩效考核所获得的益处。该论文发表后卡普兰和诺顿很快就受到了几家公司的邀请,平衡计分卡开始得到企业界的关注。

平衡计分卡理论研究的第二个重要里程碑:1993年卡普兰和诺顿将平衡计分卡延伸到企业的战略管理之中。在最初的企业平衡计分卡实践中,卡普兰和诺顿发现平衡计分卡能够传递公司的战略。他们认为平衡计分卡不仅仅是公司绩效考核的工具,更为重要的是它还是一家公司战略管理的工具。卡普兰和诺顿为此发表了在《哈佛商业评论》的第二篇关于平衡计分卡的重要论文《在实践中运用平衡计分卡》,在这篇文章中他们明确指出企业应当根据企业战略实施的关键成功要素来选择绩效考核的指标。

(三) 平衡计分卡的推广应用时期 (1994年至今)

1993年卡普兰和诺顿将平衡计分卡延伸到企业的战略管理系统之后,平衡计分卡开始广泛得到全球企业界的接受与认同,越来越多的企业在平衡计分卡的实践项目中受益,同时平衡计分卡还延伸到非营利性的组织机构中。

以美国为例,有关统计数字显示,到1997年,美国财富500强企业已有60%左右实施了绩效管理,而在银行、保险公司等所谓财务服务行业,这一比例则更高,这与美国企业在20世纪90年代整体的优秀表现不能说毫无关系。再看一看政府方面,BSC在20世纪90年代初提出,到了1993年美国政府就通过了《政府绩效与结果法案》(The Government Performance and Result Act)。今天,美国联邦政府的几乎所有部门、各兵种及大部分州政府都已建立和实施了绩效管理。

平衡计分卡首先是在美国的众多企业得到实施,现已推广到全球很多国家的企业,今天实施过平衡计分卡项目的中国企业的高级经理们在一起沟通谈及战略与绩效管理时,他们都非常称赞平衡计分卡对其实践所做出的巨大贡献。在行业上,平衡计分卡几乎涉足各个行业,全球各个行业的企业(甚至包括一些非营利性机构)对平衡计分卡的需求每年也以成倍的速度增长。2003年Balanced Scorecard Collaborative Pty Ltd的调查统计显示:在全世界范围内有73%的受访企业正在或计划在不久的将来实施平衡计分卡;有21%的企业对平衡计分卡保持观望态度;只有6%的企业不打算实施平衡计分卡。平衡计分卡在美国乃至全球的企业得到广泛地认同,标志着平衡计分卡已经进入了推广与应用的时代！但是在平衡计分卡推广与应用的过程中，其理论的体系也在不断地丰富与完善。

1996 年，卡普兰和诺顿继续在《哈佛商业评论》上发表第三篇关于平衡计分卡的论文，他们一方面重申了平衡计分卡作为战略管理工具对于企业战略实践的重要性；另一方面从管理大师彼得·德鲁克《目标管理》中吸取精髓，在论文中解释了平衡计分卡作为战略与绩效管理工具的框架，该框架包括设定目标、编制行动计划、分配预算资金、绩效的指导与反馈及连接薪酬激励机制等内容。同年，他们还出版了第一本关于平衡计分卡的专著《平衡计分卡》，该著作更加详尽地阐述了平衡计分卡的上述两个方面。

2001 年随着平衡计分卡在全球的风靡，卡普兰和诺顿在总结众多企业实践成功经验的基础上，又出版了他们的第二部关于平衡计分卡的专著《战略中心组织》。在该著作中，卡普兰和诺顿指出企业可以通过平衡计分卡，依据公司的战略来建立企业内部的组织管理模式，要让企业的核心流程聚焦于企业的战略实践。该著作的出版标志着平衡计分卡开始成为组织管理的重要工具。

三、基本理论

实际上，平衡计分卡方法打破了传统的只注重财务指标的业绩管理方法。平衡计分卡认为，传统的财务会计模式只能衡量过去发生的事情（落后的结果因素），但无法评估组织前瞻性的投资（领先的驱动因素）。在工业时代，注重财务指标的管理方法还是有效的。但在信息社会里，传统的业绩管理方法并不全面，组织必须通过在客户、供应商、员工、组织流程、技术和革新等方面的投资，获得持续发展的动力。正是基于这样的认识，平衡计分卡方法认为，组织应从四个角度审视自身业绩：学习与成长、业务流程、顾客、财务。

首先，根据组织战略，从四个角度设置指标体系。

1. 财务角度——目标是解决"股东如何看待我们？"问题

它主要考量管理者的努力是否对企业经济收益产生了积极的作用，因此是其他三个方面的出发点和归宿。财务指标主要包括收入增长指标如销售额、利润额，成本减少或生产率提高指标，资本利用率或投资战略指标等，由于财务数据是有效管理企业的重要因素，因此财务目标大多是管理者优先考虑的目标。

2. 顾客角度——目标是解决"顾客如何看待我们？"问题

"顾客满意度的高低是企业成败的关键"，因此现代企业的活动必须以客户价值为出发点，以顾客角度从时间（交货周期）、质量、服务和成本几个方面关注市场份额以及顾客的需求和满意程度来看一个企业。顾客指标体现了企业对外界变化的反映，主要包括市场份额、客户保留度、客户获取率、客户满意度、客户利润贡献率、送货准时率、产品退货率、合同取消数等。

3. 内部业务流程角度——目标是解决"我们擅长什么？"问题

它反映企业内部效率，关注导致企业整体绩效更好的，特别是对顾客满意度有重要影响的过程、决策和行动。主要指标有：（1）评价企业创新能力的指标，如新产品开发所用的时间、新产品销售额在总销售额中所占的比例、所耗开发费用与营业利润的比例等；（2）评价企业生产经营绩效的指标，如产品生产时间和经营周转时间、产品和服务的质量、产品和服务的成本等；（3）评价企业售后服务绩效的指标，如企业对产品故障的反映时间和处理时间、售后服务的一次成功率、客户付款的时间等。

4. 学习与成长角度——目标是解决"我们是在进步吗？"问题

它将注意力引向企业未来成功的基础，涉及人员、信息系统和市场创新等问题，评估企业获得持续发展能力的情况，主要包括：（1）评价员工能力的指标，如员工满意程度、员工保持率、员工工作效率、员工培训次数等；（2）评价企业信息能力的指标，如信息覆盖率、信息系统反映的时间、当前可能取得的信息与期望所需要的信息的比例等；（3）评价激励、授权与协作的指标，如员工所提建议的数量、所采纳建议的数量、个人和部门之间的协作程度等。根据指标彼此的"因果关系"形成相辅相成的链条，并以兼顾四方面的"平衡"来追求组织的整体效益和健康发展。

尽管平衡计分卡的指标各有特定的内容，但彼此并非孤立、完全割裂的，而是既常常冲突对立又密不可分的。正如卡普兰所言"平衡计分卡的四个维度并不是罗列，学习维度，流程维度。客户维度、财务维度所组成的平衡计分卡既包含结果指标，也包含促成这些结果的先导性指标，并且这些指标之间存在因果关系"，这种内部逻辑关系，其根本为投资者需要的财务角度，但投资收益是有一个价值产生过程的，先有员工的创新学习，企业内部管理才有优化的可能和基础，内部管理优化后就能更好地为顾客服务，顾客认可企业的产品和服务，才进行有效消费，企业的价值才能实现，也就有了投资收益。企业发展了一步，产生新情况，又需要员工创新学习，开始下一个循环，由此形成一个完整、均衡的关联指标体系。同时，为了保障战略的有效执行，BSC在评价系统中通过因果关系链整合了财务指标和非财务战略指标，既包括结果指标也包括驱动指标，使其自身成为一个前向反馈的管理控制系统。各指标平衡时，产生良性互动；当某个指标片面偏离目标发生冲突时，协调、沟通、评价机制发挥作用推动财务指标与非财务指标之间，领先指标与落后指标之间，长期指标与短期指标之间，外部指标与内部指标之间达到平衡（见图10-3）。

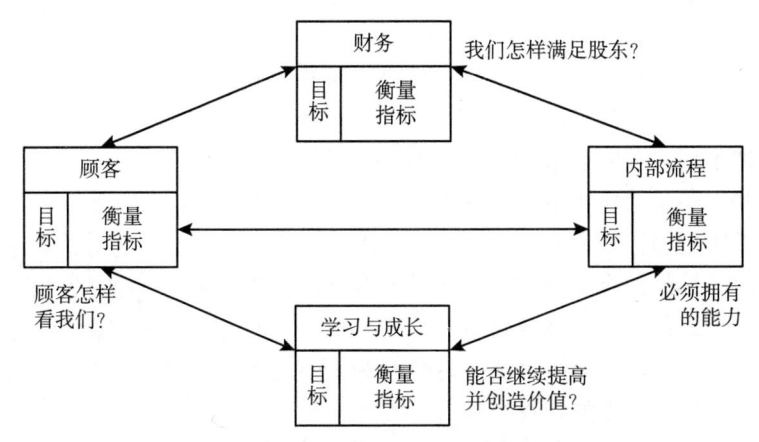

图10-3 平衡计分卡的四个角度及其相互之间的关系

四、平衡计分卡的特点

平衡计分卡反映了财务与非财务衡量方法之间的平衡，长期目标与短期目标之间的平衡，外部和内部的平衡，结果和过程平衡，管理业绩和经营业绩的平衡等多个方面。所以能反映组织综合经营状况，使业绩评价趋于平衡和完善，利于组织长期发展。

平衡计分卡方法因为突破了财务作为唯一指标的衡量工具，做到了多个方面的平衡。平衡计分卡与传统评价体系比较，具有以下特点：

1. 平衡计分卡为企业战略管理提供强有力的支持

随着全球经济一体化进程的不断发展，市场竞争的不断加剧，战略管理对企业持续发展而言更为重要。平衡计分卡的评价内容与相关指标和企业战略目标紧密相连，企业战略的实施可以通过对平衡计分卡的全面管理来完成。

2. 平衡计分卡可以提高企业整体管理效率

平衡计分卡所涉及的四项内容，都是企业未来发展成功的关键要素，通过平衡计分卡所提供的管理报告，将看似不相关的要素有机地结合在一起，可以大大节约企业管理者的时间，提高企业管理的整体效率，为企业未来成功发展奠定坚实的基础。

3. 注重团队合作，防止企业管理机能失调

团队精神是一个企业文化的集中表现，平衡计分卡通过对企业各要素的组合，让管理者能同时考虑企业各职能部门在企业整体中的不同作用与功能，使他们认识到某一领域的工作改进可能是以其他领域的退步为代价换来的，促使企业管理部门考虑决策时要从企业出发，慎重选择可行方案。

4. 平衡计分卡可提高企业激励作用，扩大员工的参与意识

传统的业绩评价体系强调管理者希望（或要求）下属采取什么行动，然后通过评价来证实下属是否采取了行动以及行动的结果如何，整个控制系统强调的是对行为结果的控制与考核。而平衡计分卡则强调目标管理，鼓励下属创造性地（而非被动）完成目标，这一管理系统强调的是激励动力。因为在具体管理问题上，企业高层管理者并不一定会比中下层管理人员更了解情况、所作出的决策也不一定比下属更明智。所以由企业高层管理人员规定下属的行为方式是不恰当的。另外，企业业绩评价体系大多是由财务专业人士设计并监督实施的，但是，由于专业领域的差别，财务专业人士并不清楚企业经营管理、技术创新等方面的关键性问题，因而无法对企业整体经营的业绩进行科学合理的计量与评价。

5. 平衡计分卡可以使企业信息负担降到最少

在当今信息时代，企业很少会因为信息过少而苦恼，随着全员管理的引进，当企业员工或顾问向企业提出建议时，新的信息指标总是不断增加。这样，会导致企业高层决策者处理信息的负担大大加重。而平衡计分卡可以使企业管理者仅仅关注少数而又非常关键的相关指标，在保证满足企业管理需要的同时，尽量减少信息负担成本。

五、平衡计分卡的实施障碍

（一）沟通与共识上的障碍

根据 Renaissance 与 CFO Magazine 的合作调查，企业中少于 1/10 的员工了解企业的战略及战略与其自身工作的关系。尽管高层管理者清楚地认识到达成战略共识的重要性，但却少有企业将战略有效地转化成被基本员工能够理解且必须理解的内涵，并使其成为员工的最高指导原则。

（二）组织与管理系统方面的障碍

据调查，企业的管理层在例行的管理会议上花费近 85% 的时间，以处理业务运作的改善问题，却以少于 15% 的时间关注于战略及其执行问题。过于关注各部门的职能，却未能使组织的运作、业务流程及资源的分配围绕战略而进行。

（三）信息交流方面的障碍

平衡计分法的编制和实施涉及大量的绩效指标的取得和分析，是一个复杂的过程，因此，企业对信息的管理及信息基础设施的建设不

完善，将会成为企业实施平衡计分法的又一障碍。这一点在中国的企业中尤见突出。中国企业的管理层已经意识到信息的重要性，并对此给予了充分的重视，但在实施的过程中，信息基础设施的建设受到部门的制约，部门间的信息难以共享，只是在信息的海洋中建起了一座座岛屿。这不仅影响到了业务流程，也是实施平衡计分法的障碍。

（四）对绩效考核认识方面的障碍

如果企业的管理层没有认识到现行的绩效考核的观念、方式有不妥当之处，平衡计分法就很难被接纳。长期以来，企业的管理层已习惯于仅从财务的角度来测评企业的绩效，并没有思考这样的测评方式是否与企业的发展战略联系在一起、是否能有效地测评企业的战略实施情况。USM&U 常务副总裁对公司 1995 年第一季度的评价：这个季度的情况还不错，尽管财务结果并不尽如人意。……但在关键顾客细分市场上的份额上升了。精炼厂运营开支下降了。而且员工满意度调查的结果也很好。在能够控制的所有领域中正向着正确的方向前进。平衡计分法的实施不仅要得到高层管理层的支持，也要得到各自然业务单元管理层的认同。

本 章 小 结

1. 业绩评价的内容
(1) 财务业绩定量评价。
(2) 管理业绩定性评价。
2. 业绩评价的作用
(1) 支持战略。
(2) 资源配置。
(3) 经营监督。
(4) 决策支持。
(5) 决策评价。
(6) 员工评价。
3. 责任中心的种类
(1) 成本中心。
(2) 利润中心。
(3) 投资中心。

【本章重要术语】
业绩评价　关键业绩指标　平衡计分卡　经济增加值

【延伸阅读】
彼得·F·德鲁克等：《公司业绩评价》，中国人民大学出版社 2000 年版。

【复习与思考题】

1. 单选题

(1) 计算投资报酬率时，其经营资产计价是采用（　　）。
A. 原始价值　　　　　　　　B. 账面价值
C. 委估价值　　　　　　　　D. 市场价值

(2) 责任会计的主体是（　　）。
A. 管理部门　　　　　　　　B. 责任中心
C. 销售部门　　　　　　　　D. 生产中心

(3) 投资中心的利润与其投资额的比率是（　　）。
A. 内部收益率　　　　　　　B. 剩余收益
C. 部门贡献边际　　　　　　D. 投资报酬率

(4) 责任会计中确定责任成本的最重要的原则是（　　）。
A. 可避免性　　　　　　　　B. 因果性
C. 可控性　　　　　　　　　D. 变动性

(5) 成本中心的责任成本是指该中心的（　　）。
A. 固定成本　　　　　　　　B. 产品成本
C. 可控成本之和　　　　　　D. 不可控成本之和

2. 多选题

(1) 建立责任会计应遵循的基本原则有（　　）。
A. 反馈原则　　　　　　　　B. 可控性原则
C. 责权利相结合原则　　　　D. 统一性原则
E. 激励原则

(2) 责任中心按其所负责任和控制范围不同，分为（　　）。
A. 成本中心　　　　　　　　B. 费用中心
C. 投资中心　　　　　　　　D. 收入中心
E. 利润中心

(3) 责任中心考核的指标包括（　　）。
A. 可控成本　　　　　　　　B. 产品成本
C. 利润　　　　　　　　　　D. 投资报酬率
E. 剩余收益

(4) 对投资中心考核的重点是（　　）。
A. 贡献边际　　　　　　　　B. 销售收入
C. 营业利润　　　　　　　　D. 投资报酬率
E. 剩余收益

(5) 利润中心分为（　　）。
A. 自然利润中心　　　　　　B. 人为利润中心
C. 实际利润中心　　　　　　D. 预算利润中心
E. 标准利润中心

3. 简答题

（1）简述责任会计制度的构成。

（2）简述建立责任会计制度应遵循的原则。

（3）如何评价投资中心的经营业绩？

4. 计算题

英达公司下设 A、B 两个投资中心。A 投资中心的投资额为 200 万元，投资报酬率为 15%；B 投资中心的投资报酬率为 17%，剩余收益为 20 万元；英达公司要求的平均最低投资报酬率为 12%。英达公司决定追加投资 100 万元，若投向 A 投资中心，每年可增加利润 20 万元；若投向 B 投资中心，每年可增加利润 15 万元。

要求：

（1）计算追加投资前 A 投资中心的剩余收益。

（2）计算追加投资前 B 投资中心的投资额。

（3）计算追加投资前英达公司的投资报酬率。

（4）若 A 投资中心接受追加投资，计算其剩余收益。

（5）若 B 投资中心接受追加投资，计算其投资报酬率。

参 考 文 献

［1］刘俊勇主编：《管理会计（第二版）》，东北财经大学出版社 2013 年版。

［2］毛付根著：《管理会计（第二版）》，高等教育出版社 2007 年版。

［3］吕长江主编：《管理会计》，复旦大学出版社 2009 年版。

［4］杨义群主编：《管理会计》，经济管理出版社 2005 年版。

［5］孙茂竹、文光伟主编：《管理会计学（第七版）》，中国人民大学出版社 2015 年版。

［6］孟焰主编：《管理会计学》，经济科学出版社 2009 年版。

［7］陆宇建、李冠众主编：《管理会计学》，东北财经大学出版社 2013 年版。

［8］温素彬主编：《管理会计：理论·模型·案例》，机械工业出版社 2008 年版。

［9］吴大军主编：《管理会计（第三版）》，东北财经大学出版社 2013 年版。

［10］郭晓梅主编：《高级管理会计理论与实务》，东北财经大学出版社 2013 年版。

［11］胡玉明：《高级管理会计》，厦门大学出版社 2005 年版。

［12］余绪缨主编：《管理会计》，辽宁人民出版社 1996 年版。